Verena Stollnb

W0394295

Gesundheit „selbst gemacht“

Wie Sie ohne fremde Hilfe mit Meridianklopfen und anderen nützlichen Methoden Ihr Wohlbefinden steigern

Mit einem Vorwort von Fred P. Gallo
Illustrationen von Günther Pointner

vianova
Verlag Via Nova

1. Auflage 2006
Verlag Via Nova, Alte Landstraße 12, 36100 Petersberg
Telefon: (06 61) 6 29 73
Fax: (06 61) 9 67 95 60
E-Mail: info@verlag-vianova.de
Internet:
www.verlag-vianova.de

Umschlag: Marketing Design Service GmbH, Hamburg
Satz: typo-service kliem, 97647 Neustädtles
Druck und Verarbeitung: Fuldaer Verlagsanstalt, 36037 Fulda
© Alle Rechte vorbehalten
ISBN 13: 978-3-86616-040-8
ISBN 10: 3-86616-040-2

Verena Stollnberger

Gesundheit „selbst gemacht“

Wie Sie ohne fremde Hilfe mit Meridianklopfen und anderen nützlichen Methoden Ihr Wohlbefinden steigern

Mit einem Vorwort von Fred P. Gallo
Illustrationen von Günther Pointner

vianova
Verlag Via Nova

Inhaltsverzeichnis

Vorwort

Dr. Verena Stollnberger gehört zur ersten Gruppe von Fachleuten in Deutschland, die an meinem Einführungsseminar in Energetischer Psychologie (*Energy Psychology*®) teilgenommen und das zertifizierte Ausbildungsprogramm *Advanced Energy Psychology*®, *Energy Diagnostic and Treatment Methods*™ absolviert haben. Mit ihrem Engagement für diese Arbeit war sie mir bei der Durchführung des Ausbildungsprogramms außerdem eine große Hilfe. Sie besitzt einen scharfen Verstand und hat in hohem Maße motiviert und engagiert an der Erforschung der vielen Herangehensweisen mitgewirkt, die mit diesem neuen Paradigma einhergehen. Nun hat sie ein wunderbares, leicht verständliches Buch geschrieben, das einen Überblick über die Energetische Psychologie (*Energy Psychology*®) und über die damit verbundenen alternativen Herangehensweisen an Psychotherapie und Bewusstsein gibt. Ich bin absolut begeistert!

Besonders gut gefällt mir ihre Personifizierung der Meridiane in der Karikatur des Meridianus, der in die Kapitel des Buches einführt und die therapeutischen Konzepte auf eine sehr persönliche Weise erklärt. Darüber hinaus gibt Meridianus hilfreiche Tipps darüber, wie man die Methoden bestmöglich anwendet, führt uns durch die Atemübungen und liefert uns vieles, worüber wir nachdenken können. Im letzten Kapitel erklärt Meridianus das Wesen der *Energy Consciousness Therapy*™, einer von mir entwickelten Therapiemethode, die sich auf die grundlegende Bedeutung der Gesundheit des Therapeuten selbst und vernünftiger Prinzipien für den Therapieerfolg des Patienten oder Klienten konzentriert.

Verena Stollnberger bietet eine Vielzahl verschiedener Techniken zur Selbstanwendung an, lässt uns dabei aber dennoch nicht die Tatsache aus den Augen verlieren, dass es noch eine andere Dimension gibt, die weit über die mechanische Anwendung von Techniken hinausgeht. Das vorliegende Buch führt uns durch einen belebenden Lehrgang, in dem es um „Klopftechniken“ und um die Definition angemessener und gut formulierter Behandlungsziele geht, bevor es sich schließlich Methoden zuwendet, deren spirituelle Dimensionen unsere Beziehung zu uns selbst und zu anderen Menschen widerspiegeln. Lesen Sie es, nehmen Sie es in sich auf, und genießen Sie Ihre ganz persönlichen Entdeckungen.

Fred P. Gallo — Pensylvania, Juni 2006

Hinweise zum Haftungsausschluss

Die Anwendung der verschiedenen Arten von Meridiantherapien ist kein Ersatz für medizinische oder psychotherapeutische Behandlung. Trotz der vielfach dokumentierten Wirkung bei psychischen Problemen oder somatischen Leiden können daher aus rechtlichen Gründen keinerlei Heilversprechungen gemacht werden. Dies gilt auch für die Autorin dieses Buches und sollte ebenso von jedem Leser bei der Selbstanwendung berücksichtigt und bei eventueller Weitervermittlung von Methoden ausdrücklich betont werden. Wenn im folgenden Text mehrfach von *Behandeln* die Rede ist, so darf dies nicht in der ausschließlich medizinischen Wortbedeutung, sondern synonym für *Anwenden* der Techniken verstanden werden.

Bei der Bearbeitung somatischer Krankheiten über Entstörung oder Balancierung mit Methoden der Energiepsychologie ist zu bedenken, dass es sich bei den verschiedenen im Folgenden geschilderten Techniken um äußerst wirksame Werkzeuge handelt, die jedoch in schwerwiegenden Fällen nicht zwangsläufig Schnellverfahren darstellen bzw. auch ihre Grenzen haben. Aus der den Anwendungen zugrunde liegenden ganzheitlichen Sicht haben Krankheiten ihren Ursprung im Energiesystem und äußern sich zuletzt im körperlichen Bereich.

Das bedeutet, dass ihre Entstehung bis zum Ausbruch eines körperlichen Leidens oder bei schon lange bestehenden Krankheiten bis zur Behandlung mit Methoden der Meridiantherapie ein extrem langwieriger Prozess war, der vielfach nicht in wenigen Sitzungen zu beheben ist. Außerdem unterliegt das menschliche Leben gewissen Grenzen, und nach Ansicht der Verfasserin ist das Dogma „alles ist machbar“ im therapeutischen Bereich geradezu als fahrlässig anzusehen, da es dem Betroffenen neben krankheitsbedingtem Leid auch noch die Schuld an der ausbleibenden Heilung zuschiebt.

Es bleibt daher jedem Anwender selbst vorbehalten zu entscheiden, was machbar ist und welche Wahrscheinlichkeiten von Besserung des Befindens realistisch sind. Während beispielsweise die emotionalen Belastungen, ausgelöst durch ein einzelnes, traumatisierendes Erlebnis, relativ leicht zu beseitigen sind, werden sich die Auswirkungen einer schon lange bestehenden, schweren Krankheit zwar vermutlich erträglicher gestalten, jedoch vielfach nicht völlig abbauen lassen.

Ebenso ist zu bedenken, dass jede Form von Selbstanwendung gewissen Grenzen unterliegt und dass vor allem in einem Bereich, der das menschliche Energiefeld nutzt, die Arbeit zu zweit oder in einer Gruppe eine wesentlich stärkere Energie hervorbringen kann, als dies bei der Arbeit mit sich allein der Fall ist. In manchen Fällen sind auch die zugrunde liegenden inneren Abwehrmechanismen gegen eine Änderung so stark bzw. so versteckt, dass nur ein erfahrener Anwender oder Therapeut diese aufdecken kann. (Hinweise zu Seminaren, Therapeuten, Coachs bzw. Anwendergruppen und Informationsaustausch im deutschsprachigen Raum am Ende des Buches.)

Dies soll aber nicht entmutigen, sondern auf den Grenzbereich hinweisen, der persönlich zu definieren bzw. nur mit Hilfe eines erfahrenen Begleiters in Angriff zu nehmen ist. Daneben existiert jedoch ein ausreichend großes Betätigungsfeld mit einer Vielzahl von sehr Erfolg versprechenden Anwendungsmöglichkeiten für Methoden der Energiepsychologie und benachbarter Sachgebiete, wie dies auf so einfache Art und in einem solchen Ausmaß – bezogen auf eine derart große Bandbreite an Einsatzmöglichkeiten und mit derart schnell sichtbarem, dauerhaftem und relativ schmerzfrei erreichbarem Erfolg – wohl bei kaum einem anderen Verfahren von Selbsthilfe der Fall ist.

1. Worum es in diesem Buch geht

Guten Tag!

Mein Name ist Meridianus, und ich bin die Hauptperson in diesem Buch. Alles, was im Folgenden erklärt wird, dient dazu, dir verständlich zu machen, was du tun musst, damit es mir besser geht und ich so richtig in Schwung komme – dann geht es dir nämlich auch besser. Wir sind sozusagen Verbündete in einem gemeinsamen Prozess, und unser Ziel ist es, zusammen psychisches Wohlbefinden und körperliche Gesundheit zu erlangen und dann zu erhalten.

Ich durchziehe deinen Körper auf Bahnen, du kannst mich dir als Kanal vorstellen, in dem deine Lebensenergie fließt. Ich bin von Natur aus schüchtern und habe es nicht so gern, wenn man mich gleich findet, aber deine Vorfahren haben recht schnell gewusst, dass es mich gibt, und auch schon vor vielen Tausenden Jahren herausgefunden, wo genau ich im Körper verlaufe. Und seit ihr Menschen jetzt technisch immer klüger werdet, habt ihr sogar Mittel und Wege gefunden, um mich ganz genau aufzustöbern und zu untersuchen, neuerdings fotografiert ihr mich sogar schon. Na gut, das nervt zwar, aber es ist schon in Ordnung – schließlich gehören wir ja zusammen.

Ich tauche mit verschiedenen Namenszusätzen bei dir auf, die jeweils von den Lebensfunktionen stammen, mit denen ich nach der chinesischen Energielehre zusammenhänge; meist ist das der Name eines deiner Organe. Aber pass auf – wenn in einer meiner Bahnen eine Störung vorliegt, dann schließe bitte nicht daraus, dass sich diese Störung in dem jeweiligen Organ zeigt. Die Namensgebung hängt mit den Zusammenhängen der Elemente in der chinesischen Energielehre zusammen, aber das ist eine andere Geschichte, darum geht es hier nicht.

Eines ist jedoch klar – wenn du dich ein wenig um mich kümmerst und dafür sorgst, dass alle meine Bahnen frei sind und ich mich darin gut bewegen kann, dann sind bei dir auch alle Organe, Gefäße und Körperteile

„im Lot". Dann geht es dir wesentlich besser, du fühlst dich rundherum körperlich gut und bist auch fröhlicher.

Um es dir leicht zu machen, habe ich bestimmte Punkte auf mir, wo du sozusagen besser an mich ran kommst, um mich zu beeinflussen. Wie schon gesagt – ich bin etwas scheu und lasse nicht immer mit mir reden. Wenn du also einfach irgendwo versuchst, mit mir in Kontakt zu treten, dann hab ich dort vielleicht gerade keine Lust zu einem Gespräch – ich bin ja schließlich nicht irgendwer!

Aber wenn du weiter liest, dann wird dir genau erklärt, wie du mit mir umgehen musst, damit unsere Zusammenarbeit funktioniert, und ich helfe dir, so gut ich kann, dabei, alles genau zu verstehen, schließlich ist das ja auch in meinem Interesse.

Wenn du bisher noch nie mit mir zusammengearbeitet hast, werden dir einige der Techniken auf den ersten Blick vielleicht schwierig erscheinen. Lass dich aber nicht entmutigen, wenn dir ein Ablauf zu kompliziert erscheint oder dir irgendwie nicht liegt. Es gibt dann sicher an anderen Stellen dieses Buches leichter durchführbare und für dich besser passende Methoden, dein Wohlbefinden zu verbessern.

Im Gegensatz zu mir, der ich mich als relativ anspruchslos betrachte, seid ihr Menschen extrem unterschiedlich in euren Denkweisen, Bedürfnissen und Vorlieben. Natürlich habe ich diese Tatsache berücksichtigt und eine Unmenge von unterschiedlichen Methoden, Ansätzen, Übungen und hilfreichen Tipps zusammengetragen, sodass für jeden von euch das Passende dabei sein wird.

Wenn du also etwas nicht richtig verstehst, blättere weiter zu meinen Textstellen – ich kann nämlich viel besser erklären als die Autorin (aber das nur unter uns) – oder wechsle zu einer anderen Methode, die dir dann vielleicht mehr liegt.

Probiere dich durch, es lohnt sich!

Also – auf gute Zusammenarbeit!

Dein Meridianus

PS: Im folgenden Kapitel geht es ausschließlich um „wissenschaftliche" Hintergründe. Wenn dich das nicht so sehr interessiert und du gleich zur Praxis übergehen willst, dann blättere weiter zur Seite 33.

2. Welche Theorie dahinter steht

Wissenschaftliche Grundlagen

Die unter dem Oberbegriff „Energetische Psychotherapie", „Energiepsychologie", „Meridiantherapie" oder einfach „Energietherapie" bekannt gewordenen diversen Therapierichtungen basieren auf einem neuen, revolutionären Ansatz der Beseitigung verschiedenster psychischer Probleme über eine Kombination kognitiver westlicher Ansätze von Psychotherapie mit der Nutzung von Bio-Energie-Feldern des menschlichen Organismus. Theoretischer Hintergrund ist also eine Zusammenfügung diverser Konzepte aus verschiedenen Bereichen, nämlich von

- Hypnotherapie,
- systemischer Kurzzeittherapie,
- neuro-linguistischem Programmieren (NLP),
- Eye Movement Desensitization and Reprocessing (EMDR),
- angewandter Kinesiologie,
- Traditioneller Chinesischer Medizin (TCM) sowie
- Akupunktur

unter Berücksichtigung der neuesten Erkenntnisse von Salutogeneseforschung, Quantenmechanik, Psychoneuroimmunologie und Hirnforschung.

Wie sich in der Geschichte der Wissenschaft oft gezeigt hat, liegen große Entdeckungen, die eventuell auch zu Paradigmenwechseln geführt haben, am Schnittpunkt vieler Disziplinen, daher ist es auch nicht weiter verwunderlich, dass die Methoden der Energiepsychologie auf Anleihen aus derart vielen Wissenschaftsbereichen aufbauen.

Methodisch gesehen geht es im Bereich der Energiepsychologie darum, die Wirkung von Energiesystemen auf Emotionen und Verhalten zum Abbau störender Gefühlszustände sowie in der Folge auch körperlicher Beschwerden zu nutzen. Sämtliche Methoden, die im weitesten Sinne auch als „Gedankenfeldtherapien" bezeichnet werden, bedienen sich der elektromagnetischen Polarität der Körperzellen, um über den bioenergetischen Fluss auf die Gedanken und die dadurch entstehenden Gefühle einzuwirken. Die Aktivierung der Meridiane bedeutet hierbei den Schlüssel zur Beseitigung geistiger und emotionaler Störungen.

Nach einer Untersuchung der Florida State University handelt es sich bei der Gedankenfeld–Therapie nach Roger Callahan, dem Basisverfahren aller später daraus entwickelten, ähnlichen Meridiantherapien, um eine der vier schnellsten und effektivsten zeitgenössischen Therapiemethoden für die unterschiedlichsten psychischen Belastungsstörungen.

Bei psychischen Fehlfunktionen werden aus Sicht der klassischen Psychologie als Erklärung eine Vielzahl theoretischer Modelle genutzt, wobei oft gewisse Faktoren übermäßig betont und andere vernachlässigt werden. Eine ausgewogene und umfassende Theorie liefert dagegen die Betrachtung psychischer Befindlichkeiten unter dem Aspekt feinstofflicher, bioenergetischer Information und Konstellation, also die Untersuchung der Wirkung von Energien auf Emotionen, Verhalten und Handeln.

Hierbei handelt es sich um die Vorstellung einer universellen Lebenskraft und ein Wissen, das schon seit über 5000 Jahren weltweit in sehr vielen Kulturen praktiziert wird. Die erste schriftliche Erwähnung des Qi, der Körperenergie, findet sich im „Huang Di Nei Jing" des Gelben Kaisers (der Legende nach etwa um 2600 v. Chr.), einem Buch vom Dialog des Kaisers mit seinem Hofarzt über innere Medizin. Auch in anderen Kulturen taucht diese Lebensenergie mit unterschiedlichen Bezeichnungen auf, in Japan als Ki, in Indien als Prana, im abendländischen Kulturkreis ist sie als „Vis Vitalis" nach Paracelsus bekannt.

Auf einer Sichtweise dieser Tradition aufbauend, werden psychische wie auch körperliche Probleme als Störungen im Energiesystem des Organismus definiert. Krisen in der psychischen Befindlichkeit oder körperliche Krankheiten setzen ein, wenn die Lebensenergie in ihrem Fluss gestört wird. Über Aktivierung und Nutzung dieser jenseits des Bewusstseins aktiven Energiefelder können überraschend schnell hochwirksame Prozesse der Selbstheilung in Gang gesetzt werden, auch bei sehr hartnäckigen und chronischen Symptomen. Das Energiesystem wird hierbei mit verschiedenen, leicht erlernbaren Techniken ausbalanciert. Dies führt zu dauerhafter Beseitigung der Störungen, oft sogar bei Beschwerden, die zuvor auf traditionelle Ansätze nicht angesprochen hatten.

Auch Störungen, die auf körperlicher Ebene in Form von Symptomen deutlich werden, haben unter diesem ganzheitlichen Blickwinkel ihren Ursprung im energetischen Bereich. Über Methoden, die solche Störungen bereits auf energetischer Ebene entdecken und beseitigen, kann die Übertragung in den feststofflichen Bereich des Organismus und damit der Ausbruch von Krankheit verhindert werden.

Mittels sehr gezielter mechanischer Einwirkung auf den Körper in Form von Klopfen oder Massieren bestimmter Akupunkturpunkte bei gleichzeitiger Konzentration auf das zu bearbeitende Problem und seiner verbalen Bearbeitung, sowie unter zusätzlicher Nutzung von Wissen und Techniken aus anderen Forschungsbereichen erfolgt eine gewaltige Umstrukturierung im feinstofflichen Bereich. Es werden Energieblockaden, die zuvor problematische Glaubens- und Wahrnehmungsmuster gefestigt hatten, auf einer tiefen psychischen sowie ganzheitlich-organischen Ebene bereinigt. Negative emotionale Reaktionen werden dadurch aufgelöst und das zugrunde liegende Problem dauerhaft beseitigt, im Gegenzug können dann hilfreichere und zieldienlichere Glaubenssysteme und Verhaltensweisen verankert werden.

Betreffend den mechanischen Ablauf der Entstehung von psychischer und in der Folge körperlicher Krankheit berufen sich die diversen Richtungen der Energiepsychologie auf die folgenden Grundannahmen: Als Reaktion auf einen Reiz von außen wird eine unbewusste oder auch bewusst wahrnehmbare Erinnerung an ein unverarbeitetes, negatives oder sogar traumatisches Ereignis aktiviert und die damit verbundene Emotion oder sogar das körperliche Verhalten wieder ausgelöst.

Der eigentliche Grund für die auf den Reiz folgende negative Emotion oder körperliche Unstimmigkeit ist eine zeitlich dazwischen erfolgende massive Störung im Energiesystem des Organismus. Die Meridiane werden durch die negative Erinnerung aus ihrem elektro–magnetischen Gleichgewicht gebracht, der Fluss der Lebensenergie wird gestört, fehlgeleitet oder gänzlich unterbrochen.

Während viele psychologische Schulen die Erinnerungen als Auslöser negativer Gefühle ansehen, kann über kinesiologischen Muskeltest eindeutig dokumentiert werden, dass ein energetisches Ungleichgewicht die eigentliche Ursache des Problems darstellt. Da Gedankenfelder eindeutig mit den Energiefeldern des Körpers korrespondieren, sind die negativen Gedanken zwar die Auslöser der energetischen Unterbrechung, aber nicht der eigentliche Verursacher der darauf folgenden Probleme. Der Grund für die Störung der psychischen Befindlichkeit liegt vielmehr im Ergebnis der gedanklichen Vorgänge, nämlich der energetischen Unterbrechung an sich.

Die Behandlung der Erinnerung beseitigt daher keineswegs deren Folgeschäden, und auch über Bekämpfung der Symptome kann keine Besserung bewirkt werden, sondern ausschließlich durch Balancierung des Energiesystems. Grundannahme hierbei bleibt immer die, dass der Geist den Körper beeinflusst, dass psychische Befindlichkeit also Auswirkungen auf den organisch-feststofflichen Bereich haben kann, in diesem Fall jedoch nicht nur über gedankliche Erinnerung, sondern in Form einer energetischen Störung.

Auch wenn es sich grundsätzlich um energetische Phänomene handelt, so sind diese natürlich ursprünglich ausgelöst durch Gedanken. Sämtlichen Gefühlsreaktionen gehen Gedanken voraus, auch solche unbewusster Art. Zumindest im bewussten Bereich können daher die emotionalen Muster über Kontrolle der Gedanken verändert werden. Die Art und Weise, wie Menschen denken, fühlen und handeln, ist ausschlaggebend dafür, welche Nervenzellverschaltungen im Gehirn stabilisiert und ausgebaut und welche aufgrund geringer Nutzung gelockert und schließlich aufgelöst werden. Die Art der Gestaltung innerer Bilder über die eigene Person und deren Fähigkeiten, die Beziehungen zu anderen Menschen und das gesamte Umfeld sind daher entscheidende Faktoren für die Art der Nutzung des Gehirns in Form der jeweiligen neuronalen und synaptischen Verschaltungen.

Automatische Gedanken stammen aus grundlegenden Einstellungen, die am Rande des Bewusstseins gehalten werden, diese wiederum haben sich aus inneren Überzeugungen entwickelt, die im Laufe des Lebens als Ergebnis der Wechselbeziehungen mit der Umgebung und anderen Menschen entstanden sind. Die mächtigsten dieser tief verwurzelten Reaktionsmuster bilden sich schon in frühester Kindheit aus. Solche innersten Überzeugungen oder so genannten *Glaubenssätze* können, wenn sie auf negativen Ansichten basieren, sehr schädliche Verhaltensweisen bewirken.

Auslöser von Störungen im Fluss der Lebensenergie sind in den meisten Fällen nicht verarbeitete emotionale Erfahrungen der Vergangenheit, eingebettet in dazu passende, schädigende Glaubenssysteme (Konstrukte aus aufeinander aufbauenden Glaubenssätzen). Diese wiederum entstehen als Ergebnis unbewusster Schlussfolgerungen aus bisherigen Lebenserfahrungen, die ab dann allgemeine Gültigkeit für künftiges Empfinden und Handeln erhalten. Ungelöste Aspekte von Angst, Wut, Trauer und Trauma verfestigen immer neue Probleme, Glaubenssysteme stellen sicher, dass Probleme aufgrund bestimmter, meist nicht bewusster Auslöser wie automatisch ablaufende Programme immer wieder auftreten.

Unverarbeitete Emotionen der Vergangenheit bilden in Verbindung mit den dazu erzeugten Glaubenssätzen ein elektro-magnetisches Muster im Körper, aufgrund dessen Gedanken, Gefühle und Verhalten immer wieder in gleichen Bahnen verlaufen. Sämtliche traumatischen oder auch nur irgendwie negativen Erfahrungen sind fest im Zellgedächtnis des Körpers gespeichert, belasten das Lebensgefühl und wirken sich so in der Gegenwart hinderlich aus. Die Methoden der Meridiantherapie beseitigen die zugrunde liegenden Blockaden, stellen dadurch das energetische Gleichgewicht wieder her und verhindern so die schädigende Wirkung von Gedanken auf die Körperchemie.

Nutzt man die sonst üblichen Verfahren einer gezielten Umprogrammierung oder mentalen Stimulierung wie Autosuggestion, NLP und Meditation, wird das vorerst oft positive Ergebnis durch unbewusst ablaufende Selbstsabotage–Programme aufgrund negativer Glaubenssätze meist wieder gestört. Dagegen neutralisiert eine entsprechende Behandlung mit Methoden der Meridiantherapie solche hemmenden Glaubenssätze, die ständig wieder gleiche Probleme aktivieren und dadurch das Leben nachteilig bestimmen, meist zur Gänze und dauerhaft; ihre Wirkung setzt also auf einer wesentlich tieferen Ebene an.

Jede Änderung von Untereigenschaften der Wahrnehmung im Bereich des Denkens bringt selbstverständlich eine Änderung des Empfindens mit sich. Die Wirkung einer Behandlung der Meridiane findet jedoch *vor* einer derartigen Änderung der gedanklichen Wahrnehmung statt, sie ist also wesentlich grundlegender, von den Denk- und Wahrnehmungsvorgängen unabhängig und wirkt damit viel tiefer und anhaltender.

Das Wissen über das Problem wird hierbei ebenso wenig verändert, wie angemessene Emotionen oder natürlicher Selbstschutz beseitigt werden, es geht vielmehr darum, irrationale und damit schädigende Gedanken auszuschalten. Dies ermöglicht es, bessere Entscheidungen für sein Leben zu treffen, sich von selbst zerstörenden Programmen der Vergangenheit zu befreien und so vom automatischen Reagieren zum selbständigen, aktiven Agieren zu wechseln. Der Gebrauch der Techniken verhindert jedoch nicht nur unerwünschte Reaktionen, sondern kann auch genutzt werden, um angestrebte Einstellungen oder Verhaltensmuster aufzubauen oder zu verstärken. Die Anwendungsmöglichkeiten der verschiedenen Methoden sind kaum begrenzt, alle Störungen, die irgendwie mit psychoenergetischem Stress verbunden sind, eignen sich optimal für eine erfolgreiche Bearbeitung.

Viele Techniken der Meridian–Therapie sind leicht zu erlernen und können ohne fremde Hilfe, innerhalb von nur wenigen Minuten und an jedem beliebigen Ort, auf sanfte Art viele Formen negativer Emotionen, Erfahrungen, Verhaltens- und Denkweisen oft für immer beseitigen.

Die Ursache des Problems muss hierbei nicht bekannt sein, die Durchführung der Techniken ist dennoch wirkungsvoll. Die regelmäßige Anwendung von Methoden der Meridianstimulierung kann neben einer weitgehend selbständig ausführbaren, gezielten Behandlung spezieller psychischer und körperlicher Befindlichkeitsstörungen auch gut als vorbeugende Gesundheitsmaßnahme genutzt werden, es handelt sich somit zusätzlich um eine Möglichkeit zur höchst erfolgreichen Generalsanierung des gesamten Energiesystems der Meridiane.

Erklärung der Funktionsmechanismen von Meridian-Therapien

Die Annahme von Wechselwirkungen zwischen Energie, Bewusstsein und Gedanken ist nicht nur Paradigma gesamtheitlicher Medizinrichtungen, sondern war immer schon Grundannahme der ältesten Mythen der Menschheitsgeschichte sowie des Schamanismus als ältester Form der Auseinandersetzung mit den Grundfragen und Grundnöten des Menschen noch vor jeglicher Entstehung von Religion oder Psychologie. Ausgehend von einer solchen Wechselwirkung kann das eigene Wohlbefinden positiv beeinflusst werden, sowohl über Kontrolle der eigenen Gedanken als auch über Steuerung des Energieflusses. Die unterschiedlichen Methoden der Energiepsychologie liefern hierfür ein optimales Werkzeug.

Schon vor mehr als 5000 Jahren untersuchten chinesische Heilkundige die Auswirkungen von Drücken oder Stechen spezieller Punkte der Körperoberfläche. Dadurch sollte das bei Krankheit gestörte Verhältnis der sich sonst ausgewogen ergänzenden Kräfte von Yin und Yang wieder ins Gleichgewicht gebracht werden. Wie man heute weiß, reagieren diese speziellen Areale deshalb besonders gut auf bioelektrische Impulse und leiten diese so rasch weiter, weil es sich um so genannte *Tore* auf den Bahnen der Lebensenergie handelt. Die elektrische Leitfähigkeit in diesen Bereichen hat mit 1000 bis 50 000 Ohm einen wesentlich geringeren elektrischen Widerstand als das umgebende Gewebe mit 200 000 bis 2 Mio. Ohm. Die Wirkung des Klopfens solcher Punkte beruht vermutlich auf dem piezoelektrischen Effekt, wonach durch Verschiebung im Kristallgitter elektrische Ladung entsteht, wenn Kristalle mechanisch, in diesem Fall durch das Klopfen, in Schwingung versetzt werden. Da bioelektrische Felder die Entwicklung und den Aufbau von Organen und Geweben steuern, wird angenommen, dass das im Knochen enthaltene Kalzium aktiviert wird und so zur Heilung beiträgt.

In gleicher Weise wie in positiver Form bei einer bewussten Nutzung kann die körpereigene Elektrizität aufgrund der Zunahme von Elektrosmog auch extrem negative Auswirkungen haben. Da Lebewesen zwischen oben und unten sowie links und rechts elektrisch polarisiert sind, hat eine Umkehr der Polarität körperlich und emotional extrem negative Auswirkungen. Auch einzelne Organe weisen bestimmte elektrische Ladungen und damit eine Nord-Süd-Polarisierung auf – bei bösartigen Tumoren am Gebärmutterhals ist die Gleichstromladung in diesem Bereich laut Untersuchungen zu weit über 90 % negativ, bei Brustkrebs ist gegenüber dem gesunden Zustand bei

80 % der Fälle eine Umkehrung der Polarität zu finden. Eine Studie zur Körperpolarität bei malignen Unterleibskarzinomen ergab ähnliche Ergebnisse, 96 von 132 Personen wiesen negative Polarität auf, bei 95 % der 78 gesunden Probanden bestand positive Polarität.

Ein Zusammenhang zwischen der Umkehr der Körperpolarität und Krankheitsaufkommen wird in den kürzlich am California Institute of Technology nachgewiesenen Magnetit-Konzentrationen des Gehirns (5 Mio. Kristalle pro Gramm) und den Zellmembranen (100 Mio. Kristalle pro Gramm) gesehen. Magnetit reagiert mehr als eine Million Mal stärker auf ein äußeres Magnetfeld als jedes andere biologische Material, und jeder Kristall wirkt daher wie eine magnetische Antenne, die auch relativ schwache Signale auffängt und auf diese reagiert – im Fall von körperfremdem Elektrosmog extrem negativ.

Die Elektrifizierung hatte bereits eine wesentliche Veränderung der Umweltbedingungen zur Folge, die negativen Auswirkungen auf den Menschen haben sich mit der flächendeckenden Einführung digitaler Mobilfunktechnologie nochmals drastisch verstärkt, weil der Organismus dadurch einer enormen künstlichen elektromagnetischen Belastung ausgesetzt ist. Körperzellen (0,01 Watt) sind an der Außenfläche positiv geladen, elektronische Teilchen der Hochfrequenzstrahlung (2–3 Watt) sind negativ geladen, was das energetische Gleichgewicht der Zelle stört. Die Reaktionsbereitschaft der Magnetit-Kristalle verstärkt die Wahrscheinlichkeit eines Wechsels der Polarität von einzelnen Organen oder des gesamten Organismus; daher ist entsprechende Behandlung mit speziellen Techniken der Meridiantherapie zur Wiederherstellung der richtigen Polung für die dauerhafte Erhaltung der Gesundheit grundlegend notwendig.

Als Ergebnis der schulmedizinischen Anerkennung von Akupunktur und des Nachweises ihrer Wirksamkeit auf Basis elektrischer Energie existiert bereits eine Vielzahl von Interpretationsmodellen zu Nutzungsoptionen und Wirksamkeit von Meridian-Energie, jeweils auf unterschiedlichen Disziplinen aufbauend.

Aus geisteswissenschaftlicher Sicht wird unter Berücksichtigung des körpereigenen Elektromagnetismus vermutet, dass Gefühle durch den Einfluss der Gedankenenergie auf das Meridiansystem zustande kommen, wobei jede Art von Gedanken auf eine spezielle Art schwingt und daher auf einen bestimmten Meridian wirkt. Stark negative Gefühle erzeugen Gedankenfelder, die das System unter Schock setzen, die Energie kann weder entweichen noch sich auflösen und bildet so eine Endlosschleife. Jede Reaktivierung dieser Gedankenschleife, auch aufgrund von Anstößen, die fast nichts oder gar nichts mit der ursprünglichen Erfahrung oder Emotion zu tun haben, führt zum wiederholten Erleben der Ausgangssituation, verschlüsselt als unangenehme körperliche oder emotionale Empfindungen. Die Meridiantherapie beseitigt die Blockaden, stellt das energetische Gleichgewicht wieder her und verhindert damit die schädigende Wirkung von Gedanken auf die Körperchemie.

Während ursprünglich angenommen wurde, dass Klopfen der Meridianpunkte die vorhandene Störung im jeweiligen Gedankenfeld durch Mobilisierung des feinstofflichen, elektro-magnetischen Energiesystems zusammenbrechen lässt, wird neuerdings eher davon ausgegangen, dass über die Stimulation des Energiesystems durch Klopfen die Störungen erst in das Feld eingebracht und dadurch die Stabilität des kranken Gedankenfelds aufgebrochen wird. Das absichtliche Einbringen einer Störung in ein System beseitigt nach dieser Theorie die Unterbrechung der Homöostase, also des grundlegenden Energiegleichgewichts in allen Bereichen des Körpers sowie im Gesamtorganismus. Die kranke Stabilität wird dadurch aufgebrochen und es kann eine nützliche und gesunde Neuorganisation erfolgen.

Unabhängig von der Art der Wirkung ist die Neutralisation eines gestörten Gedankenfeldes grundsätzlich nur eine mögliche Variante der Balancierung des Energiesystems und damit der Beseitigung eines Problems. Zusätzlich ist jeder Mensch angehalten, einen höheren Grad der Selbstbeobachtung seiner Gedanken zu entwickeln. Denn erst über die Erkenntnis, dass Erfahrungen und damit auch viele psychische Probleme eine Funktion des Denkens sind und der Mensch Schöpfer seiner Gedanken ist und folglich über eine Vielzahl von Wahlmöglichkeiten verfügt, kann die Entstehung von Störungen schon im Vorfeld vermieden werden. Ist dieser Punkt jedoch überschritten, manifestiert sich die Unstimmigkeit im energetischen Bereich, und alle durch Stress bedingten Begleiterscheinungen kommen zum Tragen.

Eine neurologische Erklärung der Wirksamkeit energetischer Therapie wäre die, dass über gleichzeitige Stimulation mehrerer Sinnesmodalitäten während der Konzentration auf das Problemthema strukturelle Veränderungen der neuronalen Verschaltungen ermöglicht werden. Das menschliche Gehirn verfügt grundsätzlich über Neuroplastizität, es ist daher in der Lage, selbstorganisiert, das heißt über eigene Aktivität, strukturelle Veränderungen auch bei solchen Gedächtnisspuren durchzuführen, die bereits über lange Zeit stark genutzt und dadurch etabliert sind. Wenn also gleichzeitig und gezielt taktile, visuelle und akustische Stimulationen durchgeführt werden, können neue Formen von Aktivierung und Nutzung der Erinnerungs-Leitbahnen entstehen, eine Umorganisation des emotionalen Empfindens ist auf diese Art absolut möglich.

Aus biologischer Perspektive wird vermutet, dass die in den Meridianen fließende Energie bestimmte Zellen anregt, die Produktion von Neuropeptiden einzuleiten. Die aus Aminosäuren aufgebauten Neuropeptide können bestimmte, an Gefühlen und Verhalten beteiligte biologische Vorgänge an- und abschalten. Auf Zellebene stellen positiv und negativ geladene Neuropeptide die Verbindung für Informationsaustausch zwischen Blut, Lymphe und Verdauung dar. Jede Form von Stimulation der Meridianenergie erhöht demnach die Produktion derartiger Neuropeptide, was positive Auswirkungen im Bereich der Zelle wie auch der Psyche haben kann. Zusätzlich beeinflussen Änderungen der Polarität in diesem Bereich die Aufnahme von Stoffen durch die Zellwand. Eine Wiederherstellung der richtigen Polarität ist daher dringend notwendig für eine ausreichende Versorgung der Zelle mit den benötigten Stoffen und somit auch für ihr Überleben.

Genetisch betrachtet scheint die Forschung zu belegen, dass Organismen keineswegs auf einen vorherbestimmten fixen Bauplan festgelegt sind und sich nur aufgrund von Zufallsmutationen verändern, sondern unter Stress völlig selbständig mutieren, sich also allein durch die Absicht zur Änderung umwandeln können. Schon seit Stanley Millers Experiment in den 50iger Jahren ist bekannt, dass die meisten Grundbausteine des Lebens unter sehr einfachen Bedingungen produzierbar sind, aufgrund weiterführender Forschung im Bereich der Vervielfältigung von Molekülgruppen präsentiert sich das Bewusstsein letztlich als eine absichtsvolle Form von Intelligenz, die auf vordergründig nicht sichtbare Information reagiert. Übertragen in den Bereich der Meridiantherapie kann Gedanken eine Form von Energie zugeschrieben werden, deren Ursprung zwar momentan noch nicht erklärbar ist, die jedoch bewirken kann, dass Information ohne Vermittlungsverlust und augenblicklich über große Distanzen übertragbar ist, also auf eine Art und Weise, die den Gesetzen der klassischen Physik völlig widerspricht.

Eine Erklärung biochemischer Art kann hierzu die Theorie der morphogenetischen Felder bzw. des kollektiven Unbewussten liefern. Nach Rupert Sheldrake existieren in der Natur morphische Felder als unsichtbare Matrizen, die über Raum und Zeit hinweg wirken, mit einem jeweils zugehörigen Gedächtnis, welches durch Gewohnheiten und Verhaltensmuster geprägt wird, sich also ständig verändert. Das Gehirn eines Lebewesens setzt die im morphischen, d. h. formgebenden Feld der jeweiligen Spezies enthaltenen Informationen in diesem Prozess der morphischen Resonanz um, es ist also nicht selbst Generator von Information, sondern nur Verbindungsglied im Informationsprozess als eine Art Empfangsorgan. In ähnlicher Art bezeichnet der Bewusstseinsforscher Ken Wilber dieses empirisch vielfach belegte Phänomen eines weltweiten, massiven Auftretens von Phänomenen ab ihrem ersten signifikanten Erscheinen als „kosmische Gewohnheit". Demnach wäre, übertragen auf den Bereich der Meridiantherapien, die erstmalige Entdeckung von Energieflüssen im menschlichen Organismus der Auslöser für das Entwickeln und Nutzen dieses Wissens in anderen Kulturen und die Voraussetzung für weitere diesbezügliche Fortschritte sowie die Evolution neuer Nutzungsmöglichkeiten in späteren Generationen und Kulturen.

In Weiterführung der Gedanken von Sheldrake und Wilber kann eine Parallele zu neuesten Schlussfolgerungen der Quantenmechanik gezogen werden, dass nämlich der Stellenwert von Information über dem von Materie liegt. Die Erkenntnisse der Quantenmechanik können auch einen Teil des menschlichen Energiesystems erklären. Der Nachweis von Informationsübertragung mit größerer Geschwindigkeit als Lichtgeschwindigkeit ist mittlerweile mehrfach erbracht, was den Schluss zulässt, dass Gedanken unabhängig von physiologischen Reizen und außerhalb von Reaktionen auf äußere oder innere Umgebung existieren. Irgendeine Form von Bewusstsein scheint – unabhängig von Zeit und Materie – ebenso in unbelebter Materie zu existieren, auch wenn hierfür der Beweis nach wissenschaftlichen Kriterien noch nicht erbracht wurde.

Auf Basis der Annahme, dass emotionale Phänomene durch gedankliche Energie verursacht sind und diese Energie ein Feld erzeugt, sind psychische Phänomene auch definierbar als Begebenheiten im Bereich der Quantenmechanik. Gedanken und psychische Probleme als Manifestationen von Energiefeldern könnten, aus einem quantenphysikalischen Blickwinkel betrachtet, als Ergebnis einer Informationseinbringung in das Energiefeld augenblicklich aufgelöst werden. Die Wirkungsweise von Meridiantherapien ist aus quantenphysikalischer Sicht relativ schlüssig erklärbar, der gedankliche Hintergrund hierfür wird im nächsten Abschnitt näher erläutert.

Quantenmechanische Erklärungen der Wirksamkeit

Die viel zitierte „Verbindung zwischen den Dingen" trifft sicherlich den Zeitgeist spiritueller und emotionaler Vereinsamung. Je schwieriger eine Beziehung zu anderen Menschen oder zum Ganzen in der physischen Realität ist, desto erstrebenswerter wird sie in der dann einzig noch möglichen Form von Transzendenz.

Die Erklärungsmodelle quantenmechanischer Abläufe scheinen dafür einen optimalen theoretischen Rückhalt zu liefern. Grundsätzlich ist jedoch bis heute keinerlei wissenschaftlichen Kriterien genügender Beweis dafür erbracht worden, dass die Erkenntnisse der neuzeitlichen Physik in irgendeiner Weise auf den Bereich von holistischer Medizin oder ihren Hintergrund einer transzendentalen Sichtweise übertragbar seien.

Die heutige Quantenphysik kann verstanden werden als reine Messmethode einer ausschließlich aus Materie bestehenden Wirklichkeit, in der Fragen des Bewusstseins völlig ausgeklammert bleiben; die Interpretation der jeweiligen Messergebnisse erfolgt über Zuhilfenahme anderer Wissenschaften. Andererseits besteht sehr wohl ein gewisser Konsens dahingehend, dass zahlreiche naturwissenschaftliche Entdeckungen im Bereich von Imagination ihren Ursprung hatten und wohl noch immer haben, dass sie bis zu ihrer Beweisbarkeit also nur in Form von Gedankenexperimenten existierten. Grundsätzlich kommt durch logische Schlussformen wie Deduktion oder Induktion kein neues Wissen in die Welt, Neues besteht vielmehr aus Verstößen gegen die Logik in Form abduktiver Schlüsse, was mehr einem ratenden Instinkt entspricht und daher zu den zuvor erwähnten Gedankenexperimenten führt.

Es darf daher als legitim angesehen werden, aus dem momentanen naturwissenschaftlichen Wissensstand bzw. der kognitiven Deutung desselben gewisse Schlussfolgerungen zu ziehen, die – dem artspezifischen Bedürfnis des Menschen nach logischer Erklärung entsprechend – vielleicht das Verständnis mancher der in diesem Buch geschilderten Methoden und ihrer Effekte erleichtern. Dies sollte jedoch nicht darüber hinwegtäuschen, dass nur der minimale Bereich von Materie den Gesetzmäßigkeiten der Physik unterliegt, die Wirkung von feinstofflichen Energien jedoch auch in nicht materielle Ebenen des Seins eingreift und außerdem in Beziehung steht zu nicht physikalisch erfassbaren Sphären von Biologie und Neurologie.

Dem Erklärungsnotstand der momentan als unwissenschaftlich klassifizierten Ebenen von Wirklichkeit mit Hilfe einer Berufung auf die Quantenphysik zu begegnen ist eine Modeerscheinung, die auch im Bereich der Meridiantherapien Einzug gehalten hat und in ihrem Ausmaß doch eher fragwürdig erscheint. Das neueste Wissen über die Möglichkeiten einer Übertragung von Information sowie gewisse, aus den Erkenntnissen der Quantenphysik ableitbare Denkansätze ermöglichen jedoch sehr wohl einen leichteren Zugang zum Verstehen von Veränderungsphänomenen im psychischen und somatischen Bereich. Zum besseren Verständnis werden im Folgenden, einige Grundinformationen und Basisannahmen angeführt.

Die kleinsten Materieteilchen haben keine Teilcheneigenschaften mehr, sondern sind nur noch Form. Die Form hat daher eine fundamentalere Bedeutung als die Materie, Form ist eine Anordnung von Materie. Im Innersten der Materie kann man nicht von Struktur, also von „existieren“ sprechen, da es nur den Zusammenhang gibt und die Beschreibung eines Einzelteils den Zusammenhang zerstört; es besteht nur *Verbundenheit* und nichts, das miteinander verbunden ist.

Eine Reduktion kann zwar erfolgen, um bildhafte Vorstellung zu ermöglichen, man tut dann im kleinsten Bereich so, „als ob" es Materie gäbe, um den sprachlichen Gewohnheiten des Menschen zu entsprechen. Dies führt aber zum Verlust eines Teils von Wirklichkeit, weil dabei existierende kleinste Relationen nicht berücksichtigt werden. Die mathematische Struktur beweist, dass zu Beginn keine Materie existiert, es gibt laut Hans-Peter Dürr nur einen „Fußabdruck" von etwas, das in unserer Sprache nicht beschreibbar, weil nicht begreifbar ist. Wirklichkeit als Realität in der gängigen Definition von Materiellem besteht nicht für sich selbst, sondern nur in Form von Möglichkeit auf geistiger Ebene.

Im Potsdamer Manifest, das anlässlich des Einstein-Jahres 2005 von Hans-Peter Dürr, J. Daniel Dahm und Rudolf zur Lippe verfasst wurde, wird Materie daher als ein Beziehungsgefüge bezeichnet, eine Art Gestalt oder in gewisser Weise eine trägerlose „Information". In einer Welt, deren ontische Grundstruktur, basierend auf primär existierender Substanz, ungültig geworden ist, sehen die Verfasser alle Fragen nach der Existenz von Objekten oder Gegebenheiten als nicht mehr angemessen an. Ausschließlich die Untersuchung dessen, was „passiert" oder „bindet", entspricht der eigentlichen Wirklichkeit, nämlich einer „Potenzialität", einem untrennbaren, körperlosen, zeitlich unbestimmten Beziehungsgefüge, das nur gewichtete Möglichkeiten für eine materiell-energetische Realisierung festlegt.

Die klassische Vorstellung von Realität ist diejenige, dass die Welt existiert, weil man sie nicht nur selbst wahrnehmen kann, sondern weil auch andere Menschen, unabhängig von einem selbst, dies tun können. Nach der modernen Physik existiert diese Sicherheit nicht, die Existenz einer Welt außerhalb der eigenen Person wird bezweifelt, akzeptiert wird nur das eigene, subjektive Erlebnis der Welt. Die Trennung von Ich und Welt wird aufgehoben, eine objektivierbare Welt ist damit nicht mehr gegeben.

Nach dem Weltbild der klassischen Physik besteht die Welt aus mehr oder weniger autonomen Objekten bzw. Atomen mit eigener Individualität, die erst aufgrund von Wechselwirkungen ein Gesamtsystem bilden. Bei dieser Betrachtungsweise steht die greifbare Substanz am Anfang, und Beziehungen sind zweitrangig.

Diese spezielle Art einer Wahrnehmung bzw. Definition von Wirklichkeit basiert auf einem ständigen Aufteilen in noch kleinere Teilchen, da der menschliche Neokortex ausschließlich durch Zerlegen zu Erkenntnis gelangt. Das hat allerdings zur Folge, dass die Wirklichkeit durch den Prozess des Erkennens in ihrer Qualität verändert wird. Diese Art von Wirklichkeit wird gemäß den Voraussetzungen im menschlichen Neokortex erzeugt bzw. geformt, „Denken“ wird nach der klassischen Physik auf „Begreifen“ reduziert.

Im Bereich der Quantenphysik ergibt sich ein gänzlich anderes Bild von Wirklichkeit, das mit der menschlichen Vorstellungskraft nur schwer zu erfassen ist. Die innersten, kleinsten, letzten Teilchen haben nämlich eine andere Struktur als große Objekte, sie sind nicht mehr objekthaft, sondern entsprechen strukturell mehr dem „Sowohl-als-auch“ als dem „Entweder-oder“. Natur hat im Grunde eine holistische Struktur und ist nicht fragmentierbar, im Lauf der Evolution wurde aufgrund des spezifischen menschlichen Denkens jedoch immer mehr differenziert, es wurden Grenzwände gezogen, obwohl in Wirklichkeit nur eine Gesamtheit, ein einziger Zusammenhang besteht.

Das Fragmentieren von Objekten in immer kleinere Teilchen zerstört zusätzlich auch den Bedeutungszusammenhang. Dies ist vergleichbar mit einem Text, dem erst eine bestimmte Zusammensetzung von Buchstaben und Worten wirklichen Sinn verleiht, obwohl rein optisch ein Bild von Buchstaben in gewissen Zusammenfügungen auch bei absoluter Inhaltslosigkeit gegeben wäre. Dieselbe objektive Information hat dann nicht mehr die Bedeutung, die Semantik und damit den Sinn des ursprünglichen Textes. Die Kommunikation – in diesem Fall das Lesen des Textes – bringt die Ebene der Beziehung mit ein, über die Sender und Empfänger verändert werden.

In gleicher Weise ist auch das Beobachterproblem der Quantenmechanik zu verstehen. Der Messprozess durch den Beobachter erzeugt nämlich selbst neue Information, hieraus ergibt sich eines der tiefgründigsten philosophischen Rätsel der Natur. Die bisherige Ansicht, dass Messung ein System zwar stört, dieses jedoch auch schon vor dem Eingriff über gewisse Eigenschaften verfügte, gilt nicht mehr. Gewisse Eigenschaften sind vorher nicht gegeben und werden erst durch die Messung definiert. Information gewinnt so einen sehr stark subjektiven Charakter, der nicht mystisch oder transzendental, sondern absolut naturgesetzlich ist.

Das Sammeln von Erfahrung entspricht einem „Abtrennen“, die Möglichkeit der Kontaktaufnahme mit der Welt erfolgt über Manipulation und Analyse. Objektivierung ist in der Alltagswelt absolut notwendig, sie ist sozusagen eine Forderung des Systems zur Sicherung des Überlebens. Die Gewohnheit, die Welt nur über die Objektivierung zu erfahren, ist entsprechend stark in der menschlichen Vorstellung verwurzelt. Es bestehen also, menschheitsgeschichtlich und gesamtgesellschaftlich betrachtet, gewisse Denkregeln, die sich im kausalen Erklären von Phänomenen der Alltagswelt bewährt haben. Für das Verstehen quantenphysikalischer Phänomene ist eine daraus folgende Auffassung der Welt als Objekt, d.h. als dingliche Realität, jedoch nicht geeignet. Im quantenmechanischen Bereich gelten die sonst erprobten Regeln nicht mehr, Einzelereignisse passieren hier objektiv zufällig, d.h. die Ursachen sind, im Gegensatz zum subjektiven Zufall, absolut unauffindbar.

Interpretation wird nicht aus einem Experiment herausgeholt, sondern hineingelegt. Die Quantentheorie ermöglicht völlig exakte Vorhersagen über Phänomene, die Problematik entsteht dann, wenn es um die Bedeutung einer Beobachtung bzw. der quantenphysikalischen Weltsicht geht. Nach der Erkenntnistheorie kann das menschliche Gehirn nur das rational beschreiben, was es auch denken, also mittels Denkprozessen beschreiben kann. Jedes System hat seine Begrenzung, in diesem Fall wird die Grenze des Denkbaren bzw. des beschreibbaren Denkens überschritten, als Folge kann auch nicht mehr erkannt bzw. wahrgenommen werden.

Systemisch gesehen kann nur nach unten gedacht werden, es sind also nur Subsysteme verstehbar, die umgekehrte Richtung ist dem Gehirn nicht möglich. Denken ist demnach von seiner Allgemeinheit abhängig, d. h. davon, ob es allgemein genug ist für das Verstehen der Wirklichkeit, es ist ausschließlich auf „Lebensdienlichkeit“ ausgerichtet. Die menschliche Art von Wahrnehmung der Wirklichkeit hat nichts mit der Wirklichkeit an sich zu tun, der eigene blinde Fleck kann mit unseren Wahrnehmungsmöglichkeiten nicht gesehen werden.

Am Anfang existiert nur Form, auch die wichtigsten Erhaltungssätze der Natur (Energieerhaltungssatz, Erhaltungssatz von Ladung/Drehimpuls etc.) haben auf der niedrigsten Ebene keine materielle Bedeutung, sondern sind reine Formeigenschaften. Wirklichkeit ist auf unterster Ebene nicht dinglich, sondern nur in Form von Potenzialität gegeben, diese Möglichkeit einer Realisierung darf nicht mit der Realisierung selbst verwechselt werden. Die Möglichkeit wiederum hat eine gewisse Gestalt, es ist also nicht alles offen, da die Natur bestimmte Wahrscheinlichkeit vorschreibt. Der Übergang von Potenzialität zu Realität entspricht in gewisser Weise dem Übergang von einer Ahnung (vielen Möglichkeiten) zu einem konkreten Gedanken.

Bei der Erklärung des Existierenden nach konventionellem Denken wird versucht, für alles eine kausale Begründung zu finden. Man spricht von einer Veränderung der Form von etwas Seiendem, das im Hintergrund unveränderbar ist. Die Erklärung des ständigen Wandels in der Anordnung der Form eliminiert jedoch das Schöpferische in der Natur. Dieses „Geistige“ wird aus der unbelebten Natur meist herausgenommen, was aber nicht der Wirklichkeit entspricht.

Erfahrungen, die nicht in ein gängiges wissenschaftliches Weltbild passen, werden oft verdrängt oder bekämpft, obwohl sie meist den Ansporn zur Erweiterung von Theorien geben und dann zu neuen Entdeckungen führen können. Der jeweilige Glaube an neue Vorstellungen wird vielfach nur als Ersatz dafür angesehen, dass noch kein ausreichendes Wissen existiert, und entsprechend abgewertet. Gewisse Arten von Wissen lassen sich jedoch nicht instrumentalisieren oder rational nutzen, der klassische Wissensbegriff verliert hier an Bedeutung, das eher passende Wort ist daher die in östlicher Tradition genutzte Weisheit.

Aufgrund der Tatsache, dass Systeme nicht aus Teilchen bestehen, ist anzunehmen, dass die gesamte materielle Wirklichkeit auf die Vorgänge im Bereich der Elementarteilchen reduzierbar ist; der Einbezug des Bewusstseins in diesen Prozessablauf konnte bisher jedoch noch nicht stichhaltig nachgewiesen werden, was daher aus streng wissenschaftlicher Sicht auch Wissen oder Weisheit im Bereich von Materie ausschließt.

Auch wenn eine Übertragung der Erkenntnisse aus dem Bereich der Quantenmechanik in den Kontext von emotionaler und körperlicher Befindlichkeit auf den ersten Blick extrem theoretisch – wenn nicht sogar ausschließlich visionär, weil nach alter wissenschaftlicher Denkweise nicht nachweisbar – erscheint, so sollte zumindest der Zugang über die Beurteilung möglicher Auswirkungen eines solchen Ansatzes unter dem Aspekt von Nützlichkeit nicht außer Acht gelassen werden. Auch die unwahrscheinlichste Vision kann immer noch hilfreich sein, selbst wenn die Hintergründe nicht verständlich oder nicht stichhaltig zu klären sind. Sobald Realität in gewissem Ausmaß erschaffen werden kann, ist die Wahl der Art von Realität frei und nützliche Realität ist hilfreicher als die gegenteilige Variante.

Es stellt sich grundsätzlich die Frage, inwieweit Sachverhalte der Quantenmechanik auch in der Makrowelt existieren. Vordergründig hat die Quantennatur keine Auswirkungen auf das Funktionieren makroskopischer Strukturen, weshalb auch die Entwicklung der klassischen Welt stabiler Gegenstände aus dieser Quantenwelt derart schwierig zu deuten ist. Als Erklärung wird hauptsächlich angeführt, dass die wesentlichen Phänomene jenseits von Distanzen oder Zeiten, welche die Größe der Planck'schen Wirkungskonstante übersteigen, keine Rolle mehr spielen.

Aus den Zuständen von Quantensystemen lassen sich jedoch auch andere Ableitungen treffen: Demnach könnten gewisse Abläufe der Quantenwelt auch in Makro-Systemen existieren, sobald einige grundlegende Eigenschaften von Quantensystemen gegeben sind.

Wenn von der Grundannahme ausgegangen wird, dass sich ein psychiches Problem zu allererst auf energetischer Ebene manifestiert, dann existiert auch dann, wenn dieses Problem auf anderer Ebene – also im neurologischen, kognitiven, biochemischen oder systemischen Bereich – offensichtlich geworden ist, immer noch die fundamentale energetische Komponente zur Steuerung der neuen Manifestation. Unter Abwendung vom gängigen Reiz-Reaktions-Schema und Annahme der mathematisch eindeutig nachweisbaren Realitätsauffassung der Quantenmechanik können gewisse Veränderungen im energetischen Bereich relativ leicht gedanklich nachvollzogen werden, da einige Elemente der jeweiligen Prozesse in beiden Bereichen gegeben sind.

Ein solches Element ist das der Nichtlokalität, das vor allem im Bereich transpersonaler Phänomene, spontaner Heilungen oder Bewusstseinsveränderungen gegeben ist. Es werden Raum- und Zeitgrenzen gesprengt, die Prozesse sind non-lokal und nicht signalgebunden. Begriffe wie „Energie" oder „energetisch" weisen, in solchem Kontext genutzt, scheinbar auf Kausalität hin, die jedoch als weiteres Hauptmerkmal ebenfalls nicht gegeben ist.

Ein in diesem Zusammenhang nach wie vor strittiger Faktor in der Quantendebatte ist die Rolle des Bewusstseins. Bewusstsein als mentale Kategorie ist nicht Gegenstand der Quantentheorie. Auch die Beobachtung quantenmechanischer Phänomene ist immer ein Vorgang von Registration eines Ereignisses durch eine physikalische Apparatur, Fragen des Bewusstseins bleiben hierbei völlig ausgeklammert.

Obwohl Wolfgang Pauli davon überzeugt war, dass die Physik selbst anders strukturiert und formuliert werden müsse, damit sich die Psyche, das Bewusste und das Unbewusste integrieren lasse und sie dadurch vollständig werden könne – schlüssige Vorschläge zur Art eines Einbezugs des Bewusstseins wurden bisher nicht erbracht.

Ebenso wenig wie das Bewusstsein zwangsweise in die Quantenmechanik integriert werden soll, kann diese ihrerseits nützliche Informationen zu subjektiven Phänomenen der menschlichen Innenwelt liefern. Keine rein physikalische Beschreibung kann jemals die Existenz und Beschaffenheit des Bewusstseins oder subjektives Erleben des Gehirns und damit unterschiedliche Sinneseindrücke auch nur annähernd erklären. Eine Verbindung zwischen diesen beiden „Welten" scheint in unserem wissenschaftlichen Denkgebäude unmöglich.

Hierbei ist allerdings Folgendes zu bedenken: Im Weltverständnis von Aristoteles waren Psychisches und Physisches noch als organische Einheit untrennbar aufeinander bezogen. Erst mit Descartes und der einsetzenden Neuzeit tritt die Trennung von Denken und Materie auf, und es wird ein Problem wahrgenommen, das zuvor in zweitausend Jahren philosophischen Denkens nicht existiert hatte.

Die gesamte Debatte um Bewusstsein und dessen örtliche Zuordnung ist ein Phänomen neuzeitlichen Denkens und damit des Denkens an sich. Das Bewusstsein ist aus heutiger Sicht kein hilfreicher Faktor zur Herstellung einer Verbindung zur Quantenmechanik, die dahinter stehende Sichtweise ist aber absolut diskussionswürdig.

Hier würde eine Grundeinstellung, die von kausalen Begründungen absieht und – wie es der Wirklichkeit entspricht – das schöpferische Element in der Natur, das „Geistige", ganz einfach als gegeben akzeptiert, eher hilfreich sein.

Ein dagegen wissenschaftlich nutzbares Element im Bereich quantenmechanischer Phänomene ist die Tatsache, dass Materie auf einer grundlegenden Ebene verschränkt ist. Bezüglich dieser Synchronizität gibt es Entsprechungen in der Makro-Welt. So zeigen sich in der Alltagserfahrung – selten, aber beständig – nicht steuerbare, scheinbar zufällige, aber in einem sinnvollen Lebenszusammenhang stehende Korrespondenzen zwischen physikalischer Welt und inneren psychischen Situationen. Solche sinnvollen Zufälle scheinen keinen direkten Zusammenhang hinsichtlich Kausalität oder Beeinflussbarkeit zu haben. Nach Wolfgang Paulis Ausschließungsprinzip besteht zwischen allen Teilen des Universums ein übergeordneter, gemeinsamer Ordnungszusammenhang, der sich nicht nach Ursache und Wirkung hinterfragen lässt. Eine von C.G. Jung entwickelte Hilfsvorstellung postuliert hierzu eine Einheit der Welt ohne Spaltung in materiell und geistig oder Subjekt und Objekt mit einer Verbindung der Bereiche durch den Sinn, in Form eines diesen Sinn ergebenden Zusammenhangs.

Der Austausch von Information innerhalb von quantenphysikalischen Systemen ohne eine nach gegebenem Wissensstand eindeutig erkennbare Übermittlung von Signalen war zur Zeit Einsteins noch eine Vermutung. In neuester Zeit wurde diese ursprünglich als EPR-Korreliertheit (Einstein-Poolsky-Rosen 1935) in die Diskussion eingeführte Verschränkung innerhalb quanten-physikalischer Systeme auch in Versuchen bestätigt. Es konnte seit Beginn der 80er Jahre vielfach nachgewiesen werden, dass innerhalb eines Quantensystems die Elemente miteinander korreliert bleiben, also eine gemeinsame Individualität besitzen und sich innere Eigenschaften teilen; es besteht auch über weite Distanzen Informationsaustausch jenseits der Lichtgeschwindigkeit.

Jegliche Mystifizierung dieser mathematisch eindeutig belegbaren Sachverhalte ist nicht hilfreich und verweist einmal mehr auf die Hauptproblematik im Verständnis der gesamten Quantenmechanik, dass nämlich verbal kaum vermittelbar erscheint, was mathematisch klar ersichtlich und beweisbar ist. Die natürliche Sprache der Quantenphysik ist und bleibt die Mathematik, und gewisse theoretische Tatsachen haben keine sprachlich ausdrückbaren Analogien in der Erfahrungswelt. Der vielzitierte „neue" Zugang zur Welt jenseits der äußeren Formen erscheint in diesem Zusammenhang noch am ehesten über die Formelsprache der Mathematik möglich, die ein neues Verständnis der Welt und ihrer Zusammenhänge zu bieten scheint, aber eben nur den Menschen, die ihrer mächtig sind.

Dennoch ist es auch auf Grundlage des geisteswissenschaftlichen Denkens legitim, gewisse Phänomene aus dem organischen Bereich als Verschränkungen innerhalb des materiell sichtbaren Systems zu rekonstruieren, zumal Parallelen offensichtlich sind und gewisse Beispiele sehr plausibel erscheinen.

Nach der Heisenberg'schen Unschärferelation existieren im quantenmechanischen Bereich immer Größen, die nicht gleichzeitig exakt bestimmbar bzw. messbar sind, so genannte Observablen (beispielsweise Ort und Impuls eines Teilchens). Die Unschärferelation betrifft zwei – nach Schrödinger miteinander „verschränkte" – Größen, von denen eine globalen Charakter hat, die andere lokal ist, also einen Teil des Systems charakterisiert. Derartige Verschränkungen kommen auch außerhalb des Quanten-Bereichs vor, also ebenso in psychologischen Systemen bzw. im Bereich des Bewusstseins. Als Beispiele kann man hierzu unter anderen anführen: die extreme soziale Verbundenheit bei Angehörigen kleiner, isolierter Stammesgesellschaften, die psychologische Übertragung und Gegenübertragung im Kontext von Psychotherapie oder die durch bestimmte Handlungen oder mentale Akte eines Rituals bewirkten Veränderungen im System der Teilnehmer.

Speziell dieser Kontext einer rituellen Handlung – und als solche kann jede therapeutische Intervention unter Zuhilfenahme von Lebenskraft oder Meridianenergie sicherlich auch bezeichnet werden – beinhaltet wesentliche quantenmechanische Elemente.

Es bietet sich über die Quantenmechanik also ein theoretischer Rahmen an für Phänomene außerhalb des gewohnten kausalen Weltbildes, wie spirituelle und transpersonale Erfahrungen, was auch den Bereich von schneller psychischer und körperlicher Veränderung beinhaltet.

Die von Ockham geforderte unmittelbare Wahrnehmung, das vorurteilsfreie „Bei-den-Dingen-Sein", „Mensch-Sein" oder „Achtsam-Sein" ist seit jeher Bestandteil spiritueller Traditionen, in der philosophischen Praxis bekannt als „Phänomenologie". Hierbei handelt es sich nach Harald Walach um die ursprünglichste Form von Verschränkung, jene von Ich und Objekt in Form einer Differenzierung in der Einheit und Vereinzelung in der Verbundenheit.

Ebenso können Spiritualität und Wissenschaft gesehen werden als komplementäre Zugänge zur Welt, die einzeln nicht dasselbe Ergebnis bringen könnten. Unter Einbezug des energetischen Paradigmas erscheint die Wirkung von Meridiantherapien dadurch aus quantenmechanischer Sicht erklärbar, weil trotz Sichtbarkeit im psychischen oder körperlichen Bereich immer noch eine fundamentale energetische Komponente existiert, die den Grundvoraussetzungen quantenmechanischer Abläufe entspricht und daher augenblickliche Zustandsänderungen ermöglicht.

Jetzt bin ich fast schon ärgerlich – das ist alles viel zu theoretisch, und es geht viel zu wenig um „mich" – und ich sollte doch eigentlich die Hauptperson sein! Und mir ist auch völlig egal, warum und wie das nun alles so läuft, mich interessiert nur das Ergebnis, und deshalb erklär ich dir jetzt mal, was passiert, wenn du dich gut um mich kümmerst und dafür sorgst, dass ich mich auf meinen Bahnen frei und mit „Volldampf" bewegen kann, weil nur das wirklich interessant ist.

Also, falls du immer noch versessen bist auf theoretischen Hintergrund, dann kann ich dir sagen, dass nach Vergleichsstudien einer britischen Gesellschaft, der „Association for Meridian Energy Therapies", 60 % der Anwender von einer der später noch genau geschilderten Techniken bei der Erstbehandlung eine sofortige positive Wirkung spüren, 20 % erreichen dieselben Ergebnisse bei regelmäßiger Anwendung, die restlichen 20 % benötigen Begleitung durch einen Therapeuten, um eine ähnliche Wirkung zu erfahren, weil ihre Probleme extrem komplex und vielschichtig sind.

Und dann gab es noch eine Feldstudie in südamerikanischen Kliniken über einen Zeitraum von 14 Jahren, bei der bei 2500 Patienten aufgrund von Angststörungen Meridiantherapien eingesetzt wurden. Diese Untersuchung war von Anfang an nicht als wirkliches Forschungsprojekt geplant und entsprach daher auch nicht den üblichen wissenschaftlichen Standards, die Ergebnisse wurden einfach nur im Rahmen der Patientenversorgung sozusagen „miterhoben".

Auch wenn es nicht zur Veröffentlichung der Ergebnisse kam, sind diese zweifellos sehr interessant. Gegenüber einer gleich großen Kontrollgruppe, die mit kognitiver Verhaltenstherapie und Medikamentierung behandelt wurde, waren die „Meridianklopfer" aus der experimentellen Gruppe bezüglich eindeutiger Verbesserung um fast 43 % und bezüglich Symptomfreiheit um 49 % besser dran als ihre armen Kollegen, bei denen die Meridiane schändlich vernachlässigt wurden.

Außerdem wurden im Jahr 2000 von einem internationalen Hilfsteam 105 Opfer ethnischer Gewalttaten im Kosovo mit energiepsychologischen Methoden behandelt, laut Eigenreport mit dem Ergebnis „kompletter Heilung".

Aber ich muss dir leider trotzdem sagen, dass es bis heute noch keine wissenschaftlich haltbaren Studien mit wirklich signifikanten Ergebnissen zur Wirksamkeit des Klopfens meiner Punkte gibt. Du solltest dich davon aber erst einmal nicht abhalten lassen und selbst probieren, was für ein Ergebnis du bei dir bewirken kannst – und dann wirst du staunen. Du wirst dann nämlich merken, dass ich enorm viel Gutes bewirken kann, wenn du dich auch nur ein bisschen anstrengst.

Und außerdem, wenn du gut für mich sorgst, dann beseitigst du nicht nur die energetische Störung, die deinem Problem zugrunde liegt, sondern du bekommst zusätzlich meistens noch eine völlig neue Sichtweise des Problems, an dem du gerade arbeitest. Du nimmst dann die emotionale Ladung mehr aus deinen Gedanken heraus und identifizierst dich nicht so stark mit ihnen, was ja sonst leider deine Art ist. Du kannst dann viel distanzierter und rationaler, also mit mehr „Hirn" als vorher und entsprechend gelassener, die negative Beeinflussung deiner Gedanken durch dich selbst erkennen und mit etwas Glück vielleicht sogar deinen eigenen Beitrag zur Entstehung des Problems begreifen und akzeptieren.

Und glaub mir: Dadurch fühlst du dich dann wesentlich besser, denn du weißt ja, Stress ist abhängig von deinem subjektiven Empfinden und nicht von den objektiven Umständen – aber dazu erfährst du im nächsten Kapitel mehr.

Deine geistige Gesundheit hat eben viel zu tun mit der Wahrnehmung deiner eigenen Gedanken, du bist dann nicht so oft im Hirn total „verdreht" (das nennt sich „Switching" – und wird dir nachher noch erklärt), es entstehen gute Energien und gute Beziehungen zu anderen Menschen und vor allem zum wirklichen Kern deiner eigenen Persönlichkeit.

So – dann ist da noch eine Sache, die ich dir sagen muss, bevor du so richtig loslegst, nur damit du hinterher nicht überrascht bist:

Du hast doch sicher schon von homöopathischer Erstverschlimmerung gehört, so etwas Ähnliches kann dir bei den folgenden Anwendungen auch passieren. Es könnte also sein, dass sich irgendwelche körperlichen Beschwerden entweder kurzfristig sogar verschlechtern, sich überhaupt nicht bessern oder nach vorübergehender Besserung wiederkehren. Dazu musst du wissen, dass die Erfinder all dieser Methoden davon ausgehen, dass sich dann hinter dieser körperlichen Beschwerde noch etwas anderes versteckt, nämlich ein emotionales Problem.

Es kann also passieren, dass du dich nach einer Behandlung insgesamt emotional irgendwie schlechter fühlst, und das ist dann **die** *Chance für dich. Dann hast du nämlich mit einem scheinbar unverfänglichen Thema angefangen und mit viel Glück ein dahinter verborgenes größeres Problem ausgegraben, das jetzt erst sichtbar geworden ist und das du jetzt endlich lösen kannst. Da kann ich dann nur sagen: „Schwein gehabt – jetzt geht's ans Eingemachte!"*

Was du tun musst, wenn das passiert, sag ich dir später noch, wichtig ist, dass du erst einmal weißt, dass so etwas auch vorkommen kann.

Ach, und eines noch – es ist zwar eher nicht zu erwarten, wenn du alleine, also ohne einen Therapeuten, arbeitest, aber es könnte doch mal sein, dass du emotional so richtig „hineinrutschst" und alle Gefühle herauskommen, die du dir nur vorstellen kannst. Dann bleib einfach ganz tief mit diesen Gefühlen verbunden, ohne irgendwelche Sätze zu sprechen oder viel zu denken, und klopfe weiter auf meinen Punkten – das ist ganz wichtig!Du musst dann weiter dranbleiben und klopfen, dann helfe ich dir aus diesen starken Emotionen heraus und sorge dafür, dass du dich beruhigst. Wenn die Abreaktion dann vorbei ist, kannst und sollst du dich wieder dem ursprünglichen Problem zuwenden und dort weitermachen, wo du aufgehört hast, es wird dann viel leichter gehen.

Wichtig für dich ist auch noch zu wissen, dass eine Behandlung dich vermutlich wunderbar entspannen oder sogar extrem müde machen wird, vielleicht passiert aber auch das genaue Gegenteil, und du wirst übermäßig vital und willst Bäume ausreißen. Da kann ich dir nicht genau sagen, wie es gerade bei dir sein wird, in jedem Fall solltest du deinem Körper dann aber die Zeit und die Möglichkeit geben, auf jeweils optimale Weise die Veränderungen energetisch zu verarbeiten. Du hast dann eine Menge für uns beide getan, und das muss sich erst einmal setzen dürfen.

Und noch etwas ... ich habe eine ganze Menge unterschiedlicher Techniken für dich zusammengetragen, manche sind recht einfach anzuwenden, andere erfordern schon ein ganz erhebliches Ausmaß an Konzentration und Durchhaltevermögen, um erst einmal gelernt und dann erfolgreich angewandt zu werden.

Ich kann mir vorstellen, dass du bei der einen oder anderen Anwendung erst einmal überfordert und daher frustriert sein wirst. Lass dich nicht davon abhalten, weiterzulesen und weiterzuprobieren. Es werden im Verlauf des Buches dann sicherlich wieder Methoden geschildert, die dir leichter er-

scheinen oder dir einfach mehr liegen als die vorhergehenden. Es ist auch nicht so, dass du „alles" perfekt anwenden musst, um Erfolg zu haben. Es kann vielmehr sein, dass eine einzige Technik oder ein gedankliches „Aha-Erlebnis" eine ganz wesentliche Veränderung in deinem Leben bewirken kann.

Sieh einfach alles, was jetzt hier so auf dich zukommt, als einen Topf mit vielen Möglichkeiten an, aus dem du nach Lust und Laune wählen kannst.

3. Wie Stress auf den Organismus wirkt

Alle Richtungen der Meridiantherapie basieren auf einem Erklärungsmodell menschlicher Gesundheit, das in Übereinstimmung mit der chinesischen Energielehre Stress als wichtigsten Faktor einer Instabilität des Gleichgewichts im menschlichen Organismus und damit als Hauptauslöser für Krankheit definiert.

Nach der chinesischen Medizin befinden sich im menschlichen Körper Bahnen, entlang derer in Form von zwölf Hauptenergiemeridianen und zwei Steuermeridianen die Lebensenergie fließt. Jeder Meridian ist energetisch mit einem Organ, einer Drüse oder einem Teil des Körpers, sowie das Meridiansystem insgesamt mit dem Nervensystem verbunden. Bei Vorliegen von Stress können die Energien im menschlichen Körper nicht mehr frei fließen, der Energiefluss kann jedoch durch Stimulation oder Beruhigung bestimmter Punkte entlang dieser Bahnen, der so genannten Akupunkturpunkte, balanciert werden.

Der Pionier der Stressforschung, Hans Selye, definiert Stress als eine „nichtspezifische Reaktion des Körpers auf jede an ihn gerichtete Anforderung". Stress ist ein natürlicher, überlebenswichtiger Anpassungsmechanismus, der ständig in unterschiedlichem Ausmaß im Organismus abläuft. Er ist also die normale Reaktion des Körpers auf jede an ihn gerichtete Anforderung mit dem Ziel der Wiederherstellung des Gleichgewichts, das durch einen bestimmten Auslöser gestört wurde. Das Ausmaß an Stress ergibt sich aus der Summe der äußeren (körperlichen) und inneren (stoffwechselbedingten und psychischen) Einflüsse. Bei einem Mangel an Entspannungsphasen oder Überbelastung durch zu viele Stressfaktoren (auch positiver Art) wird der natürliche Stress als negativ empfunden und führt zu Krankheiten. Emotional bedingter Stress, also unangenehme Gefühle und Gedanken, gehört hierbei zu den stärksten Faktoren.

Stress bewirkt innerhalb von Bruchteilen von Sekunden den Ablauf körperlicher und geistiger Prozesse, auf die der Mensch bewusst keinen Einfluss mehr hat; diese dienen genetisch bedingt dem Überleben in gefährlichen Situationen. Das Gehirn reagiert bei übermäßigem Stress mit geistiger Blockade, die Zone für bewusstes, assoziatives Denken im Vorderhirn schaltet ab. Die bewusste Kontrolle scheint noch gegeben zu sein, weil man ja bei Bewusstsein ist, für eine optimale Bewältigung der jeweiligen

Anforderungen ist dies jedoch nicht mehr in ausreichendem Maß der Fall, wobei das für die jeweiligen Problemstellungen unpassende Handeln je nach Stärke der Belastung zunimmt.

Solches Affektverhalten ist das Ergebnis des Rückzugs von Energie aus dem Vorderhirn in das im hinteren Teil des Kopfes gelegene Stammhirn. Hierbei werden natürliche Reflexe und in frühester Jugend erlernte Handlungsweisen und Erfahrungen, die in diesem Teil des Gehirns gespeichert sind, aktiviert und – meist unbewusst – zur Grundlage des Verhaltens gemacht. Im Fall von Stress, der in irgendeiner Form fast ständig vorhanden ist, übernimmt also das Stammhirn die Regie über sämtliche Verhaltensweisen, kreative Reaktionen auf die jeweilige Situation sind unter diesen Umständen nicht möglich, die Handlungen folgen nur urzeitlichen und frühkindlichen Verhaltens- und Reaktionsmustern. Unter Stress werden ausschließlich erlernte Reaktionen reproduziert, die auf negativen Emotionen beruhen und teilweise legasthenisch sind, was weitere Beeinträchtigung zur Folge hat.

Bei einer Entscheidung für Kampf oder Flucht, bei der es um schnelles, automatisches Handeln ohne langes Überlegen geht, ist diese Blockade meist von Vorteil. In den Stresssituationen des modernen Lebens, die meist nicht von einer direkten Bedrohung des Lebens geprägt sind, können die vom Körper mobilisierten Kräfte für den Kampf- oder Fluchtfall in der Regel nicht ausgelebt werden. Die bereitgestellte Energie richtet sich daher in der Folge gegen den eigenen Organismus, da sie nicht nach außen abgeleitet werden kann.

Seit der Frühzeit der Menschheit hat sich bei Auftreten von Stress der biochemische Ablauf im menschlichen Körper nicht geändert. Eine der wichtigsten Veränderungen im Organismus, die aus der Kampf – Flucht – Situation resultiert, ist der Abzug von Blut aus gewissen Körperregionen wie der Haut und der Großhirnrinde. Die Poren schließen sich und der in ihnen enthaltene Talg tritt aus, man schwitzt also, und die Haut wird aufgrund fehlender Durchblutung fahl, was sich über Blässe äußert. Weiter schließen sich die Tränendrüsen, die Augen werden trocken und die Lider sacken nach unten, um den Schaden durch Flüssigkeitsverlust auszugleichen. In weiterer Folge und extremen Stadien von Stress werden Sehfähigkeit und räumliche Wahrnehmung eingeschränkt, schließlich krampfen die Augenmuskeln und drehen den Augapfel nach oben.

Während sich die äußeren Kapillaren zusammenziehen, erfolgt vermehrte Zuführung von Blut in andere Körperregionen wie Muskeln und endokrine Drüsen, die dem unmittelbaren physischen Überleben dienen. Bleiben die angemessenen Reaktionen auf Stress wie Kampf oder Flucht aus, steigt der neurohormonelle Spiegel im Blut derartig, dass der Körper auf andere Art mit dem Abbau beginnen muss, um das Gleichgewicht wieder herzustellen und das Blut wieder wie ursprünglich zu verteilen.

Die Ausschüttung von Stresshormonen führt weiter zum Absterben der Neuronen im Hippocampus, einer für Gedächtnisprozesse sehr wichtigen Hirnstruktur. Vorsorge durch Verringerung von Stress mittels Anwendung von Methoden der Meridiantherapie schützt daher diesen Bereich, die dortigen Neuronen werden vor Schädigung und Zerstörung durch die Ausscheidung von Stresshormonen bewahrt.

Das wichtigste Ziel einer Anwendung von Techniken der unterschiedlichen Richtungen von Meridiantherapie ist also die Verringerung von Stress im Organismus bzw. die Minimierung der Folgen von früherem Stress. Auch wenn in bisherigen Studien der streng wissenschaftliche Nachweis noch nicht erbracht wurde, so ist anzunehmen, dass die Methoden der Meridiantherapie grundsätzlich schon dadurch stressreduzierend wirken, dass sie entspannend auf das vegetative Nervensystem wirken und die Herzfrequenzvariabilität (HRV) positiv beeinflussen können. (Als HRV bezeichnet man die Fähigkeit des Herzens, den zeitlichen Abstand zwischen den Herzschlägen belastungsabhängig zu verändern, sich also flexibel den ständig wechselnden Herausforderungen anzupassen.)

Grundsätzlich gibt es zwei Faktoren, die im Organismus aufgrund von Stress auftreten und einen Erfolg der Anwendung von Meridiantherapie extrem behindern oder gänzlich verhindern können. Das Erkennen und die Beseitigung dieser beiden Störungen, der Psychologischen Umkehrung und der Neurologischen Desorganisation, sind also die Voraussetzung für allen weiteren Behandlungserfolg.

Psychologische Umkehrung

Unter Psychologischer Umkehrung (PU) sind energetische Blockaden zu verstehen, die als Folge grundlegender Selbstablehnung in Form von Selbstblockaden auftreten. Dies ist immer dann der Fall, wenn die Motivation auf eine Art und Weise wirksam wird, die der Art, wie sie eigentlich wirken sollte, total entgegengesetzt ist. Wunsch und formulierte Absicht eines Menschen stimmen in diesem Fall nicht mit der erkennbaren Handlung überein, er entwickelt eine starke, unbewusste Neigung zur Selbstabwertung und erwartet ständigen Misserfolg, der sich dann tatsächlich einstellt, weil er seine eigenen Bestrebungen indirekt und unbewusst selbst vereitelt.

Eine derartige fehlende Übereinstimmung von Wollen und Tun lässt auf negative Motivation auf unbewusster Ebene schließen, wobei zu berücksichtigen ist, dass sich jeder Mensch zeitweise in dem einen oder anderen Bereich seines Lebens in einem solchen Zustand befindet, dass es sich also um ein universelles menschliches Problem handelt.

Begleiterscheinungen einer PU, die sich sogar in körperlicher Hinsicht als Leistungstief äußern kann, sind Negativismus mit überkritischer Einstellung, Feindseligkeit, Mutlosigkeit, Hoffnungs- und Hilflosigkeit sowie ausschließliche Beschäftigung mit den negativen Seiten sämtlicher Gegebenheiten.

PU kann durch viele Faktoren bedingt sein, neben genetischen Einflüssen, Stoffwechselstörungen und durch Nahrung verursachten Auslösern kommen psychosomatische, soziologische, umweltbedingte und stressbedingte Faktoren in Frage. Der Wechsel zwischen den Zuständen von normaler Ausrichtung und Umkehrung kann extrem schnell erfolgen, auch die Dauer des Anhaltens eines korrigierten Zustands ist extrem unterschiedlich zwischen wenigen Minuten bis hin zu Wochen. PU hat in den meisten Fällen, besonders wenn sie in vielen Bereichen des Lebens auftritt, eine lange Vorgeschichte und sollte daher auch längerfristig immer wieder behandelt werden.

Die Meridiantherapien bieten optimale Techniken, die PU nicht nur für den Zeitraum der Behandlung, sondern in besonders massiven Fällen auch für immer zu beseitigen. Das Erkennen der PU als vorrangigen Hemmfaktor einer Heilung und die entsprechende Behandlung erfolgte erstmals durch den amerikanischen Psychologen Roger Callahan, den Erfinder der „Gedankenfeldtherapie" als Urform aller Meridiantherapien. Als Einstieg in den Beginn von Anwendungen, bei Stagnation im Behandlungsfortschritt oder bei Verdacht auf Selbstsabotage der Problemlösung in einem bestimmten Bereich, der behandelt werden soll, erfolgt nach Callahan die Korrektur über Aussprechen selbstbejahender Affirmationen, so genannter „bewusster Vorsätze" (Sätze mit Bezug zum Problemthema, kombiniert mit einem Zusatz betreffend die Akzeptanz der unterschwelligen Ablehnung), bei gleichzeitigem Stimulieren von Akupunkturpunkten durch Reiben, Drücken oder Klopfen.

Umkehrungen sind immer mit unbewussten Überzeugungen verbunden, ein ausschließliches Wiederholen guter Vorsätze in Form von Beteuerungen ohne Berücksichtigung des unbewussten Widerstands kann die Endlosschleife des Problems noch verstärken. Auf unbewusster Ebene wird der positive Inhalt der Aussage nicht akzeptiert und eine Lösung des Problems nicht nur verhindert, sondern über den erfolglosen Versuch die gedankliche Bahn des Problems noch verfestigt.

Die Korrektur von PU erfolgt über einen standardisierten Ablauf des Aussprechens von gleich bleibenden versöhnenden Formulierungen und anschließenden Affirmationen, bei gleichzeitiger Stimulation gewisser Meridianpunkte (Genaueres dazu im übernächsten Abschnitt unter „Behandlung psychologischer Umkehrung"). Der hierbei verwendete verbale Zusatz des „Auch wenn ich ..." oder „Obwohl ich ...", der vor der eigentlichen Affirmation ausgesprochen wird, überbrückt den Graben zwischen Bewusstsein und Unbewusstem, gleicht so negative und positive Aspekte aus und ermöglicht die nötige Selbstakzeptanz als Voraussetzung jeder weiteren Veränderung.

Die grundlegende Botschaft aller Sätze zur Beseitigung der PU ist immer die Akzeptanz der eigenen Person ohne Einschränkungen und unter allen Umständen. Eine derartige Verknüpfung positiver und negativer Aussagen innerhalb des bewussten Vorsatzes und dessen lautes Aussprechen bei gleichzeitigem Stimulieren des richtigen Punktes lösen Blockaden und bringen die Energie wieder zum Fließen, die Umkehrung kann sich so selbst korrigieren.

Wichtig ist hierbei, dass ein absoluter Glaube an die jeweilige Affirmation, die man vielleicht für banal oder unpassend erachtet, zu Beginn nicht unbedingt notwendig ist. Wichtig sind das mehrfache laute Aussprechen und der Wille, zumindest einen Punkt zu erreichen, die Aussage absolut ernst zu nehmen.

Neurologische Desorganisation/Switching

Die Neurologische Desorganisation, auch Switching genannt, ist Ergebnis einer Störung der Polarität der Gehirnhälften. In extremer Form ist dieser Zustand erkennbar an Schwerfälligkeit, physischer Unbeholfenheit, Koordinationsproblemen im Bewegungsablauf und in räumlicher Orientierung, Verwechseln von Buchstaben, Worten und Zahlen sowie allgemeinen Lernproblemen.

Voraussetzung für eine hilfreiche Stimulation der verschiedenen Meridiane ist die Regulationsfähigkeit des Autonomen Nervensystems, es muss also gewährleistet sein, dass die Fähigkeit des Grundsystems gegeben ist, richtig auf elektromagnetische oder energetische Reize zu reagieren. Als Grundsystem wird hierbei der extrazelluläre Raum zwischen den terminalen Blutgefäßen und der Zellwand bezeichnet, also der Bereich, über den Nahrungsstoffe, Sauerstoff, Kohlendioxid, Wasser, Botenstoffe, aber auch nichtmaterielle, rein physikalische und energetische Informationen zur Zellwand transportiert werden.

Während bei einer blockierten Regulation das Immunsystem nicht richtig arbeitet, Viren also nicht bekämpft werden und sich dadurch chronische Krankheiten entwickeln können, bedeutet Switching eine zu starke Regulation, die für den Organismus ebenfalls schädlich ist. Die Hauptsymptomatik sind ständig wechselnde Symptome, da das Nervensystem so fehlerhaft geschaltet ist, dass Informationen nicht richtig aufgenommen werden können, das Gehirn also in seiner Funktionsfähigkeit wesentlich eingeschränkt ist.

Switching kann auf verschiedene Ebenen auftreten, in emotionalen Bereich äußert es sich in Form unangemessener Gefühlsreaktionen auf eine Situation, auf mentaler Ebene wird oft ergebnislos und sinnlos versucht, unerfüllbare Wünsche durchzusetzen, in biochemischer Hinsicht erfolgen falsche körperliche Reaktionen.

Die Ursachen von Switching liegen hauptsächlich in einer Fehlfunktion der zwischen den Schädelknochen stattfindenden Bewegungen, es kann aber auch durch Chemikalien, extremen psychischen Stress sowie verschiedene körperlich-strukturelle Anomalien hervorgerufen werden. Alle kranial bedingten Ausformungen der Neurologischen Desorganisation sollten im Bereich von Osteopathie oder Chiropraktik behoben werden. Bei den hier demonstrierten Methoden zur Beseitigung von Switching geht es eher um die leichten und hauptsächlich stressbedingten Ausformungen, die den Behandlungsfortschritt behindern und daher, zumindest vorübergehend, ausgeschaltet werden müssen, um ein befriedigendes Ergebnis zu erhalten. Derartige Formen von Switching können mittels diverser Methoden beseitigt werden, die in Kapitel 6 unter „Switchingkorrekturen" dargestellt sind.

Wenn ich dir das alles noch mal zusammenfassen darf: Es geht darum, dass du unter allen Umständen und so gut es geht versuchen musst, nicht ständig in einem Zustand von Stress zu sein, weil dann in deinem Körper einige wirklich schlimme Dinge ablaufen, die dir extrem schaden.

Da ist diese ganz gemeine Sache, dass du auf einer unbewussten Ebene sehr oft gegen dich arbeitest. Du machst oder denkst dann eine Sache, und dein Unbewusstes macht und denkt aber das totale Gegenteil – und glaub mir, dein Unbewusstes ist da wesentlich stärker und erfolgreicher als du!

Es will dir eigentlich nichts Böses tun, sondern dir im Grunde nur helfen, aber aufgrund von Erfahrungen, die es vor langer Zeit in deiner frühesten Kindheit einmal gemacht hat, zwingt es dich doch tatsächlich, sehr oft so zu reagieren, wie du es überhaupt nichts haben willst, und macht dir ständig einen Strich durch die Rechnung. Und was das Schlimmste ist: Wenn du im Zustand einer so genannten Umkehrung bist, dann kannst du mich nicht mehr erreichen, dann sind alle Kontaktmöglichkeiten zu mir völlig unterbrochen und ich kann dir dann überhaupt nicht mehr helfen. Da geht dann gar nichts mehr, und deshalb musst du solche Zustände immer sofort beseitigen und dich wieder ins richtige Lot bringen.

Und dann ist da noch diese dumme Geschichte mit deiner Polarität. Irgendwie schaffst du es nicht, die Kontrolle über deinen eigenen Stromkreis zu bekommen – ständig springen da die Polaritäten um, wie es denen gerade so passt. Wenn das extrem schlimm wird, das muss ich dir leider so ganz unter uns sagen, dann führst du dich schon recht komisch auf – das merken dann sogar andere Menschen in deiner Umgebung. Aber auch wenn es nur ein wenig passiert und nicht äußerlich offensichtlich wird, ist es wirklich sehr schlecht für dich, schadet deiner Gesundheit und könnte schlimme Folgen haben. Außerdem kann das genau wie die Umkehrung den Kontakt zu mir unterbrechen und muss daher schnellstens beseitigt werden.

Mal ganz davon abgesehen, dass du unter Stress nicht mehr wirklich „Herr deiner Sinne“ bist, auch wenn du das dann oft gar nicht merkst – zusätzlich geht es mit deiner Körperchemie drunter und drüber, und das kannst du nicht so einfach auf Knopfdruck abstellen. Da „giftelt“ es in deinem Inneren vor sich hin, und du bist ziemlich machtlos. Was musst du also unbedingt tun?

Wie schon gesagt, befass dich mit mir, dann renke ich das für dich wieder ein!

Und damit du das machen kannst, erklär ich dir jetzt erst einmal, wo auf meinen Bahnen meine „Türöffner“ sind, über die du mit mir reden kannst. Extra zu diesem Zweck habe ich ja schließlich sozusagen eine „Gegensprechanlage“ in mir eingebaut – die macht es dir wirklich leicht, mir zu zeigen, was du eigentlich von mir willst.

Dann erkläre ich dir auch noch ein wenig, wie das in deinem Körper alles funktioniert, welche meiner Bahnen mit welchen deiner Organe zusammenhängen und welche Emotionen dabei jeweils beteiligt sind. Und dann verrate ich dir auch noch, welche Sätze ich dann bei den unterschiedlichen Klingelknöpfen meiner Sprechanlage besonders gerne von dir höre, weil ich dann so richtig auf Touren komme und ganz fix dafür sorgen kann, dass sich alles, was dich so stört, ganz schnell wieder ändert.

4. Was man zur Verbesserung seines Befindens nutzen kann

Die chinesische Medizin basiert auf einem ganzheitlichen Menschenbild, Diagnose und Therapie werden demzufolge nicht symptomorientiert vorgenommen, sondern aus dem vollständigen Gesamtbild abgeleitet.

Die Universalenergie als Ursprung allen Lebens fließt im Körper in den Meridianen, ständig schwingend zwischen den Polen von Yin und Yang. Ein harmonischer Fluss ist gleichbedeutend mit Gesundheit, Störungen im freien Energiefluss führen auf Dauer zu Krankheit.

Bei den verschiedenen Richtungen der Meridiantherapie erfolgt die Wiederherstellung des Gleichgewichts und damit des freien Flusses von Lebensenergie durch Stimulation der Meridiane, was wiederum nur in manchen Bereichen der entsprechenden Leitbahnen, auf den so genannten Akupunkturpunkten, erfolgreich durchgeführt werden kann.

Die Behandlung bioenergetischer Aspekte psychischer und in der Folge auch körperlicher Störungen erfolgt also über jeweils wichtige und vielfach erprobte Punkte des entsprechenden Meridians, die im folgenden Kapitel genau geschildert werden.

Behandlungspunkte

Meridianpunkte

Lunge 11 – Daumenpunkt (DP)
Auf der von den Fingern abgewandte Seite des Daumennagels, im Bereich des Austritts des Nagels aus dem Nagelbett.

Leber 14 – Rippenpunkt (RP)
Auf einer waagrechten Linie am unteren Endes des Brustbeins (bei Männern etwas unterhalb der Brustwarzen) bzw. auf der Linie, die das Schlüsselbein halbiert, am oberen Rand der 8. Rippe, bei Frauen in der Mitte der Unterkante des Büstenhalters.

Gallenblase 1 – Seitlich des Auges (SA)
1 cm neben dem äußeren seitlichen Augenrand. Auf dem äußeren Knochenrand der Augenhöhle einige mm in Richtung Schläfe.

Gallenblase 14 – Über dem Auge (ÜA)
1–2 cm über der Mitte der Augenbraue in der Mulde auf Höhe der Pupille.

Milz-Pankreas 21 – Unter dem Arm (UA)
Am seitlichen Brustkorb ca. 10 cm unterhalb der Armbeuge (bei Männern auf Höhe der Brustwarzen).

Niere 27 – Schlüsselbein (SB)
Am Schnittpunkt von erster Rippe, Schlüsselbein und Brustbein. Von der Drosselgrube 2,5 cm am Brustbein nach unten und dann 2,5 cm nach links oder rechts.

Dickdarm 1 – Zeigefinger (ZF)
Im dem Daumen zugewandten Nagelfalzwinkel des Zeigefingers.

Dickdarm 20 – Nasenflügel (NF)
In der Nasolabialfalte neben dem äußeren Nasenflügelrand.

Kreislauf–Sexus 9 – Mittelfinger (MF)
Im dem Zeigefinger zugewandten Nagelfalzwinkel des Mittelfingers.

Herz 9 – Kleiner Finger (KF)
Im dem Ringfinger zugewandten Nagelfalzwinkel des kleinen Fingers.

Herz 7 – Handgelenk (HG)
In der Handgelenksfalte auf der Verlängerung des kleinen Fingers innerhalb der ersten Sehnenmulde.

Magen 1 – Jochbein (JB)
Bei geradeaus gerichtetem Blick auf der Mitte des Jochbeins, direkt unterhalb des Zentrums der Pupille.

Dünndarm 3 – Handkante (HK)
An der Außenkante der Hand unterhalb des kleinen Fingers, auf Höhe des Endes der Falte, die sich bildet, wenn man eine Faust macht.

Blase 2 – Augenbraue (AB)
Am inneren Ende der Augenbraue in der Nähe des Nasenrückens.

Blase 1 – Innenseite Auge (IA)
An der Nasenwand auf Höhe des inneren Augenwinkels.

Zentralgefäß 24 – Unter der Lippe (UL)
In der Vertiefung zwischen unterem Rand der Unterlippe und Kinn.

Gouverneursgefäß – Unter der Nase (UN)
In der Vertiefung unterhalb der Nase, auf der Verbindung zwischen Oberlippen-Rinne und Oberlippe, im oberen Drittel der Nasenlippenfurche.

Dreifacher Erwärmer 1 – Außenseite Ringfinger (AR)
Im dem kleinen Finger zugewandte Nagelfalzwinkel des Ringfingers.

Dreifacher Erwärmer – Ende der Augenbrauen (EA)
Auf den äußeren Enden der Augenbrauen beidseitig.

Gammutpunkt – Serienpunkt (SP)
Auf dem Handrücken in der Vertiefung zwischen den Sehnen von kleinem Finger und Ringfinger, ca. 2 cm in Richtung Handgelenk.

Gouverneursgefäß 20 – Kronenchakra (K)
Höchster Punkt des Kopfes, senkrecht oberhalb der äußeren Spitze der Ohren. Stimulation durch Klopfen mit der flachen Hand oder mit einem Kreis der fünf Finger.

Gouverneursgefäß 24,5 – Drittes Auge/Stirn (S)
Weicher Punkt zwischen den Augenbrauen über der Nase.

Sonderpunkte

Thymusdrüse/Steigerung des Immunsystems/Brust (B)
In der Mitte der Brust auf dem oberen Teil des Brustbeins.
Die Thymusdrüse ist Indikator und Regulator für energetisches Gleichgewicht im Meridiansystem. Stimulation durch Klopfen im Dreiviertel-Takt.

Neurolymphatischer Reflexpunkt/Wunder Punkt (NLR/WP))
Auf der linken (rechten) Seite des Brustkorbs an der schmerzhaft reagierenden Stelle unterhalb des Schlüsselbeins zwischen zweiter und dritter Rippe. Stimulation durch rotierenden Fingerdruck.

Hinterkopfhöcker (HKH)
Neurolymphatische Reflexpunkte beidseitig auf der Hinterseite des Schädels. Von den kleinen Erhöhungen auf Linie der Oberkante der Ohrmuschel ca. 3–4 cm nach hinten.

Schlüsselbeingruben (SG)
Vertiefungen unterhalb der Schlüsselbeine. Die Bereiche decken die Meridiane Lunge (Nr. 1/2), Milz (Nr. 20) und Magen (Nr. 14) ab.

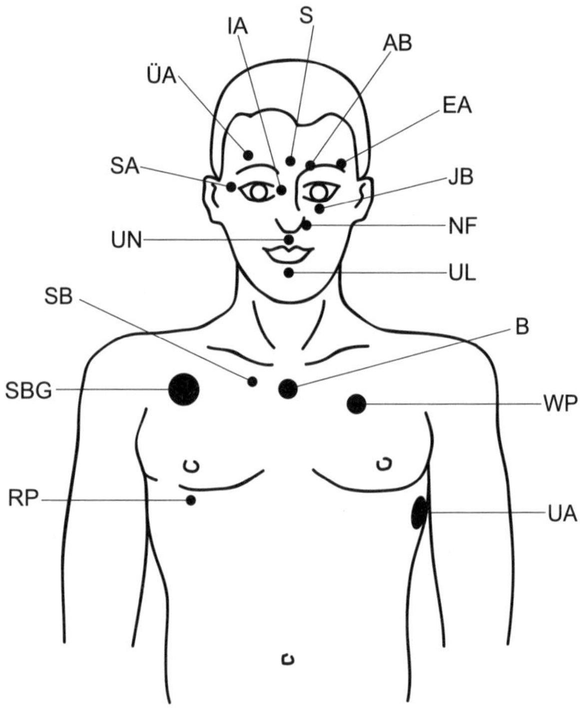

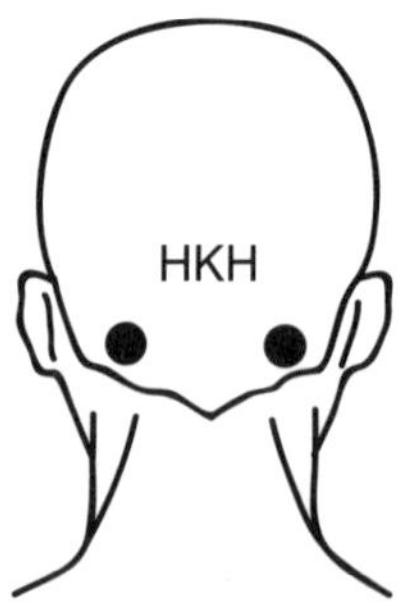

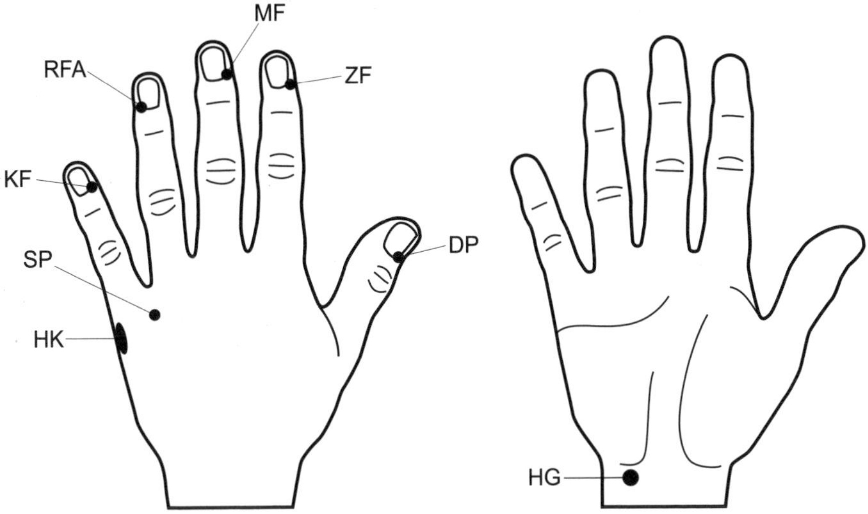

Meridiane und ihre zugeordneten Emotionen

Negative Gefühlslagen erzeugen im Körper Stress. Dadurch wird automatisch das Ausmaß an Lebensenergie vermindert, das Energiegleichgewicht gestört und der Boden für die Entstehung körperlicher Krankheit bereitet. Die verschiedenen negativen Emotionen haben jeweils Auswirkungen auf spezielle Meridiane, sodass letztlich bestimmten Organen, Körperteilen und Gefäßen spezifische emotionale Grundzustände zugeordnet werden können. Nach John Diamond, einem australischen Professor für klinische Psychiatrie, handelt es sich bei den Verbindungen zwischen Meridianen und Organen sowie den entsprechenden Gefühlslagen um die folgenden:

Meridian	**Zugehörige Organe**	**Positive Emotionen**	**Negative Emotionen**
Lunge	Lunge	Demut, Toleranz, Bescheidenheit	Verachtung, Hohn, Stolz, Intoleranz, Vorurteil
Leber	Leber	Glücklichsein, Frohsinn	Unglücklichsein, Frustration Ärger, Klagen
Gallenblase	Gallenblase	Liebevolles, verzeihendes Zugehen auf andere	Wut, Jähzorn, Zorn
Milz-Pankreas	Milz Bauchspeicheldrüse	Vertrauen und Glauben in/an die Zukunft, Sicherheit	Realistische Zukunftsängste, Selbstwertprobleme, Grübeln

Meridian	Zugehörige Organe	Positive Emotionen	Negative Emotionen
Niere	Nieren, Augen, Ohren	Sexuelle Sicherheit	Sexuelle Unschlüssigkeit, Angst, Paranoia, Sorgen
Dickdarm	Dickdarm, Rektum, Blinddarm	Selbstwertgefühl	Schuldgefühle, Mangel an Initiative und Offenheit
Kreislauf-Sexus	Nebennierendrüsen Geschlechtsdrüsen	Loslassen der Vergangenheit, Entspannung, Großzügigkeit	Reue, Starrsinn, Eifersucht, sexuelle Spannungen
Herz	Herz	Liebe, Vergebung	Ärger, Zorn, Erregung, Angst
Magen	Magen, Nebenhöhlen	Zufriedenheit, Gelassenheit	Ekel, Enttäuschung, Gier, Bitterkeit, innere Leere, Entbehrung, Hunger, Übelkeit
Dreifacher Erwärmer	Schilddrüse, Herzbeutel	Hoffnung, Leichtigkeit, Beschwingtheit	Depression, Verzweiflung, Hoffnungslosigkeit, Trauer, Einsamkeit
Dünndarm	Dünndarm Zwölffingerdarm	Freude	Traurigkeit, Kummer, Leid, Sorge, Zwangverhalten
Blase	Harnblase, Harnröhre	Friede, Harmonie	Frustration, Ungeduld, Wut, Ruhelosigkeit, Jähzorn

Quelle: Dr. John Diamond: Die heilende Kraft der Emotionen, VAK, Freiburg, 1995.

Affirmationen

Mit Hilfe positiver Gedanken und Aussagen können stresserzeugende Gewohnheiten und Verhaltensweisen geändert und neue gelernt werden. Ein sehr effektiver Weg, derartige Veränderungen zu bewirken, ist der Einsatz von Affirmationen. Dies sind positive Gedanken, die im Bewusstsein verankert werden, um Vorstellungen entgegenzuwirken, die negative Auswirkungen haben oder einfach nicht mehr angemessen sind. Affirmationen sind immer positiv zu formulieren, also ohne jede Form von Verneinung, und in der Gegenwartsform auszusprechen, da Projektionen in die Zukunft eher zum Zögern führen statt zu den Gefühlen, die damit verbunden sind, den gewünschten Zustand zu erreichen.

Neben den persönlichen und situationsspezifischen Affirmationen gibt es standardisierte Affirmationen für die einzelnen Meridiane und die mit ihnen in Verbindung stehenden Organe, Drüsen und Körperteile, wobei Bezug auf die jeweils zugeordneten Emotionen genommen wird. Die hierbei hauptsächlich genutzten Affirmationen sind die folgenden:

Lunge (Daumenpunkt / DP):
„Ich bin demütig, tolerant und bescheiden – Ich akzeptiere und bin voll Freude.“

Leber (Rippenpunkt/RP):
„Ich bin glücklich und zufrieden, ich habe Glück, ich bin fröhlich.“

Gallenblase (Seitlich des Auges/SA):
„Ich wende mich anderen mit Vergeben, Freundlichkeit und voller Liebe zu.“

Milz-Pankreas (Unter dem Arm/UA):
„Ich glaube und vertraue auf meine Zukunft. Ich bin zuversichtlich, empathisch und rücksichtsvoll.“

Niere (Schlüsselbein/SB):
„Meine sexuellen Energien sind ausgewogen – ich bin sicher und frei von exzessiver Sorge.“

Dickdarm (Zeigefinger/ZF):
„Ich bin von Grund auf rein und gut – ich bin es wert, geliebt zu werden.“

Kreislauf – Sexus (Mittelfinger/MF):
„Ich lasse die Vergangenheit los – ich bin großzügig und entspannt.“

Herz (Kleiner Finger/KF):
„Mein Herz ist voller Vergebung – ich bin wertvoll und werde geliebt.“

Magen (Jochbein/JB)
„Ich bin zufrieden und ruhig – ich bin in Harmonie.“

Dreifacher Erwärmer (Serienpunkt/SP):
„Ich bin hoffnungsfroh – ich bin leicht und beschwingt.“

Dünndarm (Handkante/HK):
„Ich bin voller Freude – ich bin wertvoll.“

Blase (Augenbraue/AB):
„Ich bin ausgeglichen, zuversichtlich und mutig – ich bin friedlich.“

Zentralgefäß (Unter der Lippe/UL):
„Ich bin wertvoll – ich bin rein, zentriert und sicher.“

Gouverneursgefäß (Unter der Nase/UN):
„Ich bin entspannt und fühle mich wohl.“

Die meisten der umfassenden Methoden, die ich dir später noch erklären werde, haben gewisse gleiche Elemente in ihrem Ablauf, deshalb bekommst du jetzt erst einmal eine kleine Einführung in die wichtigsten Bausteine oder Grundanwendungen, die dann später immer wieder gebraucht werden.

Aber vorher möchte ich jetzt zuerst einmal die Gelegenheit ergreifen und dich fragen – also ganz unter uns, nur von mir, deinem Meridianus, zu dir, meinem Menschen … machst du eigentlich deine hauptsächliche Aufgabe zur optimalen Lebenserhaltung richtig, also, klar gefragt – atmest du richtig? Ich darf dich hierzu erinnern an einen Spruch meines weisen Landsmannes Kung-fu-tse, der gesagt hat:

„Wer sich von Luft ernährt, leuchtet wie ein Gott und lebt lange.“

Irgendwie habe ich das Gefühl, dass dieser Spruch nicht auf dich zutrifft! Wenn ich mich nämlich so bei euch Menschen umsehe, dann merke ich zu meinem Entsetzen immer wieder, ihr könnt alle irgendwie nicht richtig „schnaufen“. Da möchte man meinen, das, was euch am Leben erhält, ist für euch deshalb so selbstverständlich, weil ihr es perfekt beherrscht, aber weit gefehlt! Die Mehrzahl von euch stümpert herum wie die letzten Anfänger – und das bis ins hohe Alter. Dass euch das nicht gut tut, muss ich wohl nicht weiter erwähnen.

Ich möchte dir ja nichts unterstellen – vielleicht bist du gerade die rühmliche Ausnahme, dann entschuldige bitte, aber für den Fall, dass dem nicht so ist, sehe ich es als meine Pflicht an, dich da mal ein wenig auf Vordermann zu bringen, denn schon der weise Kung-Fu-Tse sagte: „Was zuerst gelehrt werden muss, ist der Atem.“

Ich will dich auch nicht erschrecken, aber damit du verstehst, wie wichtig es ist, dass du richtig atmest, werde ich dir erst einmal einige Fakten dazu erzählen:

Also, falls du dachtest, die Ausscheidung von Giften würde hauptsächlich über den Verdauungstrakt passieren – weit gefehlt, der erledigt nämlich nur 10% der Arbeit. Weitere 20 % übernimmt deine Haut, und ganze 70 % werden über die ca. 26 000 Atemzüge ausgeschieden, die du pro Tag machst. Du nimmst mit Hilfe von Sauerstoff etwa 90 % der benötigten Stoffwechselenergie auf; das in den Zellen bei der Verbrennung entstehende Kohlendioxid (CO_2) wird ebenfalls über die Atmung ausgeleitet. Die eingeatmete Luft enthält 0,03 % CO_2, beim Ausatmen erhöht sich der Anteil auf 4 %. Jetzt verstehst du sicher, warum du über richtiges Atmen den Reinigungsprozess deines Lymphsystems um mehr als das Zehnfache beschleunigen kannst. Richtiges Atmen aktiviert auch den Verdauungsapparat und ermöglicht dadurch, dass Nahrung besser aufgeschlossen und resorbiert wird. Insgesamt werden die Organsysteme deines Körpers durch falsche Atmung in ihren Funktionen gestört, was sie natürlich anfälliger macht für Störungen und Beschwerden aller Art.

Dann wäre da noch die Sache mit deinem Puls, der ja indirekt auch mit deiner Atmung zusammenhängt, die Pulsrate ist wiederum ein Maß für den Stresszustand im Autonomen Nervensystem, und genau um Stress geht es bei allem hier ja vorrangig.

Ein indischer Forscher will festgestellt haben, dass jede Gattung von Lebewesen bis zum Tod dieselbe Anzahl von Herzschlägen zur Verfügung hat, was wiederum bedeuten würde, dass schneller Pulsschlag lebensverkürzend wirkt. Das klingt zwar sehr sonderbar, passt aber irgendwie zu der Tatsache, dass alle Tiere mit einem extrem langsamen Atemrhythmus, also unter 8x pro Minute wie Elefanten, Krokodile oder Schildkröten, extrem alt werden. Hunde haben beispielsweise einen schnelleren Herzschlag als Katzen und leben im Durchschnitt daher wesentlich kürzer.

Auch die Untersuchungsergebnisse eines russischen Forschers gehen in eine ähnliche Richtung, hier wird ebenfalls eine Verlangsamung und Verringerung der Atmung angestrebt, um den Anteil von CO_2 im Blut und das Gleichgewicht in den Blutgasen zu optimieren.

Das bedeutet aber nun wirklich nicht, dass du ab sofort aufhören solltest, deine morgendliche Jogging – Runde zu drehen oder dich sonst irgendwie sportlich zu betätigen, es geht natürlich um das gesunde Mittelmaß und außerdem um die beste Ausschöpfung der Fähigkeiten zu optimaler Regulation von Atmung und Puls. Einfach nur mehr zu atmen ist keineswegs der optimale Weg, denn eine Vertiefung deiner Atmung bringt dir nicht zwangsläufig mehr Sauerstoff in den Körper – es geht beim Atmen nicht um das Wieviel, sondern um das Wie! Außerdem atmen einige von euch Menschen angespannt, hektisch und daher zu viel und müssten sich erst einmal dieses

Überatmen durch weniger Atmen abgewöhnen, um danach wieder entspannt mehr zu atmen. Verallgemeinernd könnte man sagen, dass du bei körperlichen Problemen eher weniger, dafür aber in den Bauch atmen solltest, bei psychischen Problemen mehr und in einen erweiterten Brustkorb hinein Luft holen musst. Suchst du spirituelle Heilung, dann ist es das Ziel, mit weniger Atem eine optimale Ausschöpfung zu erreichen. Es geht letztlich also darum, den vorhandenen Sauerstoff durch einen richtigen Atemfluss besser zu nutzen und dadurch so auszurichten, dass er sich positiv auf deinen Gesamtzustand auswirken kann.

Der langen Rede kurzer Sinn: Da du über richtiges Atmen deinen Organismus stärkst und deine Schmerztoleranz wesentlich anheben kannst, solltest du dich bemühen, nicht einfach so irgendwie und nebenbei vor dich hin zu schnaufen, sondern die Sache gezielt angehen.

Ich weiß, ich weiß, das ist schwierig, und so schnell stellt man sich nicht um, vor allem, wenn man etwas Jahrzehnte lang falsch gemacht hat. Deshalb ist es vorteilhaft, wenn du nicht gleich alles auf einmal machen willst, sondern klein anfängst und hin und wieder mal eine Atemübung dazwischen schiebst, wenn dir gerade mal fad ist oder du irgendwo warten musst, oder im Auto vor der roten Ampel, da fallen dir sicher viele Möglichkeiten ein. Ich helfe dir dabei, indem ich dir im Laufe des Buches immer wieder mal eine kleine Anregung gebe, wie du dich und vor allem dein Gehirn – das braucht nämlich 80 % deines Sauerstoffs – anständig versorgen kannst. Wenn du zu diesem Thema noch mehr wissen willst – viele meiner Ratschläge stammen aus den Büchern von zwei Fachkundigen auf diesem Gebiet, Dr. Wilfried Ehrmann und Markus Schirner.

Also fangen wir damit an, dass du erst einmal lernst, richtig auszuatmen, denn daran krankt es meistens schon. Wenn nämlich nicht alle Luft draußen ist, dann kann auch nicht genug frische Luft rein – ist doch klar.

Atemübung – Ausatmen

- *Setz dich also gelöst und entspannt hin und lockere ganz bewusst deine Gesichtsmuskeln, vielleicht über einige Grimassen, bis sich dein Gesichtsausdruck zu einem sanften Lächeln formt. Vielleicht musst du dabei schon ordentlich gähnen, das wäre absolut kein Fehler, auch wenn du es bewusst herbeiführst, denn Gähnen hilft gegen leichte Müdigkeit, löst Verspannungen und hilft dir dabei, Giftstoffe auszuscheiden. Nach einigen tiefen und herzhaften Gähnern ist dein Organismus insgesamt auf einem wesentlich höheren Niveau, und auch dein Atemzustand verbessert sich dadurch.*

- *Und nun atme mit einem deutlich hörbaren „Haaaahhhhh …" durch den Mund aus, bis deine Lungen wirklich ganz leer sind. Moment mal … du musst es nicht übertreiben, bis du röchelst, hustest oder blau anläufst, aber du sollst schon richtig alle Luft hinaus blasen.*
- *Danach atme ganz normal und ohne Anstrengung, aber doch tief durch die Nase wieder ein, und wiederhole die Ausatmungs-Prozedur.*
- *Mach das einige Male und mehrmals am Tag, vor allem dann, wenn du dich irgendwie nervös und angespannt fühlst, dann entgiftest du deine Lunge, und der Atemfluss wird zusehends ruhiger und tiefer.*

Da wir gerade so eingehend das Thema Stress diskutiert haben, möchte ich dich – als Gegengewicht – noch mit einer kleinen Atemübung beruhigen, den „zwanzig verbundenen Atemzügen", und die funktionieren folgendermaßen:

- *Nimm vier kurze bis mittellange verbundene Atemzüge.*
- *Nimm einen tiefen Atemzug.*
- *Wiederhole diese Sequenz viermal ohne Unterbrechung.*

Mit den kurzen Atemzügen übst du das Verbinden von Ein- und Ausatmen zu nicht unterbrochenen Zyklen, während der lange Atemzug dazu dient, beim Einatmen der Luft wirklich im gesamten Raum Platz zu geben und dich beim Ausatmen zu entspannen.

Sollte dir bei der Übung schwindlig werden oder solltest du ein Kribbeln verspüren, dann atme ruhig weiter, bis sich die Symptome wieder auflösen.

Neben allen Methoden, die du noch lernen wirst, um Stress zu reduzieren oder zu vermeiden, kannst du zusätzlich auch immer mal wieder diese wirklich kurze Atemübung anwenden – dein Organismus wird es dir danken.

5. Wie man es angeht – das Handwerkszeug

Emotionale Einstimmung

Um eine unangenehme psychische Befindlichkeit zu verändern oder ein Problem zu lösen, ist es zuerst einmal erforderlich, sich innerlich mit dem Thema zu verbinden, weil eine Änderung aus völliger emotionaler Distanz heraus bei den hier vorgestellten Methoden nur sehr schwer durchführbar ist.

Zur Verbindung mit dem Problem ist so intensiv wie möglich an das Thema zu denken, und es sind die jeweiligen Gefühle so stark wie möglich und mittels möglichst vieler Sinneskanäle zu empfinden. Hierbei sind vorzugsweise Metaphern und vor allem die eigene Sprache zu verwenden, um authentisch und lebendig zu bleiben. Um wirklich starken emotionalen Kontakt mit der Thematik zu bekommen, ist es hilfreich, das Problem bezüglich folgender Aspekte zu untersuchen:

- Was sehe ich/höre ich/sage ich mir, wenn ich an das Problem/die Situation denke?
- Welches Gefühl löst das Problem/die Situation in mir aus?
- Was geschieht in meinem Körper, wenn ich daran denke, und wo passiert das dann?
- Wie bewerte ich (wie bewerten die anderen) mich in dieser Situation, bezogen auf dieses Problem?
- Wie beeinflusst dieses Problem mein tiefstes Selbstverständnis, meine Seele, und verhindert, dass ich mich wohl fühle?

Eine starke Verbindung zum Problemthema aufzubauen ist jedoch nur dann zielführend, wenn dies keine Emotionen zur Folge hat, die Schmerz und Leid verursachen. Extremer emotionaler Stress ist absolut zu vermeiden, in solchen Fällen ist die Verbindung mit der emotionalen Komponente des Problems nur vorübergehend zur Skalierung (siehe nächstes Kapitel) herzustellen und dann wieder auf das erträgliche Maß zu begrenzen.

Wenn ein Problem derart traumatisierend ist, dass es zu schmerzlich wäre, während des gesamten Ablaufs emotional mit ihm verbunden zu bleiben, sollte einige Runden lang erst einmal ohne direkte emotionale Beteiligung geklopft werden, während das eigentliche Problem nur im weit entfernten gedanklichen Hintergrund gehalten wird. Dies sollte erfolgen in genau dem

Ausmaß, wie man es ertragen bzw. weit entfernt gut daran denken kann, ohne zu sehr schmerzlich berührt zu sein. Hierbei ist das eigene Empfinden ein guter Indikator für das, was machbar ist. Nach einigen Runden des Klopfens kann dann die emotionale Betroffenheit überprüft und nachjustiert werden, sodass sich die Grenze des „Machbaren" immer mehr dahin verschiebt, dass schließlich relativ schmerzfrei mit dem Problem gearbeitet werden kann, weil seine emotionale Spitze dann ja schon abgetragen wurde.

Skalierung

Skalierung des Stressfaktors

Um den Fortschritt während der laufenden Behandlung beurteilen zu können, ist eine Einschätzung der Intensität des Problems mittels einer Skala erforderlich. Anhand der Einheiten von 10 bis 0 – wobei 10 den schlimmsten Grad von Stress darstellt und 0 für überhaupt keinen Stress steht – ist festzulegen, welcher Grad an Stress durch die belastende Situation momentan gegeben ist. Es geht hierbei nicht darum, wie man sich fühlen würde, wenn die Situation gerade aktuell wäre, oder wie man sich beim letzten aktuellen Mal dabei gefühlt hat, sondern um die Belastung beim Empfinden in der Gegenwart, also um eine Aussage zum momentanen Zustand beim „Denken an die Situation". Ziel dieser Einstimmung auf das Problem ist also nicht eine derart starke emotionale Beteiligung, dass schmerzhafte Gefühlsausbrüche oder gar Abreaktionen die Folge sind, es geht vielmehr um die unterste Stufe des Nachempfindens, auf der die gefühlsmäßige Teilnahme gerade ausreichend ist, um die Problemsituation einschätzen zu können.

Bewertung des Überzeugungsgrades

Eine ähnliche Skala wird genutzt, um die eigene Einschätzung bezüglich des Glaubens an die Lösung des Problems bzw. an die Dauerhaftigkeit des Ergebnisses zu überprüfen. Die Skala wird hierbei in umgekehrter Richtung genutzt, bei 0 sind ausschließlich Zweifel vorhanden, 10 steht für den höchst möglichen Überzeugungsgrad, also die absolute Sicherheit, das Problem lösen oder ein dauerhaftes Ergebnis erzielen zu können.

Der Rückgang bzw. Anstieg von Skalenwerten sollte grundsätzlich in Quanten erfolgen. Bei linearer und nur minimaler Veränderung (beispielsweise nach jedem Durchgang um nur einen Punkt) liegt vermutlich Switching vor, das dann erst einmal vorrangig zu behandeln ist (siehe dazu in Kapitel 6 den Abschnitt „Switchingkorrekturen").

Die Skalierung des Problems kann einen unbewussten inneren Widerstand gegen die Anwendung der Methode offenbaren als Unfähigkeit, überhaupt zu skalieren. In einem solchen Fall sollte man sich die folgenden Fakten ins Gedächtnis rufen:

- die Subjektivität des Wertes, die durch niemand anderen überprüft wird,
- den Charakter einer Schätzung, die keinerlei Genauigkeit erfordert,
- den ausschließlichen Zweck, eine Vergleichsmöglichkeit zur späteren Beurteilung der Entwicklung im Verlauf des Behandlungsprozesses zu schaffen.

Ist diese gedanklich-logische Hilfskonstruktion nicht ausreichend, um eine Skalierung relativ zweifelsfrei anzugeben, sollte man in zwei Stufen vorgehen:

1. Sich selbst die Anweisung geben zu ***raten***:
   Die Aufforderung, schnell und ohne langes Denken den Skalenwert zu erraten, bringt den Vorgang auf eine intuitive Ebene, die Ergebnisse sind meist sehr stimmig.
2. Sich selbst die Anweisung geben zu ***lügen***:
   Die Aufforderung zu lügen kann Gedanken oder Einsichten aus der Vergangenheit zu gewünschten Änderungen, die unbewusst als unwahr und nicht erreichbar verworfen wurden, wieder ins Bewusstsein zurückbringen und in die Angabe mit einbeziehen.

Ist es immer noch absolut unmöglich, einen Wert anzugeben, so ist zu Beginn als Erleichterung des Einstiegs der gegenwärtige Zustand als 10 anzunehmen. Nach einigen Runden fällt es einem dann meist leichter, die Intensität – verglichen mit dem ursprünglich angenommen schlimmsten Wert von 10 – einzuschätzen.

Behandlung der Psychologischen Umkehrung (Setup)

Zu Beginn des Behandlungsablaufes ist die Korrektur eventuell bestehender Psychologischer Umkehrung (in der Folge in der Kurzform PU oder nur als „Umkehrung" bezeichnet) sehr wichtig, weil der Körper den Kopf und die Emotionen erst auf eine Versöhnung einstimmen muss, um für das stresslösende Klopfen der Punkte empfänglich zu sein.

Bei Vorliegen einer oder mehrerer Umkehrungen bleibt das Klopfen der Meridianpunkte wirkungslos, weil die Abwehr gegen Veränderung auf unbewusster Ebene dann stärker ist als die Aktivierung der Meridianenergie, eine Beseitigung dieser Störung ist daher Voraussetzung für jeden weiteren Erfolg.

Da Psychologische Umkehrungen nur in 40 % der Fälle vorliegen, kann dieser Abschnitt bei stetigem Fortschritt in weiteren Durchgängen des Klopfens auch ausgelassen werden. Eine Behandlung von PU ist erst dann wieder angesagt, wenn Stagnation oder Rückschritt gegeben sind, was ein Zeichen für Vorliegen von Umkehrung ist, sowie gegen Ende der Behandlung als abschließende Absicherung.

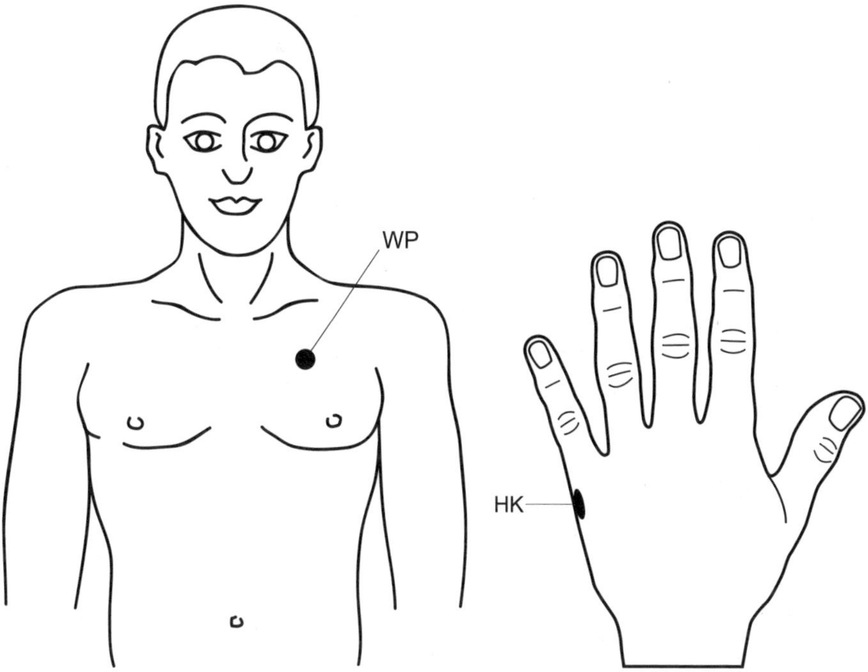

Während der gesamten Ausführung der Behandlung von PU, die von manchen Schulen der Meridiantherapie auch als *Setup* bezeichnet wird, ist der Handkantenpunkt (HK) zu klopfen oder alternativ der Wunde Punkt (WP) zu massieren und dabei dreimal ein standardisierter Satz, der im Mittelteil Bezug zum jeweiligen Problem hat, laut auszusprechen:

„Auch wenn oder ***„Obwohl*** …

…***ich xy*** (einsetzen der jeweiligen Problemdefinition)

…***liebe und akzeptiere ich mich von ganzem Herzen"*** oder
…nehme ich mich ganz und gar an" oder
…liebe/mag ich mich trotzdem".

Der ganze Satz könnte dann beispielsweise lauten:

- „Auch wenn ich immer zu Fuß die Treppen hinaufgehe, statt einen Lift zu benützen, weil ich mich darin einfach fürchte, liebe und akzeptiere ich mich von ganzem Herzen."
- „Obwohl ich immer wieder sehr ärgerlich bin, wenn mein Sohn seine Schulaufgaben nicht von allein, sondern nur unter Zwang macht, nehme ich mich ganz und gar an."
- „Auch wenn Schokolade zu essen beim Fernsehen für mich einfach unwiderstehlich erscheint und ich immer wieder schwach werde, mag ich mich trotzdem und akzeptiere mich zutiefst und aus ganzem Herzen."

Bei Stagnation im Fortschritt ist das Setup bei weiteren Durchgängen spezifisch an die jeweiligen Gegebenheiten anzupassen mit alternativen Setup-Sätzen wie den folgenden (das jeweils behandelte Thema ist immer dort, wo im Text stellvertretend **xy** steht, verbal darzustellen):

Bei Annahme von grundlegenden und noch eher unspezifischen Psychischen Umkehrungen:

- „Auch wenn ich alle diese Probleme und Unzulänglichkeiten/Begrenztheiten habe, die verhindern, dass ich mich jetzt erfolgreich der Beseitigung des Problemthemas xy zuwende …"

Wenn man auf der Skala zum Stresswert schon sehr nahe an 0 angekommen ist, also ab einem Wert von ca. 3:

- „Auch wenn ich immer noch diesen Rest meines Problems xy habe …"

Wenn bezüglich der tatsächlich gänzlichen Beseitigung des Problems auch in ferner Zukunft große Skepsis oder Unsicherheit besteht:

- „Auch wenn ich das Problem xy weiter haben werde …"
- „Auch wenn es mir unmöglich ist, das Problem xy zu überwinden …"
- „Auch wenn ich das Problem xy niemals überwinden werde …"

Bei Skepsis aller Arten gegenüber den Meridiantherapien:

- „Auch wenn ich nicht glaube, dass diese Methode funktioniert …"

Wenn innere, abwehrende Anteile die Lösung des Problems verhindern wollen oder irgendwie noch nicht die richtige Bereitschaft zur Ablösung vom Problem besteht:

- „Auch wenn irgendetwas in mir das Problem xy weiter haben möchte …“
- „Auch wenn ich nicht bereit bin, mich komplett von dem Problem xy zu lösen …“
- „Auch wenn mir etwas fehlen wird, wenn ich das Problem xy überwinde …“
- „Auch wenn ich das Problem xy behalten will …“
- „Auch wenn ich nicht alles tun werde, was nötig ist, um das Problem xy zu überwinden …“

Wenn es unbewusst oder auch ganz offensichtlich um Schuld geht, die einer Problemlösung im Wege steht:

- „Auch wenn ich es verdiene, dieses Problem zu haben …“
- „Auch wenn ich es mir verbiete/nicht gestatte, das Problem xy zu überwinden …“

Wenn die Problemlösung mit Gefahr für sich selbst oder andere Menschen verbunden zu sein scheint:

- „Auch wenn es ein Risiko für mich/andere bedeutet, das Problem xy zu überwinden …“
- „Auch wenn es nicht gut für mich/andere ist, das Problem xy zu überwinden …“

Wenn die Lösung des Problems auf der Ebene von Selbstwert, Selbstbild und Selbstakzeptanz auf grundlegende Ängste und Unsicherheiten bezüglich der Veränderung der eigenen Persönlichkeit trifft:

- „Auch wenn ich Angst habe, ohne dieses Problem ein völlig anderer Mensch zu sein …“
- „Auch wenn mich eine ureigene Blockade daran hindert, dieses Problem zu überwinden …“
- „Auch wenn ich meine Identität oder einen wesentlichen Teil meiner Persönlichkeit verlieren werde, wenn ich dieses Problem überwinde …“

Standardabschluss jedes der vorhergehenden Sätze:

„ … liebe und akzeptiere ich mich aus ganzem Herzen.“

Ab einem Wert von 3 auf der Stress–Skala wurde ja schon ein Großteil des Problems aufgelöst, und es kann daher der Setup–Satz mehr auf die völlige Beseitigung des Problems ausgerichtet und daher der Zusatz **„vollständig“** eingefügt werden.

- „Auch wenn ich immer noch ein wenig Unbehagen habe bei der Vorstellung, einen Lift zu betreten, bin ich doch bereit, den Rest dieses Problems jetzt vollständig zu lösen.“
- „Auch wenn da immer noch eine Spur von Ärger auf meinen Sohn existiert, denke ich, dass ich diesen letzten Rest jetzt vollständig loslassen kann.“
- „Auch wenn mir die Vorstellung von ‚Fernsehen und dabei Schokolade essen' immer noch ein wenig gefällt, bin ich jetzt so weit, diese schlechte Angewohnheit völlig hinter mir zu lassen.“

Klopfen

Das Klopfen selbst sollte im Bereich der jeweils vorgegebenen Punkte und in der angegebenen Reihenfolge durchgeführt werden, wobei die folgenden Merkmale bei allen Methoden gleich sind (sofern nicht wie in seltenen Ausnahmen gesondert angegeben):

- Jeweils 5–7 Mal pro Punkt klopfen.
- Rhythmus und Geschwindigkeit können je nach eigenem Empfinden gewählt werden, üblich ist gleichmäßiges Klopfen mit etwa 3–4 Schlägen/Sekunde.
- Die mechanische Stärke sollte so abgestimmt sein, dass kein Schmerz oder Druckstellen entstehen, das Klopfen jedoch sehr wohl ausreichend fest ist, um gespürt zu werden. Es sollte sich also sehr wohl um Klopfen und nicht um bloßes Berühren handeln.

Bezüglich der Nutzungsweise der klopfenden Finger stehen mehrere Möglichkeiten zur Auswahl:

- Ein Finger (optimale Mechanik mit Zeige- oder Mittelfinger) trifft den jeweiligen Punkt am präzisesten.
- Zwei Finger (meist Zeige- und Mittelfinger) decken eine größere Fläche ab und stimulieren zusätzlich die Punkte und Reflexzonen von zwei Fingerkuppen. Da diese Form des Klopfens am meisten und entsprechend erfolgreich angewandt wird, scheint der eventuelle Nachteil, dass der eigentliche Zielbereich möglicherweise genau zwischen den beiden Fingerkuppen liegt, durch die gedankliche Absicht bzw. minimale Abweichungen der einzelnen Klopfer ausgeglichen zu werden, oder die

Stimulation im Umfeld des Punktes erweist sich als ausreichend zur Übertragung bzw. Aktivierung von Energie.

- Die Nutzung der gesamten Handfläche, wie es bei NeiGong, der Urform chinesischer Akupressur, üblich ist, deckt einen extrem weiten Bereich um das Umfeld des Zielpunktes ab und aktiviert zusätzlich viele Akupunkturpunkte und Reflexzonen der Handinnenfläche.

Die bei westlichen Schulen der Meridiantherapie vorrangig propagierte Variante ist im Gegensatz zum breitflächigen Klopfen mit der gesamten Hand meist die Zweifingermethode. Bei den beidseitig auf den Körperhälften liegenden Punkten kann sowohl jeweils nur eine Seite als auch beidseitig, also gleichzeitig doppelt geklopft werden. Ebenso kann innerhalb eines Klopf-Durchgangs ein Wechsel der Seiten oder Hände erfolgen. Wesentlich ist ausschließlich, dass der entsprechende Meridian in irgendeiner Form geklopft wird, die Art und Weise liegt in der persönlichen Vorliebe.

Wassertrinken

Ein wesentlicher Aspekt der Behandlung mit Methoden der Meridiantherapie ist die Sicherstellung von optimalen körperlichen Ausgangsbedingungen für eine erfolgreiche Ausführung. Vielfach erfolgt eine Anwendung unter Bedingungen von extremem Stress, weil eben dieser Stress beseitigt werden soll. Dies ist dann einfach die Ausgangslage, deren Änderung ja Ziel der Behandlung ist. Keinesfalls Bestandteil des behandlungsbedürftigen Gesamtproblems ist jedoch eine Dehydrierung des Organismus, die in vielen Fällen ständig vorhanden ist. Ein Mangel an Wasser im Organismus beeinflusst den Verlauf von Anwendungen der Meridiantherapie keinesfalls günstig, sondern verzögert bzw. hemmt vielmehr. Dieser Umstand ist leicht zu beheben durch ausreichende Zufuhr von reinem, nicht mineralisiertem oder mit Kohlensäure versetztem Wasser.

Jede Körperzelle benötigt Wasser, um durchgespült zu werden, d. h. diejenigen Salze ionisiert und dadurch die Elektrolyte produziert zu bekommen, die für die Osmose der Zellmembran erforderlich sind. Wasser ist außerdem notwendig als Lösungsmittel und Trägersubstanz zum Abtransport von Abfall- und Giftstoffen, was nur dann möglich ist, wenn es selbst frei von Giftstoffen, Mineralien, Kohlensäure und Weichmachern ist, da sonst die für den Transport nötigen Andockmöglichkeiten schon belegt sind. Aus diesem Grund zählen auch sonstige Getränke wie Mineralwasser, Fruchtsäfte, Kaffe, Tee, Milch oder ähnliche Flüssigkeiten zu den Nahrungsmitteln, die nicht die Funktion von Wasser einnehmen können.

Der Mensch besteht zu mehr als 70 %, Tiere und Pflanzen zu bis zu 90 % aus Wasser, auch die Nährstoffzufuhr erfolgt zu einem erheblichen Teil über dieses Element. Ein gesunder Mensch benötigt daher mindestens 20 g Wasser pro Kilogramm Körpergewicht, im Schnitt also 2 Liter, in Zeiten von Stress oder Krankheit die doppelte Menge.

Der menschliche Organismus verfügt über einen eigenen, extrem empfindlichen Stromkreislauf, der über elektrische Signale des Gehirns die Organe, Körperfunktionen und Sinne steuert. Wenn die körpereigenen Frequenzen gestört werden, kann der Ablauf der Signale zu den Empfängern auf deren jeweils individueller Kommunikationsfrequenz nicht mehr richtig funktionieren, erhebliche Gesundheitsstörungen sind die Folge. Die Einstellung der speziellen Frequenzen der einzelnen Organe und Sinne erfolgte im Zuge der Evolution über das seit Beginn gleiche Magnetfeld der Erde und besteht nun seit Jahrmillionen; das reibungslose Funktionieren des Körpers ist von der Existenz dieser lebensnotwendigen Frequenzen abhängig, die Übertragung der Frequenzen erfolgt über das Wasser.

Die Mikropulsationen des Erdmagnetfeldes im niedrigen Frequenzbereich von 0 bis 30 Hertz haben dem Wasser viele der besonders gut speicherbaren Frequenzen aufgeprägt, in jeder auf Wasser basierenden Zelle sind also seit Millionen von Jahren die über das Magnetfeld im Wasser erzeugten Frequenzen standardmäßig vorhanden. Jede Körperfunktion empfängt hiervon eine individuelle Frequenz, zentrale Regionen im Gehirn nutzen beispielsweise die Grundwelle der Erde von 7,8 Herzt (Schumann Resonanz Welle), für die richtige Polung der Zellmembranen wird die für das Wasser charakteristische Frequenz von 22,6 Hertz genutzt.

Da jede Form des Klopfens von Meridianen den Elektromagnetismus von Zellen nutzt, sollte sichergestellt werden, dass die Übertragung von Energie nicht durch Wassermangel in der Zelle beeinträchtigt werden könnte. Daher ist auf ausreichende Wasserzufuhr vor und während einer Anwendung zu achten. Das Gefühl von Durst ist hierbei kein ausreichendes Messinstrument für einen tatsächliches Mangel, eher ist nach dem Motto „Zu viel ist unschädlich und daher besser als zu wenig“ zu verfahren.

Übrigens, da fällt mir noch etwas ein – zur Skalierung kann ich dir nämlich einen ganz heißen Tipp geben. Da gibt es eine gewisse Astra Johnston, die hat eine Alternative zu den „normalen" Skalierungen entwickelt, die man sogar als eigene Methode anwenden kann.

Sie nennt das nach dem englischen Wort für Prozentsatz GaugeWork, also Arbeit mit Maßstäben, und es geht folgendermaßen:

GaugeWork nach Astra Johnston

Ich hole jetzt ein wenig aus, um es dir besser klar zu machen – sehr oft habt ihr Menschen ja den unbewussten Glaubenssatz, dass zuviel oder andauerndes Glück unmöglich sei, was es euch dann natürlich grundsätzlich unmöglich macht, so etwas wie ein andauerndes Gefühl von relativer Zufriedenheit zu halten. Es scheint da im Unbewussten bei euch so eine Art Prüfsystem zu geben, welches euch sofort bremst, wenn ihr es euch zu gut gehen lasst, und jede allzu überschwängliche Freude wird dann gleich relativiert und abgebaut.

Um dem entgegenzuwirken, kam nun Astra Johnston auf die geniale Idee, einen Maßstab des absoluten Glücks zu installieren, wobei immer 100 % den angestrebten mentalen oder körperlichen Zustand repräsentieren.

Der geschätzte Prozentsatz des gegenwärtigen Empfindens steht hierbei jeweils für den bereits erreichten Anteil eines positiven Glaubenssatzes oder eines positiven Gefühls und repräsentiert sämtliche Aspekte des Problems einschließlich der Überzeugungen, Gefühle und Emotionen, Gedanken, Erinnerungen, Assoziationen, Ängste aus Vergangenheit, Gegenwart und Zukunft sowie Wahrnehmungen, die dir bewusst niemals zugänglich sind, vom Unbewussten aber sehr wohl abschätzbar sind. Du musst also den Prozentsatz für den gegenwärtigen Zustand ermitteln, den du dann über Behandlung in den angestrebten Zustand von 100% überführen sollst, wobei ganz wichtig ist, dass nicht mehr das Problem selbst behandelt wird, sondern ausschließlich der Prozentsatz an sich.

Du kannst GaugeWork also einerseits in Verbindung mit jeder Methode verwenden, bei der Skalen zum Einsatz kommen, der Behandlungsablauf bleibt gleich, es erfolgt lediglich ein Austausch der Zahlen von 0 bis 10 in die Prozentsätze von 0 % bis 100 %. Du kannst aber auch dein Unbewusstes auf die sofortige Umsetzung, also das augenblickliche Erreichen der 100 %, programmieren – und zwar ganz einfach, indem du ihm deine Absicht klar, deutlich und leicht verständlich mitteilst und es dadurch anweist, dies schnell und sofort für dich zu erledigen.

Mir ist schon klar, das klingt jetzt so einfach, und du wirst dir insgeheim sagen: „Ja, wenn das gelänge, das wäre schön, aber die Wirklichkeit ist eben anders, und bei meinem schlimmen Problem geht das nicht so einfach." Ich gebe dir schon Recht, so einfach ist es wirklich nicht. Es bedarf schon einiger Willensanstrengung und der eindeutigen und zielgerichteten Absicht, die Skala einfach nur in der Vorstellung und damit rein imaginativ auf 100 % zu bringen und sich davon dann die sofortige Überführung in die Realität zu erwarten. Aber Tatsache ist, so utopisch es klingt, das kann sehr wohl gelingen. Es genügt dann, dem Unbewussten den Befehl zu geben, den jeweiligen Prozentsatz auf 100 zu setzen, und dies ist augenblicklich der Fall.

Vielleicht ist es für dich als Mensch einfach leichter, einen anonymen Prozentsatz oder sonst irgendeine bildhafte Vorstellung zu „behandeln" als ein Problem an sich, das dich ja emotional viel mehr berührt. Es scheint dann nur mehr ein kleiner Schritt für deinen Verstand und dein Empfinden zu sein, dieses Ergebnis von 100 % auf das jeweilige Problem zu übertragen und dich so auch in der Realität davon zu befreien. Mir ist auch nicht vollkommen klar, wie das in deinem Hirn genau funktioniert. Ihr Menschen seid wirklich nicht leicht zu durchschauen, da tut sich so ein einfacher Meridian wie ich wirklich schwer – nur dass es funktionieren kann, das kann ich dir versichern – probier es!

Grundsätzlich kannst du statt eines Prozentsatzes auch jede andere Skalierung nutzen, die dir hilfreicher und besser erscheint und den Wechsel vom gegenwärtigen Empfinden in einen erwünschten zukünftigen Zustand repräsentiert. Hierbei kann es sich um Farben, Klänge, visuelle Distanz, bildhafte Vorstellungen (unterschiedliche Bilder oder Schärfe des Bildes) oder sonstige über die Sinne wahrnehmbare Skalierungsformen handeln. Such dir einfach die Darstellungsform heraus, die deinem Wesen am besten entspricht, wichtig ist nur, dass du dann nicht mehr das Problem selbst, sondern die gewählte Repräsentanz behandelst.

Ich fasse es noch einmal kurz zusammen:

- *Du hast also irgendein Problem – wird ja nicht so schwer sein, eines zu finden, wie ich dich so kenne!*
- *Du versuchst dein gegenwärtiges Empfinden dieses Problems in einer Prozent-Skala einzuordnen, wobei 100 % dem Wert entsprechen, den du*

erreichen willst. Du kannst natürlich auch ein für dich speziell passendes Bild entwerfen, beispielsweise dass du vom Tal auf die Spitze eines Berges gelangen willst und einschätzt, wo du gerade bist, oder dass du ein intensives Rot vor deinem inneren Auge erzeugen willst und gerade erst bei einem zarten Rosa angelangt bist usw.

- *Ab jetzt behandelst du ausschließlich den Prozentsatz oder dein selbst entworfenes Bild, das Problem an sich vergisst du fürs erste. Entweder du nutzt irgendeine der Methoden, die ich dir noch vorstellen werde, oder du programmierst einfach dein Unbewusstes darauf, die Behandlung für dich zu übernehmen und den Prozentsatz ruck zuck auf 100 zu setzen oder deine gewählte Repräsentation dorthin zu bringen, wo sie eben hin soll. Natürlich musst du dein Unbewusstes ganz gezielt mit deinem bewussten Denken dabei unterstützen, du darfst und sollst also bei der Arbeit mithelfen.*
- *Wenn der Wert bei 100 % liegt oder die gewählte Repräsentanz ihren Zielzustand erreicht hat, dann prüf jetzt mal, wie es um das Problem an sich bestellt ist. Wenn immer noch Unbehagen gegenüber dem Problem besteht, existieren vermutlich noch bisher unberücksichtigte oder neue Aspekte, die gesondert über einen neuen Prozentsatz zu behandeln sind. Du kannst dazu jetzt einen „Alles-was-mich-immer-noch-stört"-Prozentsatz benutzen oder dir irgendein passendes Bild zu dem machen, was noch vom Problem übrig ist, und mit der Ausführung noch mal von vorne beginnen.*
- *Mach das einfach so lange, bis alle Prozentsätze oder sonstige Repräsentanzen bei 100 sind und als Folge das Problem nach deinem Empfinden gelöst ist.*

Und jetzt musst du es nur noch ausprobieren …

6. Hilfstechniken zum Einstieg und für zwischendurch

So – jetzt geht's endlich wirklich so richtig zur Sache!

Erst einmal lernst du, wie du mich morgens beim Aufwachen oder zu irgendeiner Zeit, wenn dir gerade danach ist, „begrüßen" kannst, um damit mir und natürlich deinem gesamten Organismus etwas Gutes zu tun. Die Methode hat in ihrer Ursprungsversion der nette Doktor Diamond erfunden, der wusste schon, wie man mich hofiert.

Wir haben seine Version etwas vereinfacht, damit das ganz leicht nachzumachen ist – du klopft einfach auf jeder meiner Bahnen einen speziellen Punkt und sagst dir selbst dazu einen für deine Persönlichkeit ganz wichtigen Satz – das geht ruck zuck und bewirkt, dass wir uns beide dann den Tag über voller Elan und Tatkraft fühlen, und für deine Organe, Körperteile und Drüsen ist das auch gut – die kommen dadurch so richtig im Schwung.

Dann gibt es da noch einige Methoden, die du nutzen kannst, wenn es beim Klopfen auf mir nicht so recht weiter geht. Es wurde dir ja vorher schon theoretisch erklärt, was in deinem Organismus alles schief laufen kann, was dann zu einer Unterbrechung des Kontaktes zu mir führen kann. Dann machen vielleicht deine Gehirnhälften gerade Unfug mit dir und wechseln die Polarität oder sind sonst irgendwie aus dem Gleichgewicht, vielleicht bist du auch energetisch „überdreht" oder irgendwie unter Stress oder es ist ein Mix aus vielen energetischen Unausgewogenheiten – dann ist die Übung mit dem Namen „9 Gamut" ganz toll für dich. Deshalb ist diese spezielle Methode auch fixer Bestandteil vieler der später folgenden „großen" Techniken.

Alles in allem sind die folgenden Methoden kleine Hilfen während des Klopfens, wenn „nichts mehr geht", oder du kannst sie auch einfach so nutzen, wo immer du gerade bist, wenn du irgendwie das Gefühl hast, dass energetisch etwas mit dir nicht stimmt und die Balance und die innere Ruhe nicht mehr passen.

Du wirst sehen, wenn du es ein oder einige Male durchgeführt hast, merkst du schnell den Nutzen für dein Wohlbefinden und willst dann natürlich immer mehr davon haben – und dem steht ja auch nichts im Wege außer vielleicht Zeitmangel (aber die meisten der Methoden gehen ja wirklich ganz schnell) oder vielleicht eine Spur von Faulheit ... (aber sie sind fast alle wirklich ganz einfach). Denk einfach daran, dass es zu deinem Wohl ist, wenn du recht fleißig bist, und los geht's – probier es gleich aus!

Tagesprogramm zur Erhaltung der Lebensenergie

In Anlehnung an die Originalversion nach Dr. John Diamond

Eine sehr gute Methode, optimal ausgeführt am Morgen, um möglichen energetischen Unausgeglichenheiten vorzubeugen und das Meridiansystem insgesamt zu stärken, ist das Klopfen sämtlicher Meridiane bei gleichzeitigem Aussprechen von standardisierten Affirmationen. Während in der Originalversion die Alarmpunkte des jeweiligen Meridians zu halten sind, ist es ebenso effektiv und leichter zu merken, die bei den hier vorgestellten Methoden verwendeten und daher schon bekannten Behandlungspunkte zu nutzen, zusätzlich kann auch zur Einstimmung und als Abschluss die Thymusdrüse geklopft werden.

Ablauf:

Leg dich auf den Rücken, beuge die Knie in einem für dich angenehmen Winkel und stell die Fußsohlen flach auf den Boden. Stütze deinen Kopf so weit mit Büchern oder Kissen ab, dass Wirbelsäule und Nacken eine Linie bilden.

Atme nun langsam und ruhig durch die Nase ein, lege die Zungenspitze am zentrierenden Punkt im Gaumen an (etwa 1/2 cm hinter den oberen Schneidezähnen) und entspanne dich.

Sage jetzt die Affirmationen für die Meridiane auf, beginnend und abschließend mit der Thymusdrüse in sonst beliebiger Reihenfolge und reibe oder klopfe den Behandlungspunkt des jeweiligen Meridians. Auch wenn du an die Affirmationen eigentlich nicht glaubst oder sie für dich keinen Sinn ergeben, sprich sie trotzdem mit großer emotionaler Beteiligung laut aus, weil die Wirkung mit dem Sprechen einsetzt.

- Thymusdrüse (Brust/B): „Ich liebe, glaube und vertraue – ich bin dankbar – ich bin mutig."

- Lunge (Daumenpunkt/DP): „Ich bin demütig – ich bin tolerant – ich bin bescheiden – ich bin glücklich – ich habe Glück – ich bin fröhlich."
- Leber (Rippenpunkt / RP): „Ich bin glücklich und zufrieden, ich habe Glück, ich bin fröhlich."
- Gallenblase (Seitlich des Auges/SA): „Ich wende mich anderen voller Liebe zu."
- Milz-Pankreas (Unter dem Arm/UA): „Ich glaube an und vertraue auf meine Zukunft – ich bin sicher."
- Niere (Schlüsselbein/SB): „Meine sexuellen Energien sind ausgewogen."
- Dickdarm (Zeigefinger/ZF) „Ich bin von Grund auf rein und gut – ich bin es wert, geliebt zu werden."
- Kreislauf – Sexus (Mittelfinger/MF): „Ich lasse die Vergangenheit los – ich bin großzügig – ich bin entspannt."
- Herz (Kleiner Finger/KF): „Mein Herz ist voller Vergebung."
- Magen (Jochbein/JB): „Ich bin zufrieden – ich bin ruhig."
- Dreifacher Erwärmer (Serienpunkt/SP): „Ich bin hoffnungsfroh – ich bin leicht und beschwingt."
- Dünndarm (Handkante/HK): „Ich bin voller Freude – ich hüpfe vor Freude."
- Blase (Augenbraue/AB): „Ich bin ausgeglichen – ich bin friedlich."
- Zentralgefäß (Unter der Lippe/UL): „Ich bin wertvoll – ich bin rein, zentriert und sicher."
- Gouverneursgefäß (Unter der Nase/UN): „Ich bin entspannt und fühle mich wohl."
- Thymusdrüse (Brust/B): „Ich liebe – ich glaube – ich vertraue – ich bin dankbar – ich bin mutig."
- Abschließen mit: „Meine Lebensenergie ist hoch – ich bin voller Liebe."

Wenn du die Affirmationen in der dritten Person aussprichst und deinen eigenen Namen benützt, steigert dies die Wirksamkeit noch wesentlich.

Behandlungspunkte zum Tagesprogramm zur Erhaltung der Lebensenergie

In Anlehnung an Dr. John Diamond

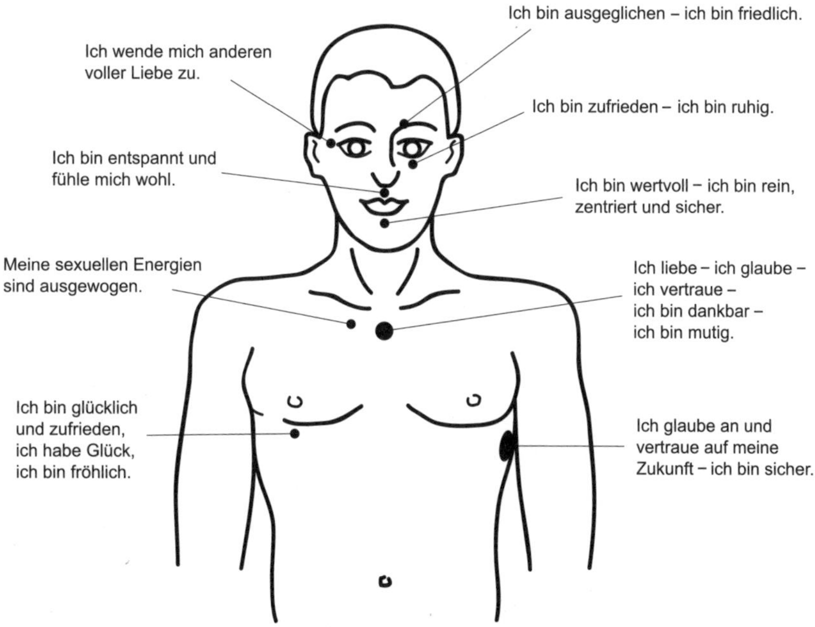

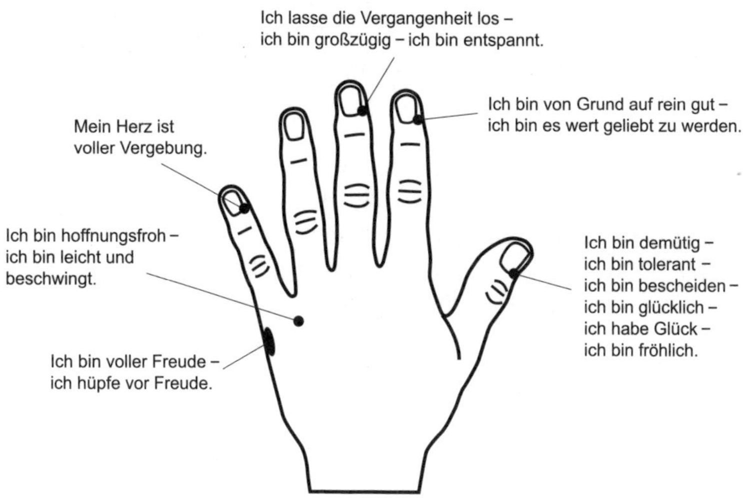

Abschließen mit: „Meine Lebensenergie ist hoch – ich bin voller Liebe".

Entspannungs- und Balancetechniken

Neun Gamut nach Roger Callahan

Die Neun Gamut (9 G) sind eine Behandlungsserie mit unterschiedlichen Elementen der neuesten neurologischen Forschung zur Feinabstimmung und Aktivierung unterschiedlicher Hirnareale. Aus dem Neuro-Linguistischen Programmieren (NLP) sowie der Chiropraktik und Kinesiologie nach John Goodheart wurde das Wissen zur Nutzung von Augenstellungen bei der Korrektur von Störungen der Gehirnbalance integriert. Summen und zählen aktivieren ebenfalls spezielle und sehr unterschiedliche Bereiche im Gehirn, summen in der rechten und zählen in der linken Gehirnhälfte.

Die spezielle Abfolge der Ausführung dient wie auch die Durchführung der unterschiedlichen Augenbewegungen dazu, sich auf das Problem einzustimmen und weitere Aspekte des Problems innerhalb des von dieser Störung betroffenen Gedankenfelds zu aktivieren. Das gleichzeitige Klopfen des Serienpunktes während der gesamten Durchführung der 9 Gamut unterstützt die Beseitigung der Störung und damit eine weitere Reduktion von Stress, da dieser Punkt auf dem Meridian des Dreifachen Erwärmers speziell geeignet ist, störende Information aus einem Gedankenfeld heraus und heilende Energie in gewisse Areale hinein zu transportieren.

Der konkrete Ablauf der Anwendung ist der folgende:

- Den Serienpunkt (SP) während der gesamten Durchführung andauernd klopfen und den Kopf nicht mit den Augen mitbewegen, sondern geradeaus gerichtet halten.
- Augen schließen.
- Augen öffnen.
- Mit den Augen nach unten links blicken.
- Mit den Augen nach unten rechts blicken.
- Die Augen 360° im Uhrzeigersinn rollen.
- Die Augen 360° gegen den Uhrzeigersinn rollen.
- Einige Töne oder eine Melodie summen.
- Laut von 1–7 zählen oder einige Zahlen multiplizieren.
- Nochmals einige Töne oder eine Melodie summen.

Nach dieser Ausführung und auch aller noch folgenden Balancetechniken ist es hilfreich, langsam einen tiefen Atemzug bis in den Bauchraum zu nehmen und anschließend kraftvoll auszuatmen, als wolle man die Reste von Stress im Gedankenfeld über den Atem von sich geben.

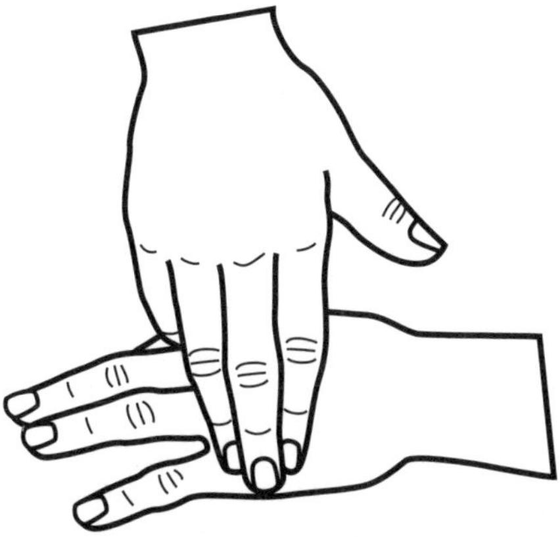

Die Wirkung der 9 Gamut und sämtlicher noch folgenden Übungen bringt rasche Erleichterung bei Stress und hält etwa 30 Minuten lang an.

Weitere Entspannungs- und Balancetechniken, die teilweise sowohl die 9 Gamut wie auch zusätzlich noch ähnliche Elemente der neurologischen Integration nutzten, sind die folgenden:

Stressreduzierer nach Roger Callahan

- Klopfe andauernd und gleichmäßig den Serienpunkt (SP) während der gesamten Dauer der Übung.
- Augenkreisen:
  - Schließe die Augen.
  - Öffne die Augen.
  - Schau nach unten, ohne dabei den Kopf zu bewegen, und folge mit den Augen einer auf dem Boden imaginierten, geraden Linie zur gegenüberliegenden Wand. Führe diese Linie an der Wand nach oben bis zur Decke weiter und zurück in Richtung auf dich selbst, bis du nach oben über dich schaust.
  - Halte an diesem Punkt die Stellung einige Sekunden lang.

- Führe nun die 9 Gamut durch.
- Wiederhole nochmals das Augenkreisen.

Schnellentspannung nach Fred Gallo

- Klopfe gleichmäßig und andauernd den Serienpunkt (SP) oder alternativ die äußeren Enden der Augenbrauen (EA) während der gesamten Ausführung.
- Rolle bei geradeaus gerichtetem Blick die Augen nach unten und dann langsam und gleichmäßig wieder zur Decke, wo du den Blick einige Sekunden hältst und dann kurz nach rechts und links schwenken lässt.
  Alternativ:
  - Schließe die Augen.
  - Öffne die Augen.
  - Lass die Augen der Figur einer liegenden Acht folgen.
- Führe nun die 9 Gamut durch.
- Wiederhole abschließend nochmals das Augenrollen.

Augenrolltechnik nach Michael Galvin und Brian Grodner

- Rolle, während du andauernd den Serienpunkt (SP) klopfst, die Augen langsam und gleichmäßig nach oben und halte am höchsten Punkt die Position einige Sekunden lang.
- Schließe die Augen und atme tief ein.
- Beende das Klopfen und atme aus.
- Bewege während des Ausatmens die Augen bei geschlossenen Lidern mit dem Ausatmen nach unten und halte dort einige Sekunden die Position (vermutlich spürst du hier eine Welle der Entspannung, von der du dich tragen lassen solltest).

Einfache Augenrolltechnik nach Fred Gallo

- Klopfe gleichmäßig und andauernd den Serienpunkt (SP) oder die äußeren Enden der Augenbrauen (EA) während der gesamten Ausführung.
- Rolle bei geradeaus gerichtetem Blick die Augen von ganz unten ganz langsam und gleichmäßig, so weit du kannst, nach oben. Lass dir dabei viel Zeit, es kann ruhig eine halbe Minute dauern.
- Atme am höchsten Punkt tief ein, höre auf zu klopfen, schließe die Augen und atme ebenso tief ganz aus.

Switchingkorrekturen

Die richtige Ausrichtung der elektromagnetischen Polarität ist Voraussetzung für emotionale Gesundheit. Eine Störung der Polarität, die Neurologische Desorganisation bzw. das so genannte Switching (beschrieben in Kapitel 3) bewirkt eine nur langsame oder gar keine Reaktion auf sonst lindernde Behandlungssequenzen.

Wenn also eine Selbstbehandlung keine oder nicht die gewünschten Ergebnisse bringt, kann erst einmal mit den folgenden, einfachen Übungen versucht werden, für die Dauer der Behandlung die Balance der Gehirnhemisphären herzustellen und so den Weg für weiteren Fortschritt bei der Behandlung zu ebnen. Sollte sich dennoch keine Besserung einstellen, kann es sich um eine massivere Form von Switching handeln, und es ist zur nächsten Stufe zu wechseln, zur Korrektur über die Schlüsselbeinatmung. Zuerst jedoch zu den einfacheren Methoden:

Wichtig: Bei allen Korrekturen von Switching ist es wichtig, dass du deine Augen und den Mund geöffnet hast, möglichst entspannt bist, keine Faust machst und auch die Fingerkuppen von Daumen und kleinem Finger nicht kreisrund zusammenlegst, weil dadurch der „Neo-Motor-Quartex“ im Gehirn zusätzlich gestresst wird.

Thymuskreisen

Klopfe ca. 30 Sekunden lang kreisförmig in einem Abstand von ca. 10 cm rund um den Thymuspunkt, beginnend von oben nach recht (gegen Uhrzeigersinn).

Nasenklopfen

Klopfe in möglichst schnellem Tempo beide Seiten der Nasenwurzel eine Minute lang.

Nabelklopfen

- Stimuliere den Bauchnabel 10 Sekunden lang sanft mit den ersten drei Fingern der linken Hand, während du gleichzeitig mit der rechten Hand die Schlüsselbeinpunkte kräftig klopfst oder reibst.
- Während du nochmals den Bauchnabel 10 Sekunden lang stimulierst, klopfst du gleichzeitig der Reihe nach
  - Unter der Nase (UN)
  - Unter der Unterlippe (UL)
  - Steißbein (reiben)

Überenergie – Korrektur

- Schlage die Beine in Höhe der Fußknöchel übereinander – links über rechts – und behalte diese Position der Beine während der gesamten Übung bei.
- Strecke die Arme und Hände mit den Handinnenflächen zueinander vor dem Körper aus und überkreuze sie, den rechten Arm auf Höhe des Handgelenks über den linken.
- Drehe nun die Hände um 180°, also so weit, dass die Handrücken jeweils nach rechts und links weisen und dadurch die Handflächen zueinander zeigen. In dieser Position verschränke die Finger.
- Beuge die Arme mit einer Abwärtsbewegung zum Körper hin, sodass die gefalteten Hände unterhalb des Kinns auf der Brust liegen und die Ellenbogen auf der Brust anliegen.
- Berühre beim Einatmen durch die Nase mit der Zunge den Gaumen am Zentrierenden Punkt (etwas hinter/über den oberen Schneidezähnen). Beim Ausatmen durch den Mund lege die Zunge an den Mundbogen an.
- Lenke während der gesamten Übung die Konzentration auf eine für dich speziell passende Vorstellung von Gleichgewicht oder Ausgewogenheit.
- Verharre 1–2 Minuten in dieser Position.

Schlüsselbein – Atmung nach Roger Callahan

Bei dieser Übung handelt es sich um die effektivste Möglichkeit der Beseitigung von Switching. Die Methode kann in den meisten Fällen, zumindest für die Dauer der Behandlung, das Switching unterbinden. In leichten Fällen kann dadurch das Umspringen der Polarität auch völlig beseitigt werden, dafür ist jedoch eine Durchführung mehrmals täglich notwendig. Das Auftreten von Switching vor dem Hintergrund kranialer Schäden ist allerdings ausschließlich mit Methoden aus Osteopathie oder Chiropraktik zu behandeln.

- Lege die Fingerspitzen des linken Zeige- und Mittelfingers auf den linken Schlüsselbeinpunkt (SB), während du mit dem Zeige- und Mittelfinger der rechten Hand gleichmäßig auf den Serienpunkt (SP) der linken Hand klopfst.
- Atme währen des Klopfverfahrens auf folgende fünf verschiedene Arten, wobei du während jeder neuen Atemmethode mindestens sieben Mal klopfen musst.
  - Normal ein- und ausatmen.
  - Die Lungen tief mit Luft füllen – den Zustand fünf Sekunden lang halten.
  - Die Hälfte der Luft aus den Lungen ausatmen – den Zustand fünf Sekunden lang halten.
  - Fast alle Luft aus den Lungen ausatmen – den Zustand fünf Sekunden lang halten.
  - Die Lungen zur Hälfte mit Luft füllen – den Zustand fünf Sekunden lang halten.
  - Fünf Sekunden lang normal atmen.
- Wiederhole nun denselben Ablauf, wobei du jetzt die Fingerspitzen der linken Hand auf den rechten Schlüsselbeinpunkt (SB) legst.
- Wiederhole denselben Ablauf seitenverkehrt, beginnend mit den Fingerspitzen der rechten Hand unter dem linken Schlüsselbein.
- Führe nun denselben Prozess durch, stimuliere aber diesmal die Schlüsselbeinpunkte mit den Knöcheln (Mittelgelenken) der Zeige- und Mittelfinger. Das bringt eine zusätzliche Wirkung, weil Handflächen (negativ) und Handrücken (positiv) unterschiedliche elektromagnetische Polarisierung haben.

Die Positionen sind zusammengefasst die folgenden:

1. Linke Fingerspitzen unter linkem Schlüsselbein.
2. Linke Fingerspitzen unter rechtem Schlüsselbein.

3. Rechte Fingerspitzen unter linkem Schlüsselbein.
4. Rechte Fingerspitzen unter rechtem Schlüsselbein.
5. Linker Zeigefingerknöchel unter linkem Schlüsselbein.
6. Linker Knöchel unter rechtem Schlüsselbein.
7. Rechter Knöchel unter linkem Schlüsselbein.
8. Rechter Knöchel unter rechtem Schlüsselbein.

Techniken zum Energieausgleich

Emotionale Stressauflösung

Die Stimulation der Stirnbeinhöcker verbessert die Muskelfunktionen und beeinflusst die Funktion von Meridianen.

- Stimme dich auf das Problem ein und halte den Kontakt aufrecht, vertiefe dich aber nicht zu sehr darin.
- Schließe die Augen und lege die Spitzen eines für dich passenden Fingers, nicht jedoch des Daumens, leicht auf die Stirnbeinhöcker. Ziehe dabei die Haut sanft zu den Seiten des Kopfes.
- Versuche den Puls der Kapillargefäße zu erspüren (unabhängig von der Herzfrequenz ca. 70–74 Schläge/Minute) und für beide Punkte zu synchronisieren. Kannst du den Puls nicht innerhalb einer Minute spüren, so mach im Ablauf einfach weiter.
- Denke wieder an das emotional geladene Thema und bestimme den Stresswert. Hierbei kann es zu Störungen der Synchronizität der Pulse in den beiden Punkten kommen. Wenn das der Fall ist, lenke die Aufmerksamkeit darauf, die Pulse wieder zu synchronisieren.
- Während du nun Kontakt zum Problem hast und die Positionen hältst, bewege die Pupillen bei geschlossenen Augen langsam im Uhrzeigersinn in einem großen Kreis, ohne dabei den Kopf mit zu bewegen, und mach dann dasselbe in der Gegenrichtung. Führe den gleichen Ablauf mit geöffneten Augen durch.
- Nach einiger Zeit des andauernden Haltens der Punkte – dies kann innerhalb weniger Sekunden erfolgen, aber auch einige Minuten dauern – wird es wahrscheinlich schwieriger, weiterhin gedanklich bei dem stressgeladenen Thema zu bleiben. Es erfolgt dann ein Wechsel in eine entspannende, akzeptierte, positive Richtung.

- Beende nun die Stimulation der Punkte und bestimme den Stresswert erneut. Achte hierbei auf eventuelle Verschiebung der Gedanken und des Bewusstseins in eine völlig andere Richtung.
- Wiederhole den Prozess so lange, bis der Stresswert bei 1 konstant bleibt.

Tipp: Ein Abdecken des Punktes der Zirbeldrüse auf der Stirnmitte und ein Unterlegen der Fersen mit Alufolie verstärken die Wirkung noch erheblich.

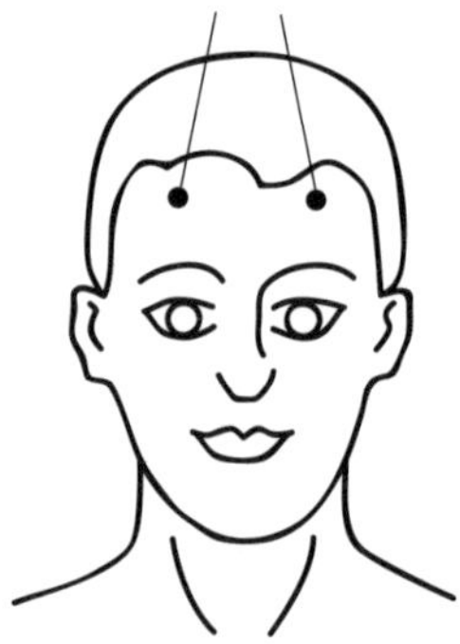

Stirn – Hinterkopf – Halten

- Stimme dich auf das Problem ein, das du bearbeiten möchtest, und halte den Kontakt, ohne dich zu stark emotional zu vertiefen.
- Bestimme den Stresswert zu dieser Problematik.
- Lege nun eine gesamte Handinnenfläche auf die Stirn, die andere auf den unteren Bereich des Hinterkopfes.
- Während du so Kontakt zum Problem hast und die Positionen hältst, bewege die Pupillen langsam im Uhrzeigersinn in einem großen Kreis, ohne dabei den Kopf mit zu bewegen, und mache dann dasselbe in der Gegenrichtung. Führe anschließend denselben Ablauf mit geschlossenen Augen durch.
- Beobachte, wie sich der Stress auflöst und der Geist klärt, und halte die Position, bis der Stresswert wesentlich sinkt.
- Bestimme den Wert neu und achte dabei auf eventuelle Verschiebung der Gedanken und des Bewusstseins.
- In einem neuen Durchgang gehe nun die Einzelheiten des Problems bzw. Traumas distanziert durch und visualisiere diese dabei in veränderter Form aus einem anderen, eventuell für dich hilfreicheren, angenehmeren

Blickwinkel. Umschreibe also die Ereignisse bzw. die eigenen Entscheidungen auf eine nützlichere Art und installiere so ein neues Szenario.
- Führe nun die andere Skala ein, bewerte also deinen Überzeugungsgrad, das Problem lösen zu können, und festige das Ergebnis so lange durch verstärkte Visualisierungen, bis deine Sicherheit zwischen 8 und 10 liegt.

Sowohl bei der Emotionalen Stressauflösung als auch beim Stirn – Hinterkopf – Halten kann folgende Variation als Zusatz angewendet werden:
- Die jeweils gewählte Position einnehmen.
- Das jeweilige Problem ins Bewusstsein bringen.
- Augenkreisen (einen ganzen Kreis oder mehrere Runden – je nach Belieben) mit offenen Augen zuerst in eine, dann in die entgegengesetzte Richtung.
- Dasselbe ebenfalls in beiden Richtungen mit geschlossenen Augen durchführen.

Methoden zur Lateralitätsintegration

Der menschliche Körper ist in zwei Seiten geteilt, was einerseits die Möglichkeiten der Dominanz einer Seite (Rechts- oder Linkshändigkeit) sowie andererseits der bilateralen Integration beinhaltet. Das Kreuzen der Mittellinie des Körpers und damit das Arbeiten im Mittelfeld unterstützt die Fähigkeit, einen symbolischen Code wie beispielsweise Schrift mit beiden Gehirnhälften zu verarbeiten, dies wiederum ist Voraussetzung für jeden Lernerfolg.

Im Mittelfeld der vertikalen Linie überlappen sich die Gesichtsfelder von linkem und rechtem Auge, folglich müssen in diesem Bereich beide Augen und die ihnen entsprechenden Muskeln einheitlich zusammenarbeiten, um zu funktionieren. Die Entwicklung dieser bilateralen Bewegungsfähigkeiten (im frühkindlichen Entwicklungsprozess erlernbar über Krabbeln und Gehen) ist Voraussetzung jeder Körperkoordination, des Lernens im visuellen Nahbereich, des binokularen Sehens (plastisch, mit beiden Augen zusammen), des binauralen Hörens sowie der Integration von rechter und linker Gehirn- und Körperseite.

Die so genannten Mittellinienbewegungen, also Kreuzbewegungen der horizontalen und vertikalen Körpermittellinie (hauptsächlich propagiert über die Schule der Edu-Kinestethik des Pädagogen Dr. Paul Dennison) fördern die bihemispärische bzw. bilaterale Integration, aktivieren das Gehirn und verbessern dadurch die Lernfähigkeit, wirken also legasthenischen Tendenzen entgegen.

Im folgenden Abschnitt einige der wichtigsten dieser Kreuzbewegungen:

Trinke vor jeder Übung ein großes Glas Wasser und massiere die Schlüsselbeinpunkte (SB) – in diesem Zusammenhang auch „Gehirnknöpfe" genannt.

- Den rechten Ellenbogen zum linken Knie ziehen und umgekehrt (im Sitzen und Stehen durchführbar).
- Am Stand oder im Sitzen Tretbewegungen durchführen und dabei mit der jeweils gegenüberliegenden Handfläche die Außenseite des Knies berühren.
- Jeweils einen Arm und das gegenüberliegende Bein in die verschiedensten Richtungen strecken.
- Hinter dem Körper mit einer Hand das jeweils gegenüberliegende Bein berühren.
- Überkreuz hüpfen (befreit von visuellem Stress).
- Ein Knie zur Brust hochziehen und dabei den jeweils gegenüberliegenden Arm nach vorne schwingen.
- Alle Übungen auch mit geschlossenen Augen durchführen bzw. so tun, als würde man sie beim Schwimmen machen.
- Bei geradeaus gerichtetem Kopf, im gesamten Gesichtsfeld und im Bereich der vollen Reichweite der Arme mit dem Zeigefinger des ausgestreckten linken Armes eine liegende Acht zeichnen. Dabei den Finger am Mittelpunkt beginnend gegen den Uhrzeigersinn aufwärts zur linken Seite ziehen, mit den Augen dem Finger folgen und den Kopf ganz leicht mitbewegen. Jeweils 3 x mit der linken, dann der rechten Hand und abschließend mit beiden Händen ausführen. Als Variation kann die Größe der liegenden Acht zwischen klein und groß in Abstufungen variiert werden.
- Einbezug der auditiven Verarbeitung in die vorhergehende Übung, indem alles, was mit den Fingern ausgeführt wird, verbal beschrieben wird.

- Simultanzeichnen in der Luft oder real auf Papier mit beiden Händen oder Füßen (oder beides gleichzeitig).
- Denken oder visuelles Imaginieren eines großen X (bei besonders einseitigen Tätigkeiten wie beispielsweise Tragen eines Gegenstandes mit einer Hand ist dieses X in der Imagination zwischen Schultern und Hüften aufzuspannen).

Thymusstärkung

Die Thymusdrüse (Sitz der Lebensenergie) überwacht und reguliert als Bindeglied zwischen Körper und Geist den Energiestrom im Meridiansystem, daher wird sie als erstes Organ von Stress und negativen emotionalen Zuständen über einen Abfall im Energieniveau beeinflusst.

- Thymuspunkt klopfen (optimal im Dreivierteltakt).
- Die Zunge gegen den Gaumen legen, mit der Zungenspitze auf dem „zentrierenden Knopf" (etwa einen halben Zentimeter hinter den oberen Schneidezähnen), wodurch die Gehirnhälften ins Gleichgewicht gebracht werden.
- Lächeln – dies aktiviert einen Muskel, der mit der Thymusdrüse assoziiert ist.
- Aufrechtes Duschen, weil
  - durch die Wassertropfen die Akupunkturmeridiane stimuliert werden,
  - fließendes Wasser einen therapeutischen Effekt hat und
  - mit fließendem Wasser negative Ionen produziert werden.

  Der positive Effekt des Duschens wird wesentlich verlängert, wenn dabei der Thymus durch Klopfen aktiviert wird.

7. Die großen Methoden

Jetzt wird es wirklich interessant – bisher ging es ja nur um die „kleinen Fische“ zur Erklärung und so für zwischendurch – aber nun kommen wir richtig zur Sache.

Du musst allerdings keine Angst haben – ich stehe dir mit Rat und Tat zur Seite und erkläre dir, so gut es geht, wie du es genau machen sollst, damit du auch wirklich Erfolg hast und (man sollte ja nicht zu uneigennützig sein) damit ich dann ein feines Leben bei dir habe!

Bei den sehr umfangreichen Methoden findest du als Abschluss dann immer noch eine zusammengefasste Kurzform, damit es zu Beginn leichter für dich wird. Also los – erst einmal der Dauerbrenner „Emotional Freedom Techniques™“ (EFT).

Halt – einen Moment noch – irgendwie habe ich das Gefühl, du bist schon wieder schlampig geworden bezüglich deiner Atmung … könnte das sein?

In jedem Fall schiebe ich mal, bevor es jetzt so richtig los geht, noch schnell eine kleine Erinnerungshilfe zum Thema „Atmen“ ein, die geht ganz schnell und hilft dir, deine grauen Zellen noch aktiver werden zu lassen, wenn sie sich auf die erste große Herausforderung stürzen.

Das ist eine wunderbare und ganz einfache Atemübung aus dem Neigong, also dem chinesischen Vorläufer dessen, wovon ich dir in diesem Buch erzähle. Die Chinesen wussten nämlich auch schon vor vielen, vielen Jahren, dass richtiges Atmen die Voraussetzung für alles ist, was dann kommt … also los!

Neigong – Atemübung

- *Atme 3 x langsam und tief durch die Nase ein, halte die Luft einige Sekunden an, atme durch den Mund aus.*
- *Visualisiere dabei den Atem als einen heilenden Energiestrom, der durch den gesamten Körper zieht oder auch durch einen kranken Körperteil, das*

chronische Symptom, das Energiefeld der psychischen Störung, was immer eben betroffen ist.
Wie du dir das vorstellst, liegt ganz bei dir, vielleicht in Form einer Farbe, die alles ausfüllt, oder einfach als warmes Gefühl oder irgendeine Form von Welle.
Hierbei sind deinen Fähigkeiten zu imaginieren keine Grenzen gesetzt – mach es einfach so, wie es sich für dich gut und stimmig anfühlt.

- *Führe nun dieselbe Visualisierung beim Ausatmen durch, betreffend den Abfluss der negativen Energie. Stell dir vor, dass alles, was deinen Körper oder die betroffene Region jetzt gerade gereinigt hat, deinen Organismus nun wieder verlässt, alles Schlechte, alle Schadstoffe und alle negative Energie werden mit dem Ausatmen aus dir hinaus getragen.*
Das kannst du visuell unterstützen, indem du dem „Schmutz" jetzt vielleicht eine andere Farbe gibst oder eine andere Form von Gefühl oder dir ganz einfach vorstellst, wie gut du dich fühlst, wenn alles, was belastend war, mit dem Ausatmen ein wenig leichter geworden ist. Das liegt jetzt wieder an dir, es so zu gestalten, wie es für dich passt.

Wiederhole diese Übung, sooft du Zeit und Lust hast – sie wird dir gut tun!

So, jetzt ist es aber wirklich so weit: Rein ins Vergnügen – beginnend mit „Emotional Freedom Techniques™" (EFT).

Emotional Freedom Techniques™ (EFT) nach Gary H. Craig

Bei den „Emotional Freedom Techniques™", in der Folge der Einfachheit halber in der Kurzform als EFT bezeichnet, handelt es sich um ein von dem amerikanischen Ingenieur Gary H. Craig entwickeltes Modell des standardisierten Klopfens spezieller Akupunkturpunkte ohne vorherige Diagnostik. EFT ist eine Weiterentwicklung des ursprünglichen Grundlagenmodells aller Schulen Energetischer Psychotherapie, der so genannten „Gedankenfeld-Therapie“ nach Roger Callahan. Diese Basismethode wurde von Gary Craig auf eine Art vereinfacht und mit Elementen aus anderen wissenschaftlichen Richtungen angereichert, dass EFT zur derzeit wohl bekanntesten und in den Grundzügen leicht erlernbaren Methode von energetischer Selbsthilfe geworden ist.

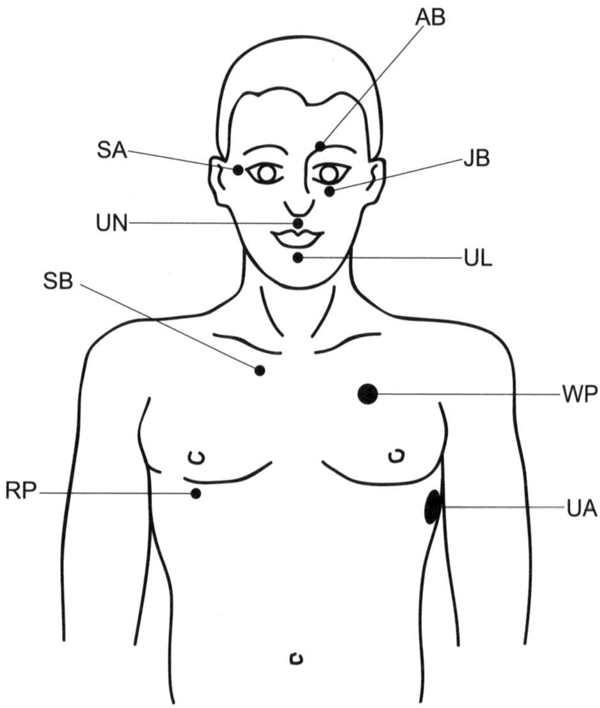

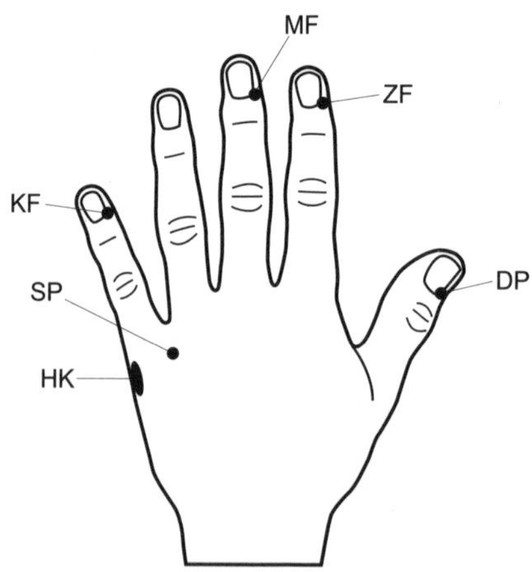

Um den optimalen Energiefluss in den Meridianen wiederherzustellen, werden hierbei ausgewählte Akupunkturpunkte sämtlicher Meridiane durch mehrmaliges Klopfen in einer bestimmten Reihenfolge aktiviert, bei gleichzeitiger Konzentration der Aufmerksamkeit auf das jeweils bearbeitete Problem. Indem gleichzeitig Meridianpunkte stimuliert und das Problem verbal behandelt werden, erfolgt der Anstoß eines Prozesses der Selbstheilung. Energieblockaden können so beseitigt und die ihnen zugrunde liegenden Glaubens- und Wahrnehmungsmuster auf einer tiefen psychischen und körperlichen Ebene aufgelöst werden.

Die Anwendungsmöglichkeiten dieser sich ständig weiterentwickelnden Methode sind kaum begrenzt, alle Störungen, die irgendwie mit psychoenergetischem Stress verbunden sind, eignen sich für eine Anwendung von EFT.

Grundsätzlich basiert EFT nur auf einem Ablaufschema, was die Methode für den Laien zwar leicht lernbar macht, die therapeutischen Nutzungsmöglichkeiten allerdings aufgrund eben dieser Einfachheit schnell beschränkt. Daher hat sich die Methode im Kontext von Therapie und Coaching im Laufe der Zeit dahingehend entwickelt, die Art und Weise der Behandlung von Umkehrungen zu verfeinern und optimal anzupassen und das Klopfen der Meridianpunkte über so genannte „Shortcuts" zu verkürzen bzw. nur mehr intuitiv selektiv zu klopfen. Auch wenn die hier vorgestellte Ursprungsform von EFT von professionellen Anwendern in dieser Form heute nicht mehr ausschließlich genutzt wird, ist für den ersten Zugang und die sichere Selbstanwendung das Ursprungsmodell mit der Nutzung sämtlicher Punkte nach wie vor die optimale Variante.

EFT-Ablauf

1. Gehe gedanklich emotional in Kontakt mit dem Problem, grenze es möglichst konkret ein oder suche einen für dich wesentlichen Aspekt des Gesamtkomplexes heraus, den du zuerst lösen willst. Bedenke, dass dein Problem vielleicht viele Facetten hat, die nicht auf einmal bearbeitet werden können, weil das dem Umfang und der Schwere des Themas nicht entsprechen würde. Wäre das Thema einfach, dann würde es wohl kaum ein Problem für dich darstellen, daher musst du auch die vielen Aspekte und Schichten dadurch würdigen, dass du sie als gewichtige Teile anerkennst und einzeln bearbeitest.

   Je mehr du dich jedoch mit den einzelnen Aspekten des gesamten Problemkomplexes beschäftigst und sie mit EFT beseitigst, desto mehr verschwinden mit der Zeit die einzelnen Säulen, die das Problem tragen, bis

es sich irgendwann ganz auflöst. Suche dir daher nur einen jetzt gerade wichtigen Teilaspekt heraus und erarbeite hierzu einen passenden Kernsatz in einer lebendigen Sprache, die zu dir passt und deinem Gefühl vom Problem entspricht. Dieser „Problem–Kernsatz" sollte so formuliert sein, dass er tatsächlich stimmt und keine Beschönigungen enthält oder das Thema nicht richtig trifft. Er muss also für dich selbst Sinn ergeben, damit er auf tiefster Ebene angenommen und dadurch wirksam werden kann. Je aufrichtiger, direkter und ehrlicher die Aussage ist, desto wirkungsvoller wird sie im Zuge der Behandlung sein.

2. Skaliere die Intensität des Problems im gegenwärtigen Erleben nach der Stress-Skala von 0 bis 10, wobei 0 dem Zeitpunkt nach Lösung der Problems und 10 dem größtmöglichen Stress entspricht, der durch das Problem verursacht werden kann.
3. Behandle als Nächstes eventuell bestehende Psychologische Umkehrungen, wofür du erst einmal einen Setup-Satz unter Bezug auf das Problem in möglichst konkreter Form formulieren solltest: „Auch wenn ich/obwohl ich xy (füge jetzt den Problem-Kernsatz ein, den du zuvor in Punkt 1 konstruiert hast), liebe und akzeptiere ich mich von ganzem Herzen/nehme ich mich vollkommen an." (Siehe dazu in Kapitel 5 den Abschnitt „Behandlung Psychologischer Umkehrung/Setup.)
   Sprich diesen Setup-Satz mit Energie und Überzeugung und so emotional beteiligt, wie dir nur irgend möglich ist, 3 x aus und massiere gleichzeitig den Wunden Punkt (WP) oder klopfe die Handkante (HK). Dieser Teil ist ganz besonders wichtig, weil dein Körper erst einmal Kopf und Emotionen auf eine Versöhnung einstimmen muss, damit er für das stresslösende Klopfen der Punkte empfänglich wird.
   Wenn du psychologisch umgekehrt bist, bleibt die Behandlung stecken, du hast dann also keinen Erfolg. Sobald du aber nach Behandlung der Psychologischen Umkehrung gute Fortschritte machst, was du daran erkennst, dass der Skalenwert sinkt, kannst du diesen Abschnitt in weiteren Klopf–Durchgängen erst einmal auslassen. Korrigiere also Psychologische Umkehrung erst dann wieder, wenn der Skalenwert gleich bleibt oder sich sogar wieder erhöht, sowie auch gegen Ende der Behandlung, etwa ab einem Skalenwert von 3, um die letzten Reste des Problems auch sicher zu beseitigen.
4. Anschließend klopfe jeweils 5–7 x die folgenden Punkte
   - Augenbraue (AB)
   - Seitlich des Auges (SA)
   - Jochbein (JB)
   - Unter der Nase (UN)

- Unter der Unterlippe (UL)
- Schlüsselbein (SB)
- Rippenpunkt (RP)
- Unter dem Arm (UA)
- Daumenpunkt (DP)
- Zeigefinger (ZF)
- Mittelfinger (MF)
- Kleiner Finger (KF)
- Handkante (HK)

und sprich dabei gleichzeitig einmal pro Klopfpunkt eine formelhafte Kurzform des Problems oder ein Schlüsselwort als Symbol dafür aus, beispielsweise:
„meine Angst vor …“ „mein Verlangen nach …“ „mein xy-Problem“ etc. Das Erinnerungswort bündelt die Aufmerksamkeit auf das Problem, denn sonst aktivierst du zwar den jeweiligen Meridian, was ihm sicher gut tut, aber du bearbeitest nicht gleichzeitig gezielt das Problem, das du für die Behandlung gewählt hast.
Das Tempo des Klopfens solltest du so gestalten, dass ein gesamter Durchgang nicht länger als 2 Minuten dauert, du kannst aber auch einen speziellen Punkt etwas aufwändiger bearbeiten, d. h. länger klopfen, wenn er dir im Gesamtablauf intuitiv für das jeweilige Problem als besonders wichtig erscheint.

5. Führe jetzt die 9 Gamut durch (siehe dazu genauer in Kapitel 6 den Abschnitt über Entspannungs- und Balancetechniken):
   - Den Serienpunkt (SP) während der gesamten Durchführung andauern klopfen.
   - Augen schließen – Augen öffnen.
   - Mit den Augen nach unten links und dann nach unten rechts blicken.
   - Die Augen 360° im Uhrzeigersinn und dann gegen den Uhrzeigersinn rollen.
   - Einige Töne oder eine Melodie summen.
   - Laut von 1–7 zählen oder einige Zahlen multiplizieren.
   - Nochmals einige Töne oder eine Melodie summen.
   - Abschließend tief durchatmen

   Die 9 Gamut sind Bestandteil der ersten Durchführung der Grundsequenz, in weiteren Durchgängen kannst du diese Gehirnbalance erst einmal auslassen, denn der neurologische Effekt hält 20–30 Minuten lang an. Wenn dir die Methode der 9 Gamut jedoch gut und angebracht erscheint oder dich entspannt, führe sie ruhig öfter durch.

6. Wiederhole nun die Klopf–Sequenz wie in Punkt 4, damit ist dann das so genannte Sandwich, bestehend aus Klopfen – 9 Gamut – Klopfen, abgeschlossen.
7. Atme abschließend einmal tief durch die Nase ein und durch den Mund aus, als wolltest du alle negativen Emotionen aus deinem Körper hinausatmen, und überprüfe anschließend den Stresswert.
   Wiederhole die Grundsequenz gemäß Punkt 4 so oft wie notwendig, bis du den Stresswert auf 0 gebracht hast.
   Wie zuvor schon erwähnt, ist es nicht notwendig, dass du bei jeder Runde automatisch zuerst eventuell bestehende Umkehrungen behandelst. Solange du Fortschritte machst und der Skalenwert nach jedem Durchgang sinkt, ist ausschließliches Klopfen ausreichend. Meist tauchen jedoch während des Klopfens belastende Emotionen, körperliche Symptome oder neue Nebenaspekte des jeweiligen Themas auf, die auf innere Abwehr hinweisen und entsprechend auch als Psychologische Umkehrung behandelt werden müssen (Siehe dazu Punkt 2).
   Hierbei solltest du die Sätze zur Behandlung der Umkehrung an deine jeweils aufkommenden Emotionen, Gedanken oder körperlichen Empfindungen anpassen. Es ist optimal, wenn du in diesen Setup-Satz immer die Emotion oder den Gedanken einbaust, die oder der dir aufgrund der vorangegangenen Klopf-Runde oder der Skalierung des Ergebnisses vorrangig in den Sinn kommt:
   „Auch wenn/obwohl sich beim Behandlungsfortschritt überhaupt nichts tut, liebe und akzeptiere ich mich aus ganzem Herzen/nehme ich mich zutiefst an."
   Benenne hierbei nun das jeweils anstehende Problem ganz genau (in der Folge immer als „xy" angeführt):
   „Auch wenn/obwohl sich jetzt ein Gefühl von … xy (Trauer, Wut, Angst) … in mir ausbreitet, liebe und akzeptiere …"
   „Auch wenn/obwohl ich gerade daran denken musste, dass … .xy (weiterer Aspekt des Problems), liebe und akzeptiere …"
   „Auch wenn/obwohl ich jetzt eigentlich nicht mehr weiter machen will, liebe …"
   „Auch wenn/obwohl ich plötzlich Schmerzen im Bereich von … xy … habe und nicht weiß, was sie bedeuten, liebe …".
   Die Kurzformen beim Klopfen der Sequenz sind dann immer sinngemäß passend zum Setup-Satz abzuwandeln:
   „Dieser Behandlungs-Stillstand"
   „Mein Gefühl von … xy" oder einfach nur „Trauer" „Wut" „Angst"

„Dieses … xy … (neuer Aspekt)“ „Meine innere Abwehr“ „Meine xy-Schmerzen“
Verläuft die gesamte Durchführung reibungslos und ergibt sich nach jeder Klopf-Runde ein guter Fortschritt, so ist die Behandlung von Umkehrung erst kurz vor Erreichen der 0 auf der Skala notwendig. Nun solltest du die Sätze an die Entwicklung und den Fortschritt der Behandlung anpassen, also mit Bezug auf das Ausmaß des noch bestehenden Restproblems:
„Auch wenn / obwohl ich das Problem xy noch nicht vollständig gelöst habe, liebe …“
„Auch wenn mich immer noch ein Rest/Teil dieses Problems xy belastet, liebe …“
Die kurz gefassten Erinnerungsworte beim Klopfen der Sequenz können dann lauten: „Dieses kleine Restproblem“ oder „Dieser Rest von xy …“
Und bei noch weiterer Verbesserung, kurz bevor du auf der Skala bei 0 angelangt bist:
„Ich liebe und akzeptiere mich aus ganzem Herzen und ich möchte das Problem … xy (Schilderung) … jetzt vollständig überwinden“ oder „… ich möchte den letzten Rest des Problems … xy … jetzt überwinden.“
Der Erinnerungssatz beim Klopfen der Sequenz lautet dann:
„Dieser allerletzte Rest von … xy (Problemschilderung) …“

8. Führe die Behandlung unbedingt so lange durch, bis du einen absolut sicheren Skalenwert von 0 erreicht hast, und prüfe abschließend den Erfolg, indem du versuchst, das Gesamtproblem oder den behandelten Aspekt des Problems auf jede nur erdenkliche Art emotional wieder zurückzuholen. Gehe dazu gedanklich in Situationen, die eine Rückkehr des Problems wahrscheinlich machen, oder male dir innerlich alle nur irgendwie möglichen Auslöser in diesem Kontext aus, vielfach Aussagen oder Reaktionen von Personen aus deinem Umfeld.
9. Wenn das Thema eng begrenzt und daher vom Umfang her klein genug war, sodass wirklich keine Teilaspekte vorhanden sind, kannst du dir ein neues Problem vornehmen, ansonsten wende dich nun dem nächsten Aspekt des ursprünglichen Gesamtproblems zu, der dir jetzt wichtig erscheint, und behandle ihn auf dieselbe Art wie zuvor.
   Grundsätzlich solltest du immer versuchen, ein Thema abzuschließen und dich erst dann dem nächsten zuzuwenden. Es ist aber oft schwierig, zu unterscheiden zwischen wirklich neuen Aspekten einerseits und Emotionen oder körperlichen Beschwerden andererseits, die sehr wohl zum gerade behandelten Thema gehören und während des Klopfens

auftauchen. Es kann dir also passieren, dass schon während des ersten Durchlaufs zur Gesamtproblematik oder eines wichtigen eingegrenzten Bereichs derselben ein oder mehrere scheinbar neue Aspekte oder Gefühle so massiv auftauchen, dass du unbedingt sofort zu ihnen wechseln willst, ohne vorher das begonnene Thema wirklich auf der Skala auf 0 zu bringen.

In so einem Fall stufe diese Aspekte oder Emotionen als neue Hauptthemen ein, skaliere sie neu und behandle sie möglichst bis zum Erreichen der 0.

Bei der Bearbeitung eines oder weiterer Aspekte des Problems ist es erforderlich, dass du den Prozess der 9 Gamut wiederholst, damit sich dein Körper auch zu diesem neuen Gedankenfeld neurologisch optimal organisieren kann.

10. Weil diese Arbeit sehr umfangreich werden kann, ist es vielleicht hilfreich für dich, die gerade behandelten Themen aufzuschreiben, damit du nicht den Überblick verlierst. So ist es dann auch einfacher, zum Schluss nochmals alle einmal angefangenen Themen dahingehend zu überprüfen, ob die Skala wirklich bei 0 ist, oder einen Problembereich eventuell, wenn du vorher gewechselt hast, nachträglich nochmals zu bearbeiten. Du wirst merken, dass sich viele Aspekte am Ende dann trotzdem erledigt haben, auch wenn du vorher noch nicht bis auf 0 gekommen warst.
11. Wenn du schließlich alle Bereiche ausreichend bearbeitet hast, prüfe die gesamte Problematik unter allen erdenklichen Gesichtspunkten, beachte nochmals genau alle eventuell aufkommenden Emotionen und Einwände und behandle sie gegebenenfalls ein weiteres Mal. Hierbei solltest du dich sehr um Ehrlichkeit dir selbst gegenüber bemühen, denn wenn du nur einen kleinen, scheinbar unbedeutenden Teilbereich oder Gesichtspunkt vergessen oder nicht ausreichend berücksichtigt hast, kann er dir dein scheinbar so schön gelöstes Problem wiederbringen. Bist du dir der 0 auf der Skala und der völligen Beseitigung des Problems allerdings sicher, dann ist dieses Thema wirklich für immer erledigt.

EFT-Kurzablauf

- Kontaktaufnahme mit dem Problem und Entwerfen eines passenden Kernsatzes zu einem möglichst konkret eingegrenzten Problem oder zum wichtigsten Aspekt des Gesamtproblems.
- Skalierung der Intensität des Problems im gegenwärtigen Erleben auf einer Skala von 0 bis 10.

- Behandlung eventueller Psychologischer Umkehrungen. Dazu Formulieren eines Setup-Satzes unter Bezug auf das Problem in möglichst konkreter Form:
  „Auch wenn ich/obwohl ich … xy (Problemschilderung) …, liebe und akzeptiere mich von ganzem Herzen.“ Die Problemaussage ist hierbei immer vorauszustellen.
  3 x aussprechen bei gleichzeitigem Massieren des Wunden Punktes oder Klopfen der Handkante.
- 5–7 x Klopfen von
  AB > SA > JB > UN > UL > SB > RP > UA > DP > ZF > MF > KF > HK
  bei gleichzeitigem Aufsagen einer formelhaften Kurzform des Problems oder eines Schlüsselwortes als Symbol dafür, beispielsweise
  „meine Angst vor …“, mein Verlangen nach …“, „mein xy“.
- Ausführen von 9 Gamut und anschließendes Wiederholen der Klopf-Sequenz.
- Tiefes Ein- und Ausatmen und Überprüfen des Stresswertes. Wiederholen der einfachen Klopf–Sequenz ohne Einfügung der 9 G bis zu einem Stresswert von 0.
- Anwenden von optionalen Setups nach ersten Verbesserungen je nach Entwicklung und Umständen der Behandlung:
  „Auch wenn/obwohl sich jetzt ein Gefühl von … xy (Trauer, Wut, Angst) … in mir ausbreitet, liebe und akzeptiere …“
  „Auch wenn/obwohl ich gerade daran denken musste, dass ….xy (weiterer Aspekt des Problems), liebe und akzeptiere ...“
  „Auch wenn/obwohl ich plötzlich Schmerzen im Bereich von … xy … habe und nicht weiß, was sie bedeuten, liebe ...“
  „Auch wenn/obwohl ich dieses Problem noch nicht vollständig gelöst habe“, liebe …“
- Bearbeitung sämtlicher Aspekte, Emotionen und Themen bis zum Stresswert von 0 mit abschließender eingehender Erfolgsprüfung.

Ich weiß, es ist recht verwirrend für den Anfang, aber glaube mir, je mehr du EFT praktisch anwendest, desto leichter fällt es dir mit der Zeit. Mach dir nicht zu viele Gedanken, etwas falsch zu machen – die Methode ist recht flexibel und korrigiert sich in gewisser Weise selbst. Wenn

du nämlich tatsächlich irgendetwas Wesentliches auslässt oder falsch machst, dann geht vielleicht eine Runde lang nicht viel weiter, dann merkst du ja schnell, dass etwas nicht stimmt, und wirst folglich einen anderen Weg einschlagen.

Wichtig ist, du kannst nichts machen, was dir irgendwie schadet – schlimmstenfalls klopfst du halt mal einige Zeit lang, ohne dass sich beim eigentlichen Problemthema etwas tut. Dann hast du immer noch deine Meridiane aktiviert, zwar ohne Bezug zum Thema, aber immerhin – und das schadet nie!

Die hauptsächlichen Gründe dafür, dass vielleicht das Ergebnis nicht so ist, wie erwartet, ist bei dieser Methode einerseits ein zu komplexes Thema, welches aus zu vielen Aspekten besteht, oder eine nicht ausreichend bearbeitete Psychologische Umkehrung.

Das kannst du vermeiden, indem du das Thema schön klein hältst. Es ist also nicht sehr klug zu klopfen mit einem Thema wie „Meine Angst" oder „Meine schlimme Kindheit". Grenze solche „Globalisierungen" unbedingt ein auf Aspekte wie beispielsweise „Meine Angst vor dunklen Gassen, wenn ich allein bin" oder „Meine Angst vor kleinen grünen Schlangen" oder „Meine schlimme Erinnerung an das Erlebnis … xy (Schilderung) in meiner Kindheit, als ich fünf Jahre alt war."

Du wirst sehen, je mehr solcher Kleinthemen du bearbeitest und sicher auf der Skala bis zur 0 bringst, desto schneller wird das übergeordnete, große Thema irgendwie leichter für dich zu ertragen, weil ihm ja immer mehr der Unterbau fehlt. Und irgendwann brechen dann die allgemeine „Angst" oder die „schlimme Kindheit" ganz in sich zusammen, weil einfach die Stützen fehlen. Wenn du aber gleich zu hoch hinaus willst, dann ist das ganz schwierig für dich als Anfänger, und die Chance, dass du scheiterst, ist sehr groß. Also sei bescheiden und fang klein an, dann kommst du letztlich ganz groß raus!

Das Zweite, worauf du achten musst, sind die Psychologischen Umkehrungen. Wenn es irgendwie nicht richtig weiter geht, dann sei ganz ehrlich zu dir und suche nach einem wirklich guten und passenden Setup-Satz, das ist ganz wichtig. Forsche in deinem Innersten, was vielleicht noch ein Grund für den Stillstand sein könnte, was du wirklich gerade empfindest oder was dich tatsächlich und ehrlich momentan belastet – das musst du dann in den Satz einbauen.

Wenn dir überhaupt nichts einfällt, weshalb du psychologisch umgekehrt sein könntest, dann sprich mal für dich im Stillen die folgenden Sätze zu Ende:

„Ich habe ein Problem mit xy, weil …"

„Ich bin xy, weil …“

„Ich fürchte mich vor xy, weil …“

Wenn du jetzt ein „Weil“ gefunden hast, dann baue es einfach in den Setup-Satz ein:

„Auch wenn ich/obwohl ich … xy (da kommt jetzt das gefundene ‚Weil‘ hinein) …, liebe und akzeptiere ich mich von ganzem Herzen.“

Sei ganz einfach wirklich hartnäckig *und* präzise, *dann wirst du auch Erfolg haben.*

Jetzt hab ich noch einen ganz heißen Tipp für dich, einen schönen Abschluss für jede so genannte Sitzung, also jede ausgedehnte Klopf-Anwendung; dabei geht es darum, einer meiner wichtigen Bahnen etwas Erholung zu gönnen:

Methode zur Beruhigung des Dreifachen Erwärmers

- *Lege die Hände mit den Fingerspitzen senkrecht nach oben auf die Wangen und atme 1–2 Mal tief ein und aus.*
- *Bewege nun die vier Fingerspitzen bei gehaltenem Kontakt zum Kopf hinüber auf die Höhe oberhalb der Ohren, lege sie dort etwas fester an und atme wiederum 1–2 Mal tief ein und aus.*
- *Führe die Fingerspitzen weiter an Kopf und Hals entlang, sodass sie nach hinten in Richtung auf die Schulterblätter zeigen, lege sie dort wieder etwas fester an und atme nochmals 1–2 Mal tief ein und aus.*
- *Lass die Arme jetzt nach vorne herunterfallen und atme dabei tief aus.*

Das tut gut – nicht wahr! Also dann weiter mit Elan zur nächsten Möglichkeit …

Algorithmus – Variante nach Brian L. Foley

Von den grundlegenden Ideen und Verfahren Roger Callahans ausgehend entwickelte der amerikanische Therapeut Brian L. Foley eine eigene Methode mit ähnlichem Grundaufbau wie EFT, jedoch variierten Meridianpunkten, alternativen Neurolymphatischen Punkten zur Behandlung von Psychologischer Umkehrung und differenzierten Techniken zur Beseitigung energetischer Disharmonien.

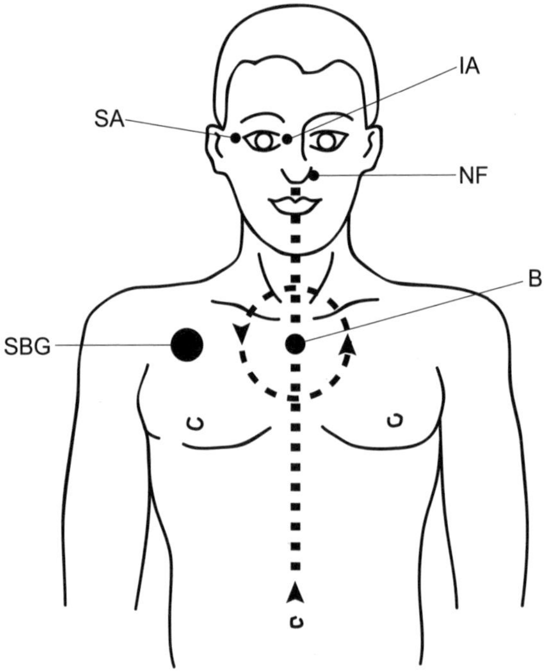

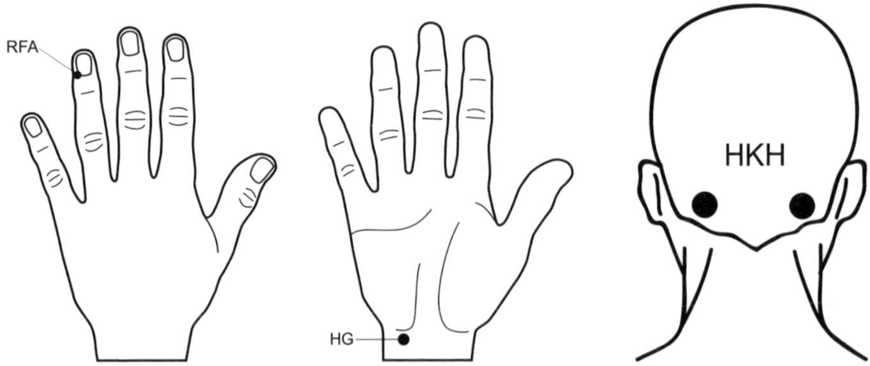

Foley-Algorithmus: Ablauf

1. Stelle gedanklich einen stark emotionalen Kontakt zum Problem her.
2. Skaliere die Intensität des Problems im gegenwärtigen Erleben auf der Stress-Skala von 0 bis 10.
3. Korrigiere zuerst eventuell bestehendes Switching. Klopfe dazu etwa 30 Sekunden lang mehrmals kreisförmig im Abstand von ca. 10 cm rund um den Thymuspunkt (B), beginnend von oben nach rechts, also gegen den Uhrzeigersinn.
4. Behandle im nächsten Schritt eventuell bestehende Psychologische Umkehrungen nach folgendem standardisierten Ablauf:
   Reibe die beiden Hinterkopfhöcker (HKH), die sich beidseitig auf der Hinterseite des Schädels befinden, vom oberen Bereich des Ohres ausgehend waagrecht ca. 3–4 cm nach hinten, und sprich dazu einen zweiteiligen Setup-Satz wie folgt:
   „Ich liebe und akzeptiere mich zutiefst und aus ganzem Herzen, auch wenn ich dieses Problem xy (genaue Beschreibung des jeweiligen Problems) habe."
   Wiederhole den Satz einmal, sprich ihn also insgesamt zweimal aus.
   Schließe mit einmaligem Aussprechen des folgenden Satzes die Sequenz ab:
   „Auch wenn ich dieses Problem nicht lösen werde, liebe und akzeptiere ich mich aus ganzem Herzen."
5. Anschließend klopfe jeweils 5–7 x die folgenden Punkte mit den jeweils angegebenen Fingern, während du gedanklich und emotional stark mit dem Problem verbunden bleibst. Um deine emotionale Beteiligung zu intensivieren, kannst du auch noch während des Klopfens jedes Punktes einen kurzen „Problem-Kernsatz" (wie zuvor bei EFT) laut aussprechen:
   - Nasenflügel (NF) beidseitig mit den Mittelfingern unterhalb/seitlich der unteren Nasenflügel.
   - Schlüsselbeingruben (SBG) mit allen Fingerspitzen in den Gruben unterhalb der äußeren Enden der Schlüsselbeine.
   - Innenseite des Auges (IA) beidseitig mit den Mittelfingern.
   - Seitlich des Auges (SA) beidseitig mit den Mittelfingern.
   - Mit allen auf einen Punkt zusammengeführten Fingerspitzen einer Hand die gesamte Linie der Gefäße auf der Körpermittellinie entlang – von der Bauchmitte (zwischen Nabel und Brustbein) zum Thymus, über den Hals und Kehlkopf bis zum Punkt unter der Nase (UN).
   - Handgelenksfalte (HG) in der Falte unterhalb der Verlängerung des kleinen Fingers zwischen Mittelpunkt und Außenkante einseitig mit dem Mittelfinger.

6. Statt der 9 Gamut führe nun die folgende Sequenz durch:
   - Klopfe während der gesamten Ausführung die Außenseite des Ringfingers (RFA).
   - Bei geradeaus gerichtetem Kopf kreise die Augen einmal in eine und dann in die andere Richtung in einem vollen Kreis.
   - Drehe nun den Kopf ganz weit zur einen Seite und führe in dieser Position dann dasselbe Augenkreisen durch wie zuvor mit geradeaus gerichtetem Kopf, also in beiden Richtungen.
   - Drehe den Kopf um 180° zur anderen Seite und wiederhole das Augenkreisen in beiden Richtungen auch in dieser Position.
7. Wiederhole nun die Klopf-Sequenz wie in Punkt 5, atme abschließend tief durch die Nase ein und durch den Mund aus, als wolltest du alle negativen Emotionen ausblasen und überprüfe anschließend den Stresswert.
   Wiederhole den Gesamtablauf so oft wie notwendig, bis du den Stresswert auf 0 gebracht hast.
8. Prüfe abschließend den Erfolg, indem du versuchst, das Gesamtproblem oder den behandelten Aspekt des Problems auf jede nur erdenkliche Art emotional wieder zurückzuholen.
   Behandle bei Bedarf in gleicher Weise wie zuvor weiter, bis alle Aspekte des Problems beseitigt sind und der Wert stabil bei 0 bleibt.

Foley-Algorithmus: Kurzablauf

- Emotionalen Kontakt zum Problem herstellen.
- Die Intensität des Problems im gegenwärtigen Erleben skalieren.
- Switching korrigieren: 30 Sekunden lang kreisförmig im Abstand von ca. 10 cm rund um den Thymuspunkt klopfen, beginnend von oben nach rechts, also gegen den Uhrzeigersinn.
- Psychologische Umkehrung behandeln: Die beiden HKH Punkte reiben und dabei folgendes zweiteilige Setup aussprechen:
  „Auch wenn ich dieses Problem xy (genaue Beschreibung des jeweiligen Problems) habe, liebe und akzeptiere ich mich zutiefst und aus ganzem Herzen." Den Satz einmal wiederholen.
  „Auch wenn ich dieses Problem nicht lösen werde, liebe und akzeptiere ich mich aus ganzem Herzen." Einmal sprechen.
- Unter ständiger emotionaler Verbundenheit mit dem Problem, eventuell unter Aussprechen eines „Problem-Kernsatzes", jeweils 5 – 7x die folgenden Punkte klopfen:
  – Nasenflügel (NF) beidseitig mit den Mittelfingern.

- Schlüsselbeingruben (SBG) mit allen Fingerspitzen.
- Innenseite des Auges (IA) beidseitig mit den Mittelfingern.
- Seitlich des Auges (SA) beidseitig mit den Mittelfingern.
- Mit allen Fingerspitzen einer Hand die Körpermittellinie abklopfen von der Bauchmitte (UN) bis unter die Nase (UN).
- Handgelenksfalte (HG) einseitig mit dem Mittelfinger.

● Hirnbalance durchführen:
  - Während des Gesamtablaufs die Außenseite des Ringfingers (RFA) klopfen.
  - Bei geradeaus gerichtetem Kopf die Augen einmal in eine und dann in die andere Richtung 360° kreisen.
  - Den Kopf ganz weit zur einen Seite drehen und dasselbe Augenkreisen nach beiden Seiten durchführen wie zuvor, mit geradeaus gerichtetem Kopf.
  - Den Kopf um 180° zur anderen Seite drehen und das Augenkreisen in beiden Richtungen auch in dieser Position wiederholen

● Den Gesamtablauf bis zu einem Wert von 0 wiederholen und abschließend eine Ergebnisprüfung durchführen.

Energy Diagnostic and Treatment Methods™

nach Dr. Fred P. Gallo

Von allen Schülern Roger Callahans, des Urvaters sämtlicher Meridiantherapien, ist der Psychologe Fred Gallo derjenige, der sich am fundiertesten mit dem gesamtwissenschaftlichen Hintergrund der Wirksamkeit von energetischen Therapien auseinandergesetzt hat, was in seinen Publikationen deutlich wird. Entsprechend differenziert ist auch seine Therapierichtung der „Energetischen Psychologie“, die unter dem Oberbegriff der „Energy Diagnostic and Treatment Methods™“ (EDxTM™) eine Vielzahl von umfangreichen und hauptsächlich im therapeutischen Kontext nutzbaren Methoden vereint.

Hierbei wird mit Hilfe des kinesiologischen Muskeltestes über die in anderen Schulen üblicherweise genutzten Akupunkturpunkte hinaus – je nach kinesiologisch ausgetesteter Notwendigkeit – auch auf weitere Punkte der jeweils betroffenen Meridiane zurückgegriffen. Dieses Vorgehen ermöglicht ein noch wesentlich differenzierteres Eingehen auf die jeweilige Problemstellung mit entsprechenden Erfolgen.

Natürlich enthält das umfangreiche Methodenrepertoire der Energy Diagnostic and Treatment Methods™ auch Konzepte, die für eine Selbstanwendung geeignet sind und die nachfolgend beschrieben werden. Diese speziellen Anwendungen sind beschränkt auf die Nutzung von Punkten, die bereits bekannt sind.

Negativ Affect Erasing Method (NAEM)

Bei der „Methode zur Beseitigung negativer Neigungen“, in der Folge in seiner Kurzform als NAEM bezeichnet, handelt es sich um eine Technik der äußerst effektiven Behandlung aller Arten von negativen Gefühlen beispielsweise von Traumata, Phobien, Angststörungen, Depressionen und anderen emotionsbedingten Beschwerden.

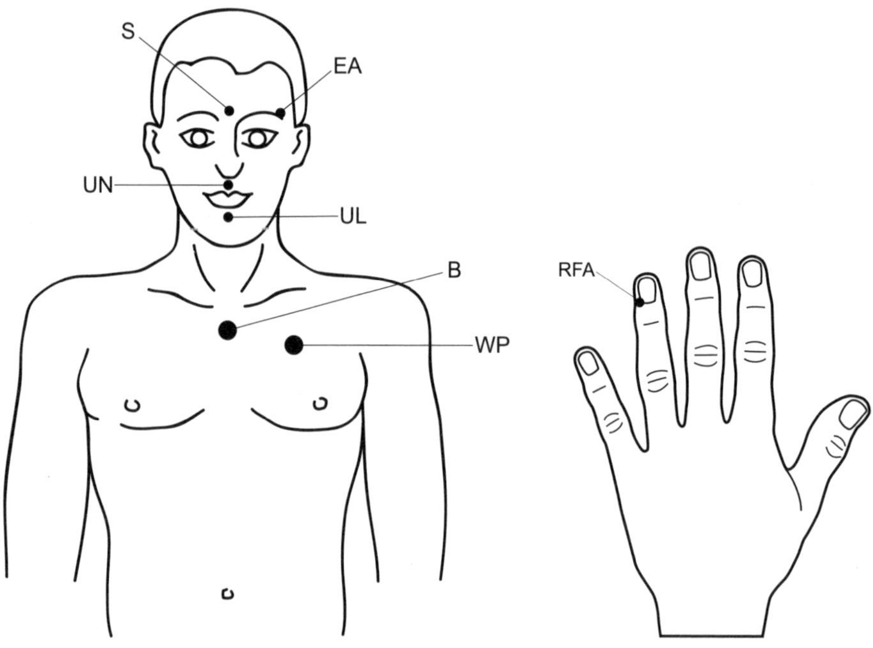

Das Hauptelement der Methode ist eine Sequenz von Klopfpunkten auf der Körpermittellinie (Drittes Auge/Unter der Nase/Unter der Unterlippe/Thymuspunkt – Brustkorb), die in jeweils unterschiedlichen Häufigkeiten zu klopfen sind. Zusätzlich kommen noch wichtige und bei den Energy Diagnostic and Treatment Methods™ übliche Elemente zur Anwendung, wie differenzierte Formen der Behandlung von Umkehrungen, eine genaue Überprüfung der Nachhaltigkeit des Endergebnisses, die 9 Gamut-Sequenz und die Schlüsselbeinatmung.

Der im Folgenden beschriebene Ablauf stellt eine Möglichkeit der Ausführung dar, es ist allerdings nach entsprechender Übung auch möglich, die einzelnen Segmente in der Folge der Durchführung je nach Intuition zu variieren oder den Ablauf wesentlich zu kürzen.

NAEM-Ablauf

- Führe vorbeugend eine allgemeine Korrektur eventueller Psychologischer Umkehrungen durch mit einem Behandlungssatz in der Art von:
  „Auch wenn ich das Problem xy (genaue Beschreibung) habe, liebe und akzeptiere ich mich aus ganzem Herzen."
  Klopfe dabei die Handkante (HK) oder massiere den Wunden Punkt (WP).
- Fokussiere auf das Problem und bestimme den Stresswert.
- Klopfe die Hauptsequenz jeweils ca. 5 x pro Punkt:
  - Stirn (S)
  - Unter der Nase (UN)
  - Unter der Lippe (UL)
  - Thymus/Brustkorb (B)
- Führe jetzt die 9 Gamut – Behandlung durch:
  - Den Serienpunkt (SP) andauernd klopfen.
  - Augen schließen – Augen öffnen.
  - Mit den Augen nach unten links/unten rechts blicken.
  - Die Augen 360 ° im/gegen Uhrzeigersinn rollen.
  - Einige Töne oder eine Melodie summen.
  - Laut von 1–7 zählen oder einige Zahlen multiplizieren.
  - Nochmals einige Töne oder eine Melodie summen.
- Wiederhole nun nochmals die Sequenz:
  - Stirn (S)
  - Unter der Nase (UN)
  - Unter der Lippe (UL)
  - Thymus/Brustkorb (B)

  Atme anschließend einmal tief ein und aus.
- Im nächsten Durchgang wiederhole die Hauptsequenz oder versuche alternativ die folgende Variation:
  - Klopfe dauerhaft die Stirn (S) und beobachte dabei den Stressgrad.

- Sobald der Wert um zwei oder mehr Punkte gesunken ist, klopfe ca. 7x Unter der Nase (UN).
- Klopfe anschließend ca. 7x Unter der Lippe (UL).
- Als Abschluss klopfe 15–20x den Thymuspunkt/Brustkorb (B) mit einer Frequenz von etwa einem Klopfer pro Sekunde.

- Du kannst die Effektivität noch zusätzlich steigern, indem du eine Handinnenfläche entweder auf die Okzipitalregion (Hinterkopf über dem Nacken), auf den höchsten Punkt des Kopfes oder auf den Bauchraum legst, während du gleichzeitig die Zungenspitze gegen den Gaumenbogen drückst, ca. 2,5 cm hinter/über den Vorderzähnen.
- Ab dem dritten Durchgang ist es zusätzlich nützlich für dich, den Stresswert bei jedem einzelnen Punkt zu bestimmen, um dadurch einen Rückgang bzw. den für dich wirksamsten Punkt herauszufinden. Diesen Punkt kannst du dann dauerhaft bis zum Rückgang des Stresswertes klopfen.
- Ab einem Stresswert von 2 kannst du als Abschluss jeder Sequenz außerdem noch die folgende Form von Augenrollen durchführen:
  - Klopfe gleichmäßig und andauernd den Serienpunkt SP oder die äußeren Enden der Augenbrauen (EA) während der gesamten Ausführung.
  - Rolle bei geradeaus gerichtetem Blick die Augen von ganz unten ganz langsam und gleichmäßig, so weit du kannst, nach oben. Lass dir dabei sehr viel Zeit, das kann ruhig eine halbe Minute dauern.
  - Atme am höchsten Punkt tief ein, höre auf zu klopfen, schließe die Augen und atme ebenso tief ganz aus.
- Sobald der Fortschritt stockt, bestehen vermutlich Umkehrungen, die du dann behandeln musst mit Setup-Sätzen, die jeweils an das Problemthema und den Stand der Entwicklung angepasst sind (siehe dazu in Kapitel 5 den Abschnitt „Behandlung Psychologischer Umkehrung/Setup“).
- Sollte die Hauptsequenz keine ausreichende Wirkung zeigen, kannst du es noch mit der folgenden Alternativ-Sequenz versuchen:
  - Unter der Nase UN (5–10x).
  - Unter der Lippe UL (5–10x).
  - Stirn (S) (Dabei den Stresswert beachten und stetig klopfen, bis dieser sinkt.)
  - Thymuspunkt B.
- Eventuelle Reste offenbaren sich oft als neu auftauchende Aspekte in Form von neuen Gedanken oder Emotionen zum Ursprungsproblem, die es aus einem anderen Blickwinkel zeigen. Diese musst du dann als ein neues Thema nochmals spezifizieren und skalieren, anschließend führe dann die gesamte Behandlungsserie nochmals durch.

- Wenn du letztlich für alle Themen und Aspekte den Stresswert von 0 erreicht hast, führe eine Ergebnisprojektion durch, ermittle also deinen Glauben an deine eigenen Fähigkeiten zur Übertragung des Ergebnisses in den problematischen Alltag auf einer Skala von 0 bis 10, wobei jetzt die 10 das angestrebte Ziel ist.
- Formuliere einen für dich zur Situation passenden positiven Glaubenssatz mit der Überzeugung, dass das Ergebnis tatsächlich, also auch unter realen, bedrohlichen Umständen, dauerhaft bestehen wird. Mit diesem Glaubenssatz arbeitest du nun über die Sequenz (S > UN > UL > B) genauso wie vorher mit dem Problem.
- Dabei können natürlich Psychologische Umkehrungen den Fortschritt behindern – diese musst du dann beseitigen. Du klopfst also wieder den Handkantenpunkt (HK) oder reibst den Neurolymphatischen Reflexpunkt (NLR) und sagst dabei voll emotionaler Beteiligung:
  „Ich akzeptiere mich von ganzem Herzen, auch wenn ich noch nicht aufrichtig daran glauben kann, dass ich in der Lage sein werde, xy zu tun."
  Bei „xy" fügst du jetzt das ein, was du dann in Zukunft tun wirst, wenn das Problem ja nicht mehr besteht, wie du dich also verhalten wirst in einer Situation, in der du früher mit dem Problemverhalten reagiert hättest.
- Es könnten auch neue Aspekte auftauchen, also neue Emotionen oder Gedanken, die dich auch noch daran hindern, fest daran zu glauben, dass deine bisherige Arbeit in der Realität standhalten wird. In diesem Fall bearbeite sie ebenso über die Grundsequenz oder indem du einfach dauerhaft den Serienpunkt (SP) klopfst und beobachtest, ob sich der Wert der Skala dabei verändert.
- Ab einem Wert von 8 ist bei den meisten Menschen der Glaube an die Haltbarkeit der Behandlung unter problematischen Umständen ausreichend. Jetzt musst du einfach prüfen, wie es für dich ist, ob du den Rest an Gewissheit nur in der realen Situation bekommen kannst, oder ob du es brauchst, bis zum Erreichen der 10 weiter zu arbeiten – das liegt ganz bei dir.
  Diese Form der Überprüfung des Ergebnisses ist ein weiterer „Sicherheitsanker" für die Beständigkeit des Behandlungsergebnisses und kann natürlich auch bei anderen Methoden genutzt werden, um innerlich eine Bestätigung für die Haltbarkeit des Erfolges zu bekommen und das Vertrauen in sich selbst zu stärken.
- Wenn in Zukunft irgendwelche negativen Gefühle zur jeweiligen Thematik doch wieder auftauchen sollten, behandle sie weiter mit der Sequenz, mit der Zeit wird das Problem dann immer seltener und schließlich gar nicht mehr auftreten.

NAEM-Kurzablauf

- Allgemein eventuelle Umkehrungen korrigieren.
- Auf das Problem fokussieren und den Stresswert bestimmen.
- Die Hauptsequenz klopfen, jeweils ca. 5 x pro Punkt: S > UN > UL > B.
- Die 9 Gamut durchführen und die Sequenz wiederholen.
- Im nächsten Durchgang wiederum die Hauptsequenz nutzen oder die folgende Variante probieren:
  - Dauerhaft die Stirn (S) klopfen und dabei den Stressgrad prüfen.
  - Bei Sinken des Wertes um zwei oder mehr Punkte ca. 7 x Unter der Nase (UN) klopfen.
  - Ca. 7 x Unter der Lippe (UL) klopfen.
  - Abschließend ca. 15 – 20 x den Thymuspunkt / Brustkorb (B) klopfen, mit einer Frequenz von einem Klopfer pro Sekunde.
- Zusätzliche Effektivitätssteigerung: Eine Handinnenfläche auf den Hinterkopf, den höchsten Punkt des Kopfes oder den Bauchraum legen und dabei gleichzeitig die Zungenspitze an den Gaumenbogen anlegen, ca. 2,5 cm hinter/über den Vorderzähnen.
- Ab dem dritten Durchgang den Stresswert bei jedem Punkt bestimmen und dadurch den wirksamsten Punkt herausfinden, der dann dauerhaft bis zur weiteren Besserung zu klopfen ist.
- Ab einem Wert von 2 nach jeder Sequenz Augenrollen durchführen.
- Bei Stockung im Fortschritt Umkehrungen behandeln, angepasst an das Problemthema und den Stand der Entwicklung.
- Weitere Alternativ-Sequenz, falls sich die Hauptsequenz nicht als ausreichend wirksam erweist: UN (5–10 x) > UL (5–10 x) > S (stetig klopfen bis zur Besserung/gleichzeitig Stresswert messen) > B.
- Zusätzliche Aspekte wieder neu spezifizieren und nach obigem Schema bearbeiten.
- Bei einem Stresswert von 0 eine Ergebnisprojektion durchführen. Mit einem positiven Glaubenssatz wie zuvor über die Sequenz S > UN > UL > B das Problem des mangelnden Glaubens bearbeiten.
- Auch hierbei wieder Psychologische Umkehrungen und neue Aspekte mit der Sequenz oder über dauerhaftes Klopfen von SP bearbeiten.
- Eventuell später doch wieder auftauchende negative Gefühle wieder mit der NAEM-Sequenz bearbeiten, bis sie schließlich völlig verschwinden.

Wie ich dir ja schon erzählt habe, ist die Energetische Psychologie von Fred Gallo, so wird die Schule der Energy Diagnostic and Treatment Methods™ oder EDxTM™ auch genannt, eine ganzheitliche, wissenschaftlich fundierte Richtung, die eher für den therapeutischen Kontext vorgesehen ist. Wenn du also anstrebst, irgendwann mit anderen Menschen zu arbeiten, sei es nur im Bereich deines Freundeskreises oder in beruflicher Hinsicht, dann ist eine Ausbildung in dieser Methode vorrangig angesagt.

Da es sich bei EDxTM™ um die umfangreichste Richtung handelt, gibt es hier natürlich auch die meisten „Feinheiten" zu berücksichtigen, und das eine oder andere gute Hilfsmittel kann man auch nutzen, wenn man nur mit sich allein arbeitet.

Ich denke da vor allem an eine Sache, die ich recht hilfreich finde und die ich dir daher unbedingt auch erzählen will. Es kann ja mal sein, dass du an einem Thema arbeitest, das nach deinem Empfinden wirklich schrecklich für dich ist, wo du also emotional dermaßen leidest, dass du dich gar nicht daran erinnern willst und schon gar nicht noch mal in einen Bewusstseinszustand gehen möchtest, in dem du über längere Zeit einen starken gefühlsmäßigen Kontakt zu diesem schrecklichen Ereignis der Vergangenheit aufnimmst. Genau das wäre aber notwendig, während du auf meinen Bahnen klopfst, damit wirklich eine Verbindung zwischen Körper und Bewusstsein aufgebaut und dadurch die Störung beseitigt werden kann. Du hast ja schon gemerkt, dass bisher bei den Beschreibungen aller Techniken immer wieder auf diesen notwendigen „emotionalen Kontakt zum Problem" hingewiesen wurde.

Und genau dazu gibt es jetzt einen tollen Trick, damit das für dich nicht so schlimm ist und du nicht leiden musst, während du diese schlimmen Erinnerungen verblassen lässt.

Also: Es gibt noch einen kurzen Augenblick, in dem du dich tatsächlich noch einmal mit dem Ursprungsereignis gefühlsmäßig verbinden musst, nämlich um es in seiner Heftigkeit auf der Stressskala zu bewerten. Das bleibt dir leider nicht erspart, aber das geht ja schnell, und dafür musst du das Problem ja auch nicht in allen Einzelheiten und über lange Zeit wieder erleben. Sofort danach machst du Folgendes: Während du noch emotionalen Kontakt zum Problem hast, kannst du auf folgende Arten die emotionale Verbundenheit im Bewusstsein einspeichern, also die Ganzkörperinformation präsent behalten, ohne weiterhin im negativen Empfinden zu bleiben und den entsprechenden Stress durchmachen zu müssen:

Fahr mit dem Daumen die metopische Naht von unten nach oben ab, also die Linie vom Mittelpunkt zwischen den Augenbrauen (Glabella) über die Stirn nach oben bis ca. 2 cm hinter dem Haaransatz, und zwar zuerst mit geschlossenen und dann mit geöffneten Augen.

Dieser Einspeichermodus hält ca. 1/2 bis 1 Stunde an. Wenn du ihn vorher lösen willst, reibe vom Ende des Brustbeins fußwärts zum Bauchnabel, wiederum mit geschlossenen und geöffneten Augen.

Daneben gibt es noch eine alternative Möglichkeit:

Mach bei zuvor geschlossenen Beinen einen Schritt zur Seite, sodass sie etwa einen halben Meter auseinander stehen, und drehe die Fußspitzen dabei leicht nach außen. Halte die Position kurz unter intensiver Konzentration auf dein Problem und bringe die Beine dann wieder in die Ausgangsposition. Auch dadurch erfolgt eine Einspeicherung, die sich von selbst nach einiger Zeit wieder auflöst.

Nach diesem kleinen theoretischen Einschub muss ich dich wohl energetisch wieder irgendwie auf Trab bringen, ich versuche es einmal mit einigen kleinen Munter–Machern für Gehirn und Körper:

- *Fasse mit je einem Mittelfinger auf den Stirnpunkt (Drittes Auge) und in den Nabel und ziehe beide Punkte mit leichtem Druck nach oben. Atme dabei einmal tief ein und dann normal weiter. Halte diese Position ca. 1 Minute oder so lange, wie es dir angenehm erscheint.*
- *Reibe ca. eine Minute lang mit zwei Fingern einer Hand den Nabel und stimuliere gleichzeitig mit der anderen Hand großflächig die Punkte unterhalb der Schlüsselbeinhöcker.*
- *Denk einfach an ein großes X, das verhindert, dass sich eine Gehirnhälfte energetisch abschaltet. Das ist auch ein guter Tipp beim Autofahren, damit du nicht müde wirst. Zeichne einfach ein X auf die Innenseite der Windschutzscheibe, es genügt ein ganz schwacher Abdruck, weil das Gehirn sehr sensibel reagiert.*

Nun bist du hoffentlich wieder topfit? Dann geht es gleich weiter mit der nächsten tollen Methode aus dem reichen Schatz des EDxTM™.

Energieausgleich über Sequenzen

Die folgende Methode ist für Anfänger eher schwierig und sollte erst nach einiger Zeit der Anwendung von EFT oder NAEM genutzt werden. Einfacher durchzuführen sind die nachfolgend beschriebenen Methoden des 7. Kapitels.

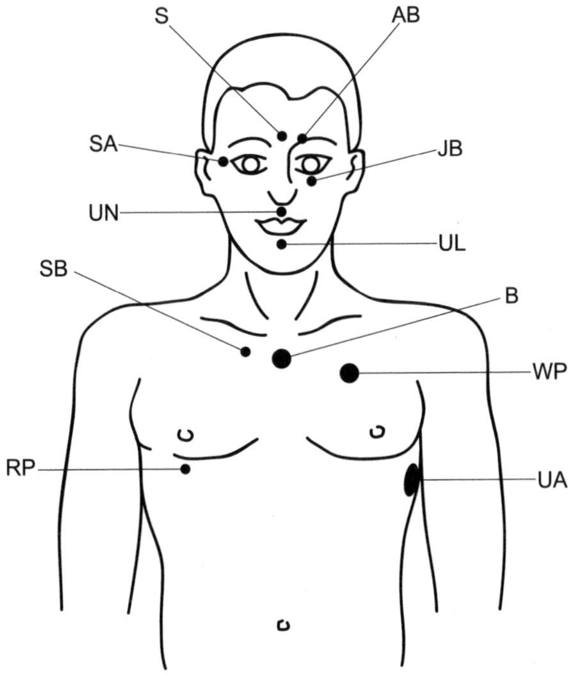

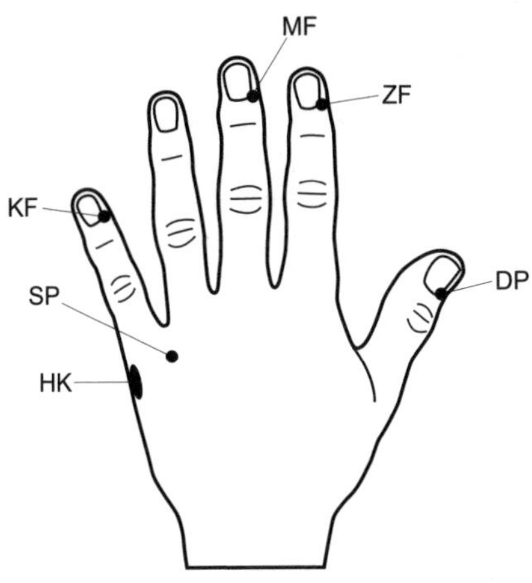

- Suche dir aus der im nächsten Abschnitt aufgeführten Liste von Themenbereichen eine zu deinem Problem passende Sequenz aus.
- Denke nun an das Problem, ohne es zu extrem und emotional belastend werden zu lassen, und bestimme auf der Skala von 0–10 den Stresswert (0=Problem ist beseitigt/10=Problem besteht auf seinem Höchstniveau).
- Beseitige anschließend vorsorglich eventuell bestehende Psychologische Umkehrungen über Klopfen der Handkante (HK) oder Reiben des neurolymphatischen Reflexpunktes (NLR) bei gleichzeitigem Aufsagen von
  - „Ich nehme mich vollständig an, mit all meinen Problemen und Begrenztheiten"
    und/oder
  - „Ich akzeptiere mich von ganzem Herzen, auch wenn ich das Problem xy (die Problematik genau beschreiben) habe."
- Klopfe jetzt die je nach Problemstellung zuvor ausgewählte Sequenz einmal durch (5–7 x pro Punkt), während du emotional mit dem Problem verbunden bleibst, und bestimme anschließend nochmals den Stresswert. Wenn er nur wenig oder nicht gesunken ist, behandle nochmals die Umkehrungen. Während der Satz zur Behandlung der Umkehrung in der ersten Runde ja sehr allgemein gehalten war, musst du jetzt mehr auf das spezielle Thema eingehen, formuliere den Satz also entsprechend angepasst, damit du geistig und emotional wirklich einen direkten Bezug zur momentanen Problematik herstellen kannst. Achte vor allem auf die folgenden Aspekte deiner Glaubensmuster zu dem Problem, welches du lösen willst:
  - „Auch wenn ich es verdiene, dieses Problem zu haben, liebe …"
  - „Auch wenn es unsicher für mich/andere Menschen ist, dieses Problem zu lösen, liebe …"
  - „Auch wenn ich Angst davor habe, dieses Problem zu lösen, liebe …"
  - „Auch wenn mir ohne dieses Problem etwas fehlen wird, liebe …"
  - „Auch wenn ich mir nicht erlaube, dieses Problem zu lösen, liebe …"
  - „Auch wenn ich nicht alles Nötige tue, um dieses Problem zu lösen, liebe …"
  - „Auch wenn ich Angst habe, durch die Lösung des Problems meine Persönlichkeit zu verändern, liebe und akzeptiere …"
- Nun führe ein „Sandwich" durch, bestehend aus der Sequenz von Klopfpunkten, die du zuvor ausgewählt hast, den 9 Gamut und anschließend wieder der Sequenz. Klopfe also erst einmal die Sequenz durch und führe nun die 9 Gamut aus:

- Den Serienpunkt (SP) andauern klopfen.
- Augen schließen – Augen öffnen.
- Mit den Augen nach unten links/unten rechts blicken.
- Die Augen 360 ° im bzw. gegen den Uhrzeigersinn rollen.
- Einige Töne oder eine Melodie summen.
- Laut von 1–7 zählen oder einige Zahlen multiplizieren.
- Nochmals einige Töne oder eine Melodie summen.
- Einmal tief durchatmen.

Klopfe anschließend noch einmal die ausgewählte Sequenz, um das Sandwich zu vervollständigen (Sequenz > 9 Gamut > Sequenz).

- Jetzt bestimme wieder den Stresswert. Bei nur geringer Verbesserung oder Stagnation im Fortschritt mache nochmals eine weitere Behandlung auf Umkehrung und wiederhole das Sandwich. Achte hierbei darauf, dass du wirklich emotional beteiligt bist und alles, was du aussprichst, auch wirklich mit „Gefühl" sagst und nicht einfach nur unbeteiligt vor dich hin redest.
- Wenn es eine stetige Verbesserung gibt, dann führe einfach fortlaufend immer weitere Sandwich-Durchgänge aus, in diesem Fall ohne Behandlung von Umkehrung, bis du das negative Problemempfinden vollständig beseitigt hast, also bei einem Stresswert von 0 angekommen bist.
- Ab einem Stresswert von 2 kannst du statt der 9 Gamut eine der einfachen Formen von Augenrollen durchführen (siehe dazu in Kapitel 6 den Abschnitt über Entspannungs- und Balancetechniken). Da diese Methoden nur mehr eine Reduktion von Stress und keine Bearbeitung des Themas an sich bewirken, sind sie aber wirklich erst in der Endstufe einzusetzen, um den restlichen Stress zu beseitigen.
- Sollte der Stresswert wieder ansteigen oder der Fortschritt ins Stocken kommen, behandle vor dem Sandwich einfach wieder die Umkehrung und bemühe dich dabei, den Satz so zu formulieren, dass er Bezug zu dem hat, was dich dann gerade ärgert oder berührt, beispielsweise kann er so lauten:
  „Auch wenn ich dieses Problem noch immer nicht ganz gelöst habe, liebe und akzeptiere ich mich dennoch von ganzem Herzen."
  „Auch wenn da immer noch ein kleiner Rest von meinem Problem existiert, liebe …"
- Wenn du das Thema wirklich bis zu einem Stresswert von 0 bringst, verringert sich die Gefahr eines Rückfalls wesentlich, deshalb solltest du nicht vorher aufhören, auch wenn du dich eigentlich schon mit höheren Werten zufrieden geben würdest. Gerade dieser Widerwille gegen eine konsequente Ausführung bis zum Endpunkt könnte eine unbewusste Um-

kehrung sein, die du zuerst behandeln musst, um danach unbedingt im Ablauf fortzufahren.

- Wenn du die ersehnte „0“ dann endlich erreicht hast, führe eine Ergebnisprojektion durch. Das bedeutet, dass du jetzt deinen Glauben an deine eigene Fähigkeit zur Übertragung des Ergebnisses in den problematischen Alltag ermittelst. Du skalierst also diesmal, wie nahe du schon an dem Ziel der 10 bist, was bedeutet, dass du absolut sicher bist, dass alles, wofür du jetzt hier so schwer gearbeitet hast, auch in Zukunft „halten“ wird.
- Und jetzt geht es eigentlich wieder von vorne los. Bei einem Wert von unter 8 musst du die Umkehrung behandeln, denn da gibt es ja noch irgendetwas, das dich davon abhält, ganz fest an dich zu glauben. Du klopfst also wieder den Handkantenpunkt (HK) oder reibst den Neurolymphatischen Reflexpunkt (NLR) und sagst dabei voll emotionaler Beteiligung:
  „Ich akzeptiere mich von ganzem Herzen, auch wenn ich noch nicht aufrichtig daran glauben kann, dass ich in der Lage sein werde, xy zu tun.“
  Bei „xy“ fügst du jetzt das ein, was du in Zukunft tun wirst, wenn das Problem nicht mehr besteht, wie du dich also verhalten wirst in einer Situation, in der du früher mit dem Problemverhalten reagiert hättest. Anschließend folgt wieder eine Durchführung des Sandwichs wie zuvor bei der Hauptbehandlung … und so weiter.
- Ab einem Wert von 8 auf der Skala in Richtung 10 musst du wieder prüfen, ob es für dich schon genügt und du den Rest an Gewissheit einfach nur in der realen Situation bekommen kannst, oder ob du es brauchst, bis zum Erreichen der 10 weiterzuarbeiten – das liegt wieder ganz bei dir.

Behandlungssequenzen

Die angegeben Sequenzen sind eine Zusammenstellung von diversen Vertretern der Meridiantherapie, also nicht ausschließlich Fred Gallo zuzuordnen.

Bei den mit * versehenen Punkten kann je nach Belieben zusätzlich unter anhaltendem Klopfen des jeweiligen Punktes dreimal der jeweils angegebene „bewusste Vorsatz“ laut ausgesprochen werden, die Sequenz kann jedoch auch ohne diesen Zusatz verwendet werden (die angeführten bewussten Vorsätze stammen von Peter Lambrou und George Pratt).

Abscheu / Ekel
SA > JB > UA > SB > DP

Angst (allgemein):
JB > UA > SB
UA > JB > SB
JB > SB > UA > SB > JB
JB > UN > UL > UA > SB
Angst vor bevorstehenden Ereignissen/Erwartungsangst:
AB > UN > UL > JB > SB > UA > SB > JB
Beängstigende Situationen:
AB > JB > UN > SB > KF

Komplexe Angstbeschwerden
Der Reihenfolge nach bis zur Linderung der Angstbeschwerden:
JB > UA > AB > SB > KF (Panikattacken)
UA > JB > AB > SB > KF
AB > UA > JB
JB > AB > UA > KF
SB > JB > UA

Ärger/Bitterkeit/Groll
KF > SB
AB > KF* > SB
* „Ich verzeihe xy, denn er /sie konnte nicht anders."
* „Ich verzeihe xy, aber ich glaube, dass er / sie verantwortlich ist."
* „Ich lasse diesen Ärger los, weil es mir dann besser geht."
* „Ich bin versöhnlich gestimmt."

Atemwegsallergien
UA > SB

Bedauern
JB > UA > SB > KF > SB > ZF > SB > MF* > SP (50 x)
* „Ich lasse die Vergangenheit los, denn ich habe getan, was unter den gegebenen Umständen möglich war."
* „... denn damals konnte ich nicht wissen, was ich heute weiß."
* „Ich richte meine Aufmerksamkeit auf das Leben, das vor mir liegt."

Depression
AB > SA > JB > UN > UL > UA > SB > KF > ZF (je5 x) > SP (50 x oder bis zur Besserung) > SB (5 x)
AB, JB, UA, SB, KF, SB, KF, SB > SP (50 x), SB

Eifersucht/Neid
MF > UA > SB

Dieselbe Sequenz mit Affirmation: MF* > UA > SB
* „Ich bin voller Frieden und Harmonie."
* „Ich bin großzügig und voller Liebe.
* „Ich lasse die Vergangenheit los."

Einsamkeit
SP (20–50 x) > SB (5 x)
AB > UL > HK > SP* (50 x)
* „Ich fühle mich allein und auch in Gesellschaft wohl."
* „Meine Hoffnung gibt mir Auftrieb."

Erschöpfung/Müdigkeit
AB > JB > SB > SP (50 x)
JB > SB > AB > SB

Frustration/Enttäuschung/Ungeduld
AB > JB > UA > SB > KF*
* „Ich lasse diese Frustration los, weil es mir dann besser geht."
* „Das ist wirklich nicht so wichtig."
* „Ich lasse meine Enttäuschung los, weil es mir dann besser geht."
  „Ich spüre Frieden und Ruhe, Gleichgewicht und Harmonie."
* „Ich kann durchhalten und mich durchsetzen."
Kurzform: AB > SB

Jetlag (einmal pro Stunde während des gesamten Fluges)
Richtung Westen: AB > SB
Richtung Osten: UA > SB

Leistungsblockaden im Sport
AB > JB > UA > SB
Probleme/Nervosität beim Golfspielen: JB > UA > SB
Steigerung der Trainingsmotivation: JB > SB > AB > SB

Liebeskummer/Gram
AB > JB > UA > SB > KF* > SP (50 x)
* „Ich werde mich wieder verlieben."
* „Ich lasse die Vergangenheit los."

* „Ich bin versöhnlich gestimmt."
* „Mein Herz ist voller Hoffnung."

Peinlichkeit/Verlegenheit
UN > SB
UN > SB > UA > SB > RP*
* „Ich befreie mich von diesem Gefühl."
* „Ich bin entspannt und lasse die Vergangenheit los."
* „Ich bin selbstbewusst und ruhig."

Phobien (allgemein)
Grundsequenz:
JB > UA > SB (jeweils bis zu einer gewissen Besserung)
AB > UN > JB > UA > SB
Phobien (Spinnen/Klaustrophobie/Flugangst):
UA > JB > SB
AB > UN > UA > JB > SB
JB > SB > UA > SB > JB

Physischer Schmerz
SP (bis zur Besserung – eventuell dazwischen kurz 1x SB) > JB
sowie bei Unwirksamkeit die Erweiterung:
AB > JB > UA > SB > KF > SB > ZF > SB > SP (andauernd) > SB

Prämenstruelles Syndrom
AB > UL > JB > UA > SB > MF > SP (50 x)
Scham
UL > SB
UL* > UA > SB > KF > SB > ZF > SB > SP (50 x)
* „Ich vergebe mir und anderen von ganzem Herzen und kann ganz neu anfangen."
* „Ich bleibe gelassen und schaue nach vorne."

Schluckauf
UN > MF > ZF > DP > HK > SB

Schmerzen (chronisch, Spannungskopfschmerz):
SP (ausführlich) > JB
AB > JB > UA > SB > KF > SB > ZF > SB > SP (ausführlich) > SB
AB > SA > JB > UN > SB > UA > KF > SB > ZF > SB > SP (50 x)

Schuldgefühle/Reue
ZF > SB (unbegründetes Schuldgefühl)
ZF* (mit Affirmation: *„Ich vergebe mir …") > SB
UL > ZF* > SB > SP (50 x)
* „Ich verzeihe mir. Ich weiß, dass ich nicht anders handeln konnte."
* „Ich verzeihe mir – ich habe getan, was unter diesen Umständen möglich war."
* „Damals konnte ich nicht anders."
* „Ich bin versöhnlich gestimmt, weil es mir dann besser geht."

Suchtverhalten (Zwang, Angewohnheiten)
AB > JB > UN > UL > UA > SB
JB > SB > UA

Sucht und süchtiges Verlangen
Süchtiges Verlangen: An den auslösenden Stoff denken oder ihn in die Hand nehmen: JB > UA > SB > KF > SB
Wenn das Klopfen von UA Suchtempfinden erzeugt, ist die Sequenz ohne diesen Punkt wie folgt durchzuführen: JB > SB > JB

Weitere Sequenzoptionen:
JB > SB > UA > SB > J
JB > UA > SB > UA > JB > SB
Komplexer Suchtdrang:
JB > SB > UA > KF > UA > SB > JB
Bei dieser Sequenz den folgenden Umkehrungs-Behandlungssatz verwenden:
„Ich akzeptiere mich aus ganzem Herzen, auch wenn ich dieses krankhafte Verlangen spüre."

Hochkomplexer Suchtdrang:
AB > SA > JB > UN > UL > SB > UA > RP > KF > MF > ZF > DP

Trauer (Verzweiflung, Hoffnungslosigkeit, Kummer, Sorgen, Traurigkeit)
AB > SA > JB > UN > UA > SB > ZF > SB > SP (50 x)

Trauma und posttraumatische Stressstörung
AB > JB > UA > SB
Bei Zorn als wesentlichem Faktor:
AB > JB > UA > SB > KF > SB

Bei Schuldgefühlen:
AB > JB > UA > SB > ZF > SB
Komplexe Traumata (viele Emotionen):
AB > JB > UA > SB > KF > SB > ZF > SB

Übergewicht
Bei Frustration und Ungeduld:
AB > JB > UA > SB > KF > SB
Bei extremer Gier nach bestimmten Nahrungsmitteln:
JB > SB > UA > KF > UA > SB > JB
UA > JB > SB > KF > SB > JB > UA

Unentschlossenheit
AB > UN > UL > JB > SB > UA > SB > JB > DP > MF > SP (50 x)

Verstopfte Nase
UN allein oder UN > JB > SB

Wut
SA > JB > UA > SB > KF* > SB
* „Ich bin versöhnlich gestimmt, weil ich Selbstbeherrschung und Frieden will."
* „Ich bin friedlich und beherrscht."
* „Ich bin vernünftig und weise."

Alternativ: SA andauernd klopfen und dabei 3 x sagen: „Ich mache mich frei von dieser Wut" oder „Ich gehe versöhnlich auf andere zu" oder „Ich gehe liebevoll auf andere zu" oder alles zusammen. Anschließend 5x SB.

Zähneknirschen/Probleme mit Unterkiefergelenk/Kiefergelenkssperre
- Mit dem Zeigefinger einer Hand in die kleine Grube zwischen Kieferknochen und Ohr drücken, die sich bildet, wenn der Mund geöffnet wird.
- Mit der zweiten Hand in der anderen Gesichtshälfte UA klopfen und dabei den Mund geöffnet halten.
- Nach einiger Zeit die Seiten wechseln.

Zurückweisung / Kränkung
JB > DP > UA > SB > ZF* > SB > SP (50x)
* „Ich nehme mich ganz und gar an und bleibe offen für neue Möglichkeiten."

* „Ich bin es wert, Liebe und Zuneigung zu erfahren."
* „Ich vertraue auf meine persönlichen Stärken."
* „Ich trage Glück und Frieden in mir."
Kurzform: AB > JB > UA > SB

Zwanghaftes Grübeln
JB > SB > JB > SB > UA > DP* > UA > SB
* „Ich lasse diese Gedanken los, weil es mir dann besser geht."
* „Meine Gedanken sind ruhig, ich bin entspannt."
* „Ich bin mit mir und anderen im Reinen."
* „Ich lasse die Vergangenheit ruhen."

Zwangsvorstellungen und Zwangsstörungen
Eine völlige Heilung ist schwierig, Verbesserung kann jedoch erreicht werden. Grundbehandlung des zwanghaften Prozesses an sich:
SB > JB > SB
JB > SB > JB > SB
DP > UA > SB
Bei Zwangsneurosen sind zusätzlich eventuell die folgenden Sequenzen hilfreich:
JB > UA > SB
JB > UA > SB > KF > SB

Energieausgleich über Sequenzen – Kurzablauf

- Die zum Thema passende Sequenz suchen.
- Den Stresswert skalieren.
- Eventuell bestehende Umkehrungen behandeln über Klopfen der Handkante (HK) oder Reiben des neurolymphatischen Reflexpunktes (NLR) unter Aufsagen von:
  „Ich nehme mich vollständig an, mit all meinen Problemen und Begrenztheiten"
  und / oder
  „Ich akzeptiere mich von ganzem Herzen, auch wenn ich das Problem xy (die Problematik genau beschreiben) habe."
- Die ausgewählte Sequenz 5–7x pro Punkt klopfen und neuerlich den Stresswert skalieren.
  Bei nur geringer Besserung ist eventuell differenzierter auf das Thema bezogene Psychologische Umkehrung zu behandeln. Hierbei besonders

Aspekte wie Schuld, Angst und Unsicherheit, betreffend das soziale Umfeld oder die eigene Person, innere Abwehr gegen die Problemlösung oder grundlegende Skepsis berücksichtigen.

- Die Sequenz klopfen > 9 Gamut > nochmals die Sequenz klopfen.
- Den Stresswertes skalieren > weitere Sandwich-Durchgänge ausführen bis zum Skalenwert von 0.
- Ab einem Stresswert von 2 die 9 Gamut ersetzen durch einfache Formen von Augenrollen.
- Bei Wiederanstieg des Stresswertes oder Stagnation nochmals massiv auf Psychische Umkehrung behandeln.
- Eine Ergebnisprojektion durchführen, dabei den Glauben an die eigene Fähigkeit zur Übertragung des Ergebnisses in die Alltagsrealität skalieren (das Ziel liegt nun bei 10).
  Dazu eine Behandlung durchführen mit demselben Ablauf wie zuvor zur Verringerung des Problems, jetzt aber zur Stärkung der Zielvision. Hierbei die Psychologische Umkehrung behandeln mit einem PU-Behandlungssatz wie:
  „Ich akzeptiere mich von ganzem Herzen, auch wenn ich noch nicht aufrichtig daran glauben kann, dass ich in der Lage sein werde, xy (Zielverhalten nach Beseitigung des Problems) zu tun."
- Je nach eigenem Sicherheitsempfinden mit einem Wert zwischen 8 und 10 abschließen.

Urform von Be Set Free Fast™ Adaptiert von Fred Gallo

Be Set Free Fast™ (in der Folge in seiner Kurzform als **BSFF™** bezeichnet) von Dr. Larry Phillip Nims steht als Abkürzung für **B**ehavioural and **E**motional **S**ymptom **E**liminating **T**raining **F**or **R**esolving **E**xcess **E**motion: **F**ear, **A**nger, **S**adness and **T**rauma (dt: Training zur Entfernung von emotionalen und verhaltensbezogenen Symptomen zur Auflösung übermäßiger Emotionen: Angst, Wut, Traurigkeit und Trauma).

Die heutige Form dieser Methode arbeitet ohne manuelle Aktivierung von Meridianpunkten ausschließlich mit und im Unbewussten. Hierbei wird über den BSFF™-Prozess dem Unbewussten die optimale Aktivierung und Harmonisierung der Meridianenergien übertragen, da es ja ohnehin für Entstehung und Erhalt, aber auch für die Auflösung persönlicher Einschränkungen, emotionaler Störungen sowie als Folge körperlicher Beschwerden verantwortlich ist.

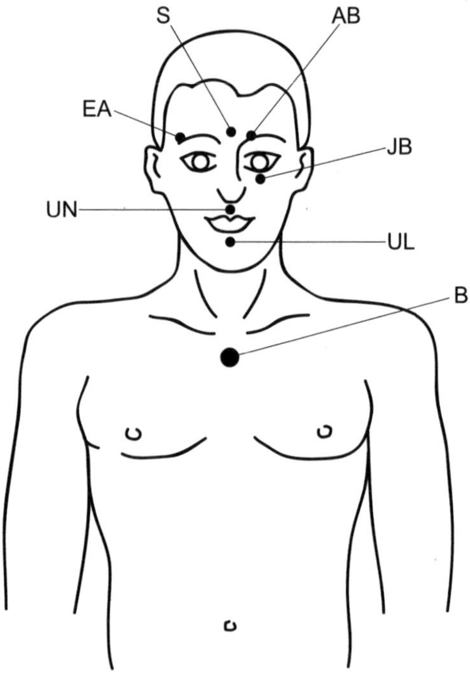

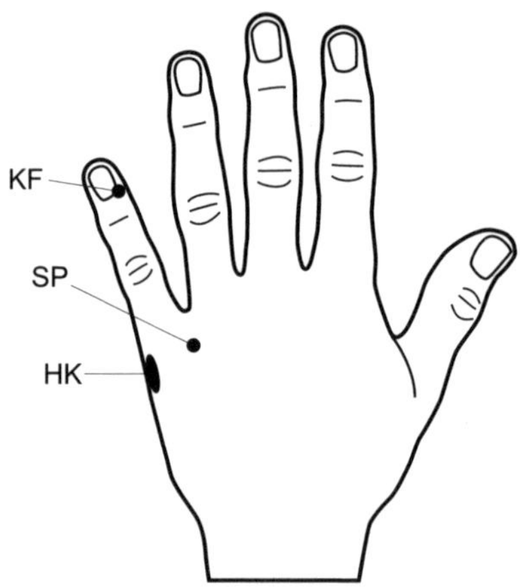

Es handelt sich bei der neuesten Form von BSFF™ also um eine komprimierte Methode der virtuellen, schnellen Behandlung aller Arten von Beschwerden. Das Unbewusste eliminiert selbstständig, vom Bewusstsein lediglich angewiesen durch Aktivierung eines Codeworts, sowohl die Wurzeln dieser Beschwerden als auch sämtliche einschränkenden und schädigenden Grundsatzüberzeugungen, die so genannten „Glaubenssätze“, welche diese Beschwerden aufrechterhalten.

Die nachfolgende Technik baut auf einer Urform von BSFF auf, angereichert durch Elemente aus Methoden von Fred Gallo und Roger Callahan, und eignet sich optimal für die Selbstanwendung. Sie ist nutzbar bei allen Arten von Problemen emotionaler, körperlicher oder geistiger Art, sie kann also eingesetzt werden, wenn man

- sich nicht wohl fühlt und nicht optimal funktioniert,
- sich nicht in seiner Mitte oder im Gleichgewicht befindet,
- nicht so handeln kann, wie man eigentlich möchte,
- sich nicht richtig mit sich selbst oder anderen Menschen in gewünschter Weise in Harmonie befindet,
- mit einer problematischen Situation nicht in entsprechender Weise zurechtkommt.

Ziel der Anwendung ist, bessere Entscheidungen für das eigene Leben zu treffen, sich von destruktiven Programmen der Vergangenheit zu befreien und so letztlich vom automatischen Reagieren zum aktiven Handeln übergehen zu können. Die hierbei zugrunde liegende Annahme ist die, dass jedes Problem eine tiefste Ursache als grundlegende Wurzel, also einen einzigen Ursprung hat. Auch wenn solche Basiswurzeln viele Verzweigungen haben und der Ursprung später durch eine Vielzahl von Auslösern aktiviert werden und so wieder an die Oberfläche kommen kann, so gibt es doch einen einzigen Ausgangspunkt, der zwar oft nicht bewusst gefunden, aber dennoch effektiv bearbeitet werden kann.

Adaptierter BSFF™ – Urform Ablauf

1. Denke an das Problemthema, welches du bearbeiten willst, und bestimme auf der Skala den momentanen Stresswert.
2. Behandle nun erst einmal eventuell bestehende Formen von Psychologischer Umkehrung. Die allgemeinste Variante für den Beginn wäre etwa eine in der Art von:
   „Auch wenn ich das Problem xy (genaue Schilderung des Problems) habe, liebe und akzeptiere ich mich von ganzem Herzen.“
   Mit Fortschreiten der Behandlung und Änderung der Skalenwerte passe die Sätze dann, so gut es geht, an die Entwicklung und deinen emotionalen Zustand an. Verwende also ganz gezielt Setup–Varianten, die nach deinem Gefühl genau zum Thema passen könnten, weil sie der

unbewussten Abwehr gegen die Problemlösung am ehesten entsprechen (zur Erinnerung vergleiche in Kapitel 5 den Abschnitt „Behandlung Psychologischer Umkehr/Setup“).

3. Klopfe nun den jeweils angegebenen Meridianpunkt und sprich dazu laut und mit wirklich sehr intensiver emotionaler Beteiligung den jeweiligen Satz:
   - Augenbrauenpunkt (AB):
     „Ich beseitige alle **Traurigkeit** an der tiefsten Ursache, am Urgrund, der allerletzten Wurzel des Problems xy (genaue Schilderung des gerade bearbeiteten Problems).“
   - Jochbein/Unter dam Auge (JB):
     Ich beseitige alle **Furcht** an der tiefsten Ursache, am Urgrund, der allerletzten Wurzel des Problems xy (genaue Schilderung des gerade bearbeiteten Problems).“
   - Kleiner Finger (KF):
     „Ich beseitige allen **Ärger** an der tiefsten Ursache, am Urgrund, der allerletzten Wurzel des Problems xy (genaue Schilderung des gerade bearbeiteten Problems).“
   - Augenbrauenpunkt (AB):
     „Ich beseitige alle **emotionalen Traumata** an der tiefsten Ursache, am Urgrund, der allerletzten Wurzel des Problems xy (genaue Schilderung des gerade bearbeiteten Problems).“
4. Anschließend verbinde die Anwendung zur noch gründlicheren Wirkung mit einer Kurzversion der zuvor beschriebenen Methode zu Beseitigung negativer Neigungen NAEM™ nach Fred Gallo. Bleibe emotional mit dem Thema verbunden und klopfe nacheinander die folgenden Punkte:
   – Stirn/Drittes Auge (S)
   – Unter der Nase (UN)
   – Unter der Unterlippe (UL)
   – Brustkorb/Thymus (B)
5. Führe jetzt die 9 Gamut durch:
   – Den Serienpunkt (SP) während der gesamten Durchführung andauernd klopfen und den Kopf geradeaus gerichtet halten.
   – Augen schließen/Augen öffnen.
   – Mit den Augen nach unten links blicken.
   – Mit den Augen nach unten rechts blicken.
   – Die Augen 360° im Uhrzeigersinn rollen.
   – Die Augen 360° gegen den Uhrzeigersinn rollen.
   – Einige Töne oder eine Melodie summen.
   – Laut von 1–7 zählen oder einige Zahlen multiplizieren.

– Nochmals einige Töne oder eine Melodie summen.

Atme abschließend einmal tief durch, damit sich dein Körper gut auf die Veränderung einstellen kann.

6. Wiederhole nun Punkt 3, klopfe also nochmals die Hauptsequenz AB > JB > KF > AB und sprich dazu wieder die jeweiligen Sätze laut und emotional verbunden aus.
7. Beende den Abschnitt mit Augenrollen:
   Klopfe gleichmäßig und andauernd den Serienpunkt (SP) oder die äußeren Enden der Augenbrauen (EA), während du bei geradeaus gerichtetem Blick die Augen von unten langsam und gleichmäßig zur Decke rollst. Halte den Blick am höchsten Punkt an, schwenke die Augen kurz nach rechts und links und schließe sie dann.
8. Skaliere nun die gemachte Entwicklung und prüfe die Wichtigkeit des gerade bearbeiteten Themas. Wenn im Zuge der Behandlung keine neuen Belange aufgetaucht sind, die dir jetzt gerade wichtiger erscheinen, setze den Prozess nach demselben Schema, beginnend wieder bei Punkt 2, fort. In weiteren Durchgängen kannst du die 9 Gamut auslassen, behandle jedoch sehr wohl jedes Mal wieder die Psychologische Umkehrung.
   Die Nutzung dieser Methode bearbeitet nämlich in einer Art und Weise tiefste Schichten deines Selbstverständnisses, dass es besser ist, automatisch davon auszugehen, dass gewisse Anteile deiner Persönlichkeit den Fortschritt verlangsamen wollen. Um das zu verhindern, ist die Bearbeitung der Umkehrung außerordentlich wichtig und darf daher nicht ausgelassen werden.
9. Sobald ein neuer, anderer Aspekt des Problems auftaucht, sollst du mit diesem nach demselben Ablaufschema verfahren und auf diesem Weg nach und nach alle nur erdenklichen Sichtweisen und Problemaspekte aufarbeiten.
   Im Gegensatz zu fast allen anderen Methoden ist es hier nicht notwendig, dass du jeden Aspekt wirklich ganz bis zum Erreichen des Skalenwerts von 0 bearbeitest. Jeder Durchgang zu einer bestimmten Thematik entfernt eine Schicht des Grundproblems nach der anderen und trägt dieses ebenso nach und nach ab. Daher ist es wichtig, dass du wirklich in dich hinein hörst und nach weiteren Themen im Umkreis der Ausgangsproblematik suchst, die auch Bezug zu dieser haben, wichtig sind, dich ebenfalls belasten und daher abgetragen werden müssen.
   Lenke dich nicht selbst vom Thema ab und untersuche wirklich alle noch so unwichtig erscheinenden Randaspekte des Problems. Es ist besser, du bearbeitest einen Aspekt zu viel als einen zu wenig. Das Ergebnis wird sich besonders lohnen, wenn du wirklich kreativ bist.

- Eine emotionale Verbindung zum Problem herstellen und den Stress skalieren.
- Eventuell bestehende Formen von Psychologischer Umkehrung allgemein behandeln.
- Folgende Meridianpunkte klopfen und den jeweiligen Satz sprechen:
- Augenbrauenpunkt (AB):
  - „Ich beseitige alle **Traurigkeit** an der tiefsten Ursache, am Urgrund, der allerletzten Wurzel des Problems xy."
- Jochbein / Unter dam Auge (JB):
  - „Ich beseitige alle **Furcht** an der tiefsten Ursache, am Urgrund, der allerletzten Wurzel des Problems xy."
- Kleiner Finger (KF):
  - „Ich beseitige allen **Ärger** an der tiefsten Ursache, am Urgrund, der allerletzten Wurzel des Problems xy."
- Augenbrauenpunkt (AB):
  - „Ich beseitige alle **emotionalen Traumata** an der tiefsten Ursache, am Urgrund, der allerletzten Wurzel des Problems xy."
- Emotional mit dem Thema verbunden bleiben und dabei als Kurzversion von NAEM folgende Punkte klopfen:
  - Stirn/Drittes Auge (S)
  - Unter der Nase (UN)
  - Unter der Unterlippe (UL)
  - Brustkorb / Thymus (B)
- Die 9 Gamut durchführen und anschließend nochmals die Hauptsequenz (AB > JB > KF > AB) klopfen, wie zuvor mit Aussprechen der jeweils zugehörigen Sätze.
- Augenrollen durchführen: Serienpunkt (SP) oder die äußeren Enden der Augenbrauen (EA) klopfen > Augen langsam zur Decke rollen > anhalten > schwenken > schließen.
- Neuerlich Skalieren und den Behandlungsprozess nach gleichem Schema fortführen und immer die Psychologische Umkehrung jeweils mit angepassten Setup-Sätzen behandeln.
- Jeden neu auftauchenden Aspekt des Problems nach demselben Ablaufschema behandeln und dadurch möglichst viele Sichtweisen und Problemaspekte aufarbeiten.

Ja, das waren Zeiten, als du noch selbst geklopft hast! Ich mag diese Urzeit-Variante von BSFF™ besonders gerne, weil ich dich so gerne ein wenig „arbeiten" sehe. Man hat es eben als fauler Meridian einfach gerne, wenn sich die anderen so richtig um einen „bemühen" – das hebt so schön das Selbstbewusstsein, und das tut gut!

Bei der jetzigen Fassung brauchst du ja fast nichts mehr selbst zu machen. Da bekommt dein Unbewusstes in einem Seminar einfach einen Text vorgelesen, der genaue Anweisungen enthält, was dein Unbewusstes in Zukunft zu tun hat, wann immer du ihm dein persönliches Codewort sagst, und so wird ganz schnell eine Anweisung für das Unbewusste installiert. Ab dann musst du eigentlich nur noch – wann immer dich irgendetwas belastet, stört, nervt oder emotional aufwühlt – deinem Unbewussten dein Codewort sagen, und dann kann sich dein Bewusstsein sozusagen zur Ruhe setzen und du musst nicht einmal mehr klopfen. Alle weitere Schwerarbeit zum Thema „Lösung des jeweiligen Problems" kannst du so auf dein Unbewusstes abladen, einfach indem du über das Codewort einen Auftrag erteilst. Du musst dich nicht mehr abmühen mit irgendwelchen Methoden, du musst dich emotional nicht mehr in das Problem hineinversetzen, ja du musst nicht mal mehr wissen, was das ursprüngliche Problem eigentlich war, das dir das Unbehagen bereitet hat.

Eines muss man euch Menschen ja wirklich lassen, mit eurer Forschung im Bereich von Gehirn und Bewusstsein und mit zunehmend verfeinerten Methoden im Bereich der Hypnotherapie habt ihr unglaubliche Sachen herausgefunden, und BSFF™ von Dr. Larry Nims ist da wirklich eine der genialsten Entwicklungen.

Außerdem kann ich mich wirklich nicht beklagen, dass ich dabei etwa zu kurz käme. Keineswegs – denn alles, was du bei anderen Methoden manuell mit mir über Klopfen machst, das erledigt bei BSFF™ dein Unbewusstes. Es geht mir also letztlich genauso gut, und dein Unbewusstes hat da auch so seine Mittel und Wege, es stimuliert tatsächlich alles an mir, was eben gerade Stimulation nötig hat, mit dem Ergebnis, dass es mir dann supergut geht und sich dein Problem so ganz nebenbei löst.

Wenn ich dir da jetzt Lust auf „Mehr" gemacht habe, die Originalversion von BSFF™ kann ich dir leider über das Buch nicht wirklich gut vermitteln, aber es gibt sicher irgendwo in deiner Nähe jemanden, der es dir in einem Tagesseminar beibringt, und dann hast du eine weitere tolle Methode an der Hand. Informationen dazu gibt es am Ende des Buches. Derweil wende einfach die Ur-Version an, die ist wirklich auch sehr effektiv.

So – damit du mir jetzt nicht zu sehr in Träumereien vom „Nichts-Tun" wie bei BSFF™ versinkst, muss ich dich mal gleich wachrütteln, am besten wieder mit einer kleinen Atemübung – damit da nichts in Vergessenheit gerät und du nicht etwa auf die Idee kommst, Nichts-Tun" mit „Nicht-Atmen" zu verwechseln ... also los!

Ich hab dir doch kürzlich erzählt, dass eine verminderte Pulsrate gleichbedeutend ist mit weniger Stress und dass man das auch über einen ruhigeren Atem steuern kann, also möchte ich dir jetzt erklären, wie du lernen kannst, auf Dauer deinen Atem ruhiger und dafür tiefer zu bekommen.

Als Voraussetzung dafür musst du lernen zu zählen ... Nein, nein, ich wollte dich nicht etwa beleidigen, ich gehe schon davon aus, dass du zählen kannst, aber genau diese Art von „Denken beim Zählen" können wir während des meditativen Atmens nicht gebrauchen, deshalb erkläre ich dir eine Art des „geistigen Zählens", bei der du nicht deine intellektuelle linke Gehirnhälfte, sondern die intuitive rechte Seite aktivierst.

Während du dich also hauptsächlich auf deinen Atem konzentrierst, zählst du – ohne dabei gedanklich die Zahl zu nennen – mit den Fingern, indem du sie anhebst, oder mit den Knoten einer Schnur, indem du sie von einer Seite deiner Finger auf die andere Seite verschiebst. Mit einiger Übung wird das ganz selbstverständlich werden, und du musst dann gar nicht mehr mitdenken. Jetzt aber zur Übung selbst:

Übung zur Verlängerung des Atems

- *Nimm die Meditationshaltung ein oder eine andere Position deiner Wahl, halte dich dabei jedoch aufrecht und im Liegen entsprechend gerade. Ent-*

spanne den Rücken und die Schultern, richte den Kopf geradeaus und nach vorne ganz leicht abgesenkt.

- *Fixiere während der gesamten Übung ganz konzentriert irgendeinen Punkt, der leicht schräg unterhalb vor dir liegt, die Augenlider kannst du dabei halb schließen, damit sie entspannt bleiben.*
- *Atme nun leicht und fließend, ohne jede Anstrengung oder Stockung, nur über die Nase ein und aus, wobei du zwischen Ein- und Ausatmen eine kurze Pause einschieben solltest.*
- *Beginne nun während der Phase des Einatmens ganz langsam bis fünf zu zählen, etwa im Rhythmus von jeweils einer Sekunde, und atme mit derselben Anzahl von Zählschritten wieder aus.*
- *Steigere die Zählschritte langsam auf 6 und halte diesen Stand, bis du leicht und ohne Atemnot damit zurecht kommst.*
- *Auf dieselbe langsame und angepasste Art steigere dich bis zu 10 Zählschritten hinauf, sodass du schließlich nur mehr drei bis vier Mal pro Minute einatmen musst.*

Lass dir entsprechend Zeit, dieses Ziel zu erreichen, wie viele Durchführungen du auch immer brauchst. Wenn du die Übung dreimal täglich für einige Minuten ausführst, wirst du nicht nur im körperlichen Bereich spürbare Veränderungen bemerken, sondern auch mehr zu innerer Harmonie und Ruhe finden.

Das klingt recht einfach, aber du wirst merken, als ungeübter „Atmer" wird dich das einige Mühe und Konzentration kosten. Vermutlich wirst du versucht sein, die Augen zu schließen und verbal mitzuzählen und dir alles auf einmal zu merken. Alles richtig zu machen wird dir einige Arbeit abverlangen.

Verlier aber nicht den Mut – es kann nur besser werden!

Tröste dich einfach damit, dass die indischen Yogis auch viele, viele Jahre der Meditation brauchen, bis sie den Zustand des „Samadhi" erreichen, den Atem also fast völlig zum Stillstand bringen – und da willst du ja gar nicht hin …

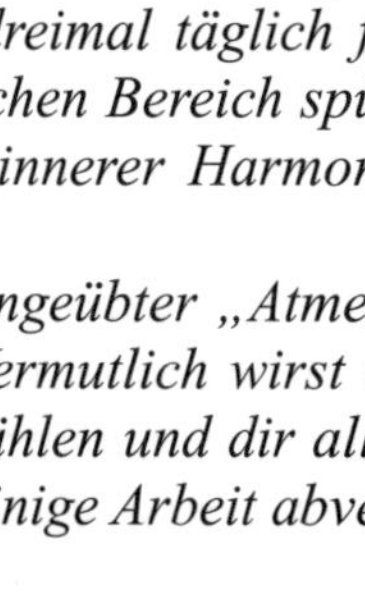

Tapas Akupressur Technik nach Tapas Fleming

Die Tapas Akupressur Technik, in der Folge in der Kurzform als TAT bezeichnet, ist eine Behandlungsmethode auf Basis der Traditionellen Chinesischen Medizin. Als Kern von traumatischem Stress oder psychischen Problemen wird nach dieser medizinischen Richtung das Gefühl von Dualität angesehen, also der Trennung von eigentlich miteinander verbundenen Dingen, hauptsächlich bezogen auf Körper und Geist. Duales Empfinden hat meist die Polarisierung der beteiligten Anteile und die Ablehnung eines der beiden zur Folge.

Die Kraft solcher Gedanken kann in negativer Weise die Lebensenergie blockieren und zu Krankheit führen. Vorrangiges Ziel ist es daher, dieses gedankliche Empfinden von Dualität zu vermindern und dadurch den Einklang zwischen Yin und Yang wiederherzustellen.

Die Haltepositionen von TAT im unteren Kopfbereich betreffen die Vorder- und Rückseite des 6. Chakras, welches für die Kraft und die Fähigkeit steht, die Dualität des Lebens zu ertragen. Genau diese Kraft und die jeweils notwendige Information erhält man mit der Durchführung von TAT.

Aus taoistischer Sicht wird ein Problem erzeugt durch die Grundhaltung des Nein – Sagens, also des Widerstands. Eine Seite des Dualismus wird abgelehnt und nicht gesehen, der Blick auf eine Gegebenheit ist dadurch einseitig. Demgegenüber könnte aber durch die Einnahme einer anderen Sichtweise und durch Akzeptanz des Gegenpols, also mit einem Erfahren, Erleben und Annehmen des Problems, dieses viel eher aufgelöst werden, was in der Methode zum Ausdruck kommt.

Es geht daher grundsätzlich um die Wiedervereinigung von scheinbaren Gegensätzen, um die Harmonisierung von Yin und Yang und damit um die Wiederherstellung von Verbindung zum großen Fluss des Lebens, zur Ganzheit. Im Fall eines Traumas erfolgt eine Trennung zwischen der Persönlichkeit und dem schrecklichen Ereignis. Bis zur endgültigen Auflösung des Traumas wird diese Trennung dann ganz bewusst aufrechterhalten, was jedoch nur vordergründig hilfreich ist, weil die gedankliche Verbindung in Form von Erinnerung in vollem Ausmaß bestehen bleibt und sich auf negative Weise in den Zellen und im Energiefeld manifestiert.

Neben den Erinnerungen über Gedanken hat nämlich auch der Körper ein Gedächtnis, aufbauend auf der in den Zellen gespeicherten Erinnerung der Vorfahren. Nach den Forschungen eines indischen Yogis ist die Erinnerung an die Erfahrungen von Vorleben im unteren Bereich des Hinterkopfes gespeichert, das Halten des 6. Chakras bringt die Energie dieser Erinnerung von Vergangenem wieder ins Bewusstsein zurück.

Die verschiedenen Haltepositionen von TAT, verbunden mit den unterschiedlichen Arten von gedanklicher Beschäftigung mit dem jeweiligen Problem, schaffen eine Verbindung zwischen dem Zellgedächtnis und der eigenen Vorstellung. Die Beziehung zwischen der eigenen Persönlichkeit und dem Trauma verändert sich durch die Anwendung von TAT innerhalb von wenigen Augenblicken, was eine körperliche, geistige und emotionale Integration und dadurch die Heilung ermöglicht.

TAT baut auf folgender während des Gesamtablaufs immer wieder gleichen Position der Hände auf:

- Die Fingerspitzen von Daumen und Ringfinger mit leichtem Druck jeweils auf eine Seite der Nasenwurzel unterhalb der Augenbrauen positionieren, wenige Millimeter links und rechts der Augenwinkel.
- Den Mittelfinger auf das Dritte Auge legen, dabei den Zeigefinger entweder wegstrecken oder auf den Mittelfinger legen.
- Die andere Hand sanft auf die Schädelbasis am Hinterkopf legen, etwa auf Höhe der Ohren.

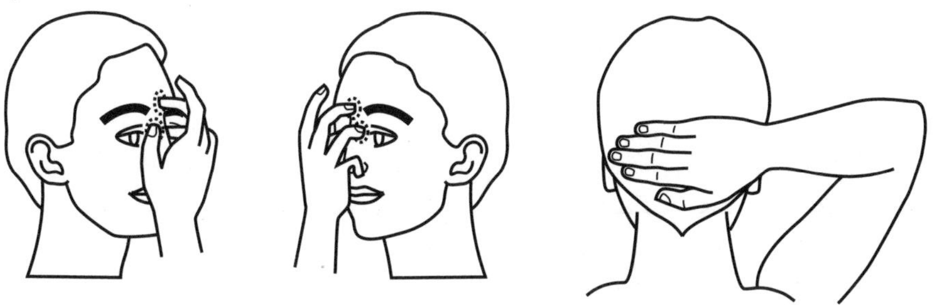

Im Zuge des Gesamtablaufs der Durchführung wird immer wieder zu den folgenden vier Aspekten die TAT-Halteposition eingenommen:

1. Konzentration auf das Problem
2. Versöhnung mit dem Problem
3. Öffnung für den Ursprung des Problems und Heilung desselben
4. Öffnung für den Speicherort des Problems und Heilung desselben

Während die direkte Bearbeitung des Problems gemäß Punkt 1 immer erfolgt, muss vor dem weiteren Ablauf jeder neue Aspekt erst einmal hinsichtlich seiner Notwendigkeit geprüft werden. Hierbei ist der kinesiologische Muskeltest hilfreich.

Exkurs: Kinesiologie/Selbsttest

Kinesiologie gehört als ganzheitliche Heilmethode zur „Bioenergetik“, einer alternativen medizinischen Richtung, die sich mit Energie–Kreisläufen im menschlichen Körper befasst. Die Basislehre der Angewandten Kinesiologie (im Folgenden als AK bezeichnet) wurde Anfang der 60er Jahre in den USA von dem Chiropraktiker Dr. George Goodheart entwickelt. Grundlage der AK ist die Annahme, dass Blockaden und Unterbrechungen der Lebensenergie zu Stress im Organismus und in der Folge zu organischen Störungen, Missstimmungen, Konzentrationsschwierigkeiten und Ängsten führen.

Auf dieser Erkenntnis aufbauend, wurde ein spezielles Testverfahren entwickelt. Über Druck auf einen unter Spannung gesetzten Muskel erhält man aus der jeweiligen Reaktion dieses Muskels Hinweise zur energetischen Situation des Organismus. Reagiert der Muskel stark, funktioniert die Energieversorgung und es liegt kein Stress vor, bei schwacher Reaktion stört ein Stressauslöser die Zufuhr von Energie.

Für einen kinesiologischen Selbsttest gibt es die folgenden, relativ leicht durchführbaren Optionen:

- Die Fingerkuppen von Daumen und Zeigefinger zusammenführen, sodass sich ein Fingerring bildet, der über Anspannung der Muskeln zu halten ist. Daumen und Zeigefinger der anderen Hand zusammengelegt durch diesen Ring stecken und nun durch Auseinanderdrücken der Finger den Ring zu öffnen versuchen. Ist dies möglich, besteht keine ausreichende Muskelspannung, was wiederum Stress bedeutet.
- Mit Daumen und Zeigefinger beider Hände jeweils Ringe bilden und diese ineinander verschränken wie die Glieder einer Kette. Nun durch Auseinanderziehen der Hände versuchen, die Ringe zu öffnen und damit die Kette zum Reißen zu bringen. Das Halten der Kette bedeutet einen starken Muskel, das Zerreißen Schwäche und Stress.
- Den Zeigefinger gerade halten und anspannen. Den Mittelfinger derselben Hand auf den Zeigefinger hinter dem Nagel legen und versuchen, diesen nach unten zu drücken. Ein Nachgeben des Zeigefingermuskels ist auf Stress zurückzuführen.
- Im Stehen oder auf dem Rücken liegend die Arme so weit wie möglich über dem Kopf ausstrecken. Nun die Handflächen zusammenlegen und an den Fingerspitzen die Übereinstimmung prüfen. Deckungsgleichheit bedeutet hierbei ein „Ja“ und damit energetische Ausgewogenheit, ein wesentlicher Längenunterschied ein „Nein“ und damit Stress.

Der starke Muskel, also das Halten der Position, bedeutet jeweils ein „Ja“, was dem Unbewussten vorher konkret mitzuteilen ist, Nachgeben ist das

Zeichen für ein „Nein“. Es ist zu berücksichtigen, dass es sich beim Ergebnis um sehr geringe Unterschiede handeln kann; um die Wahrnehmung zu schärfen, ist daher entsprechend zu üben. Hilfreich ist auch eine Absprache mit dem Unbewussten dahingehend, dass es einem einerseits hilft, das Ergebnis deutlicher zu machen, und andererseits zulässt, dass man das Ergebnis dann auch zweifelsfrei akzeptieren kann.

Grundsätzlich ist das kinesiologische Muskeltesten als gutes und bewährtes Hilfsmittel zum Auffinden unbewusster körperlicher Empfindungen und daher auch zum Abfragen von Entscheidungen, die dem Bewusstsein nicht in der erforderlichen Form zugänglich sind.

Es ist aber dennoch immer zu berücksichtigen, dass, wie bei jeder anderen Methode auch, keine hundertprozentige Sicherheit gegeben ist. Wenn eine innerliche Ablehnung dieser Methode oder starke Unsicherheit bezüglich des Ergebnisses besteht, so ist besser intuitiv zu prüfen, ob weitere Schritte im Ablauf des TAT-Prozesses notwendig sind oder nicht.

Dies kann über den bevorzugten Sinneskanal erfolgen, wobei jeweils zuvor das Unbewusste um entsprechende Mitarbeit zu bitten ist. Es ist über das Vorhaben und die Bedeutung von Ja und Nein zu informieren, und es ist außerdem zu bitten, für Ja und Nein jeweils speziell definierte Empfindungen als Bild über die Gedanken zu schicken wie beispielsweise Farben, Symbole, Körperempfindungen oder Geräusche.

Eine weitere Möglichkeit der Prüfung von Fragen ist die folgende: Gerade und aufrecht stehend innerlich die Frage formulieren und die Bewegung des Körpers beachten. Kippen nach vorne bedeutet ein Ja, jedes Schwanken in eine andere Richtung ein Nein.

In gleicher Weise und leichter praktizierbar funktioniert das Öffnen der Augen. Auf die innerlich formulierte Frage bedeutet ein schnelles und leichtes Öffnen der Augen ein Ja, das Gegenteil ein Nein.

Sollte keine dieser Testmethoden akzeptabel erscheinen, ist der Ablauf von TAT vorsichtshalber in allen Punkten auszuführen. Eventuell unnötige Abläufe werden dann vermutlich durch schnellere Ausführung deutlich, also dadurch, dass die Besserung im Empfinden extrem rasch eintritt.

Tapas Akupressur-Technik Ablauf

Wähle ein Thema oder Trauma, das du bearbeiten willst. Wenn du an irgendeine höhere Daseinsform glaubst, kannst du bereits jetzt und bei jedem folgenden Schritt um Hilfe bei deinem Vorhaben und Unterstützung bei der Heilung bitten.

Nimm nun die TAT-Position ein: Positioniere die Fingerspitzen von Daumen und Ringfinger mit leichtem Druck jeweils auf eine Seite der Nasenwurzel unterhalb der Augenbrauen und den Mittelfinger auf das Dritte Auge. Lege die andere Hand sanft auf die Schädelbasis am Hinterkopf.

1. Fokussiere auf das Problem ganz einfach auf die Art, wie du es emotional üblicherweise tust, ohne irgendein Gefühl bewusst extrem zu übersteigern. Drücke dies in einem Satz aus, der wirklich deinem tiefsten Empfinden entspricht und dir in Sprache und Ausdruck passend erscheint. Wichtig ist für den folgenden Ablauf, dass du völlig auf das jeweilige Thema und die Aufgabe der Bearbeitung konzentriert bleibst und nicht anderen Gefühlen und Gedanken folgst. Bleibe jetzt ganz bei deinem Problemthema, genau so, wie du es bisher – allerdings eher zu deinem Leidwesen – immer gehandhabt hast. Erlaube dir jetzt also ausnahmsweise, so damit befasst und auch darin verstrickt zu sein, wie es normalerweise der Fall ist.

   Halte die Position bis zur Besserung des Empfindens, bis du Erleichterung in Form eines so genannten „Shifts", eines emotionalen Wechsels, einer Welle innerer Entspannung spürst. Falls es schwer für dich ist, diese Besserung eindeutig zu spüren, achte darauf, dass sie sich auch zeigen kann über

   - Seufzen,
   - ein Gefühl von Entspannung oder Frieden,
   - eine subtile Energiebewegung im Körper,
   - mangelnde Konzentrationsfähigkeit auf das Thema bis hin zum Widerwillen, sich überhaupt noch damit zu befassen, oder
   - das Bedürfnis, die Position der Hände aufzugeben.

   Es kann auch sein, dass du nichts spürst, dann halte die Position einfach bis zu 4 Minuten lang.

2. Vor dem nächsten und den folgenden Schritten kannst du jeweils erst über einen kinesiologischen Muskeltest oder eine andere der zuvor beschriebenen Testmethoden deinen Körper befragen, ob es für dich gut und notwendig ist, sie tatsächlich durchzuführen, oder aber die Entscheidung intuitiv treffen.

   Bei positivem Ergebnis des Tests führe einen weiteren Durchgang in derselben Haltung aus und sprich dabei eine grundsätzlich positive Aussage zum Thema aus. Nachdem du über die erste Position von TAT die extreme Negativität aufgelöst hast, betonst du nun den gegenteiligen Pol. Damit dokumentierst du, dass es das Problem gibt und du dies auch zur Kenntnis nimmst, dass du aber dennoch weitestgehend unversehrt weiter existierst und es dir grundsätzlich immer noch gut geht.

Es geht hier also um eine Grundhaltung in der Art von: „Das Schlimme ist passiert, aber jetzt ist es vorbei, ich bin wieder in der Gegenwart, lebe noch und es geht wieder irgendwie weiter."
Schwierigkeiten und Traumata werden meist mit Abwehr behandelt und erzeugen ausschließlich unangenehme Gefühle, die dann meist mit aller Macht bekämpft werden. Die Lösung ist jedoch nicht über Ablehnung zu finden, vielmehr sind Akzeptanz und Aussöhnung Grundvoraussetzungen einer erfolgreichen Problembewältigung.
Wenn es sich bei deinem Thema um einen negativen Glaubenssatz handelt, solltest du eine total entgegengesetzte, versöhnende, verbindende Aussage finden, die eine Koexistenz der gegensätzlichen Pole ermöglicht.
Du kannst auch visualisieren, wie sich durch die positive Aussage das Problem oder Trauma auflöst, auf welche Art auch immer. Hauptsache ist, du bleibst dabei gedanklich in einem Bereich, von dem aus du dem Thema positiv entgegentreten kannst.
Nimm diese Position wieder so lange ein, bis du Erleichterung in Form des „Shifts", der emotionalen Welle innerer Entspannung spürst. Wenn du dir dieser Empfindung nicht sicher bist, behalte die Position ca. eine Minute lang bei.

3. Fokussiere anschließend, nachdem du die Notwendigkeit fortzufahren wie bei Punkt 2 geprüft hast, für die dritte TAT-Position auf den eventuellen Ursprung des Problems mit dem Ziel, diesen Ort oder dieses Ereignis zu heilen.
   Hierbei kann es sich um alles handeln, was im weitesten Sinne dazu geführt hat, dass das gerade behandelte Problem oder Trauma entstehen konnte. Dies können Erinnerungen aus der Kindheit sein, Träume, unbewusste Eindrücke, zellulare Erinnerungen oder Vorkommnisse, die anderen Menschen passiert sind und dich stark berührt haben.
   Diese Ursprünge könnnen, müssen dir aber nicht bewusst sein. In diesem Fall genügt einfach deine Absicht, sie heilen zu wollen. Sag dann einfach innerlich zu dir einen Satz in der Art: „Alle Ursprünge des Problems heilen jetzt", oder sprich, wenn du es kennst, direkt das bewusste Ereignis an. Du kannst dabei mit für dich passenden inneren Bildern visualisieren, wie sich die Ursprünge auflösen oder abheilen.
   Wenn du dich einer Glaubensform oder einer höheren Quelle verbunden fühlst, kannst du auch einen Gedanken der folgenden Art äußern: „Ich danke dir Gott/xy, dass alle Ursprünge des Problems jetzt heilen."
   Halte die Position wieder, bis du einen emotionalen Wechsel spürst, sonst eine Minute lang.

4. Richte jetzt deine gesamte Aufmerksamkeit auf den Ort oder Bereich, der für dich den Resonanz– oder Deponiebereich des Problems oder Traumas darstellt. Es geht hierbei um jenen Ort oder Teil deines Lebens, an dem oder von dem aus das Problem aktiv geworden ist bzw. wo es in dein Leben eingegriffen hat. Dies kann, je nach deinem Empfinden, in deinem Geist, deinem Denken, deinem Körper oder an irgendeinem Ort sein, der mit der jeweiligen schlimmen Erinnerung verbunden ist, ebenso wie bei einer Person oder einer Gruppe von Menschen.
   Es muss dir auch nicht unbedingt bewusst sein, wo dieser Ort ist, wichtig ist wiederum die Absicht, den Speicherplatz des Themas heilen zu lassen. Führe jetzt also mit dieser Fokussierung einen weiteren TAT-Durchgang durch, wobei du diesen Vorgang wieder imaginieren kannst und bei entsprechender Einstellung um höhere Hilfe bitten solltest. In diesem Fall kannst du auch einen Gedanken der folgenden Art formulieren: „Ich danke dir Gott/xy, dass der Speicherplatz des Problems jetzt heilt."
   Halte die Position wieder, bis du einen emotionalen Wechsel spürst, sonst eine Minute lang.

Ab hier ist der Hauptteil der Methode abgeschlossen, Das Thema kann aber noch mit den folgenden Anwendungen vertieft werden. Wiederum kann hierbei ein Test genutzt werden, um zu prüfen, ob es nötig ist weiterzumachen.

5. Beim nächsten Schritt geht es darum, alle Anteile deiner Person bzw. deines Körpers, die in irgendeiner Form mit dem Problem in Verbindung stehen, heilen zu lassen. Es geht hierbei nicht um Schuldzuweisung, vielmehr solltest du erkennen und akzeptieren, dass es zu einem gewissen Zeitpunkt einem Teil von dir richtig und gut erschien, eine gewisse Meinung oder ein bestimmtes Verhalten im Zusammenhang mit dem Problem zu entwickeln. Sei versöhnlich und versuche zu erkennen, dass dein damaliges Handeln aus gutem Grund erfolgte und sich die Situation mittlerweile eben geändert hat. Führe die Halteposition von TAT für alle betroffenen Anteile durch, die irgendwie mit dem Problem in Verbindung stehen, unabhängig davon, ob dir die Zusammenhänge bewusst sind oder nicht.
6. Beseitige als Nächstes alle Wut und allen Groll, die mit dem Problem in Zusammenhang stehen, bsw. mit einem Satz wie: „Alle Wut und aller Groll, die ich im Zusammenhang mit diesem Problem hatte, heilen jetzt."
7. Anschließend musst du noch allen Betroffenen vergeben, die du bewusst oder unbewusst in Zusammenhang mit dem Problem in irgendeiner Form beschuldigst, bsw. so: „Ich vergebe jedem, den ich für das Problem verantwortlich gemacht habe, auch Gott und mir selbst."

8. Als Abschluss der Behandlung von speziellen Aspekten erbitte nun Vergebung von allen Betroffenen, denen du aufgrund des Problems eventuell Leid zugefügt hast: „Ich erbitte Vergebung von jedem Lebewesen, dem ich im Zusammenhang mit diesem Problem in irgendeiner Form geschadet habe."
9. Fokussiere erneut auf die Problematik und achte darauf, ob sich irgendein Aspekt oder eine neue Sichtweise zeigt; dies kann sein in Form eines Gedankens, einer Erinnerung, einer aufkommenden Emotion, eines speziellen Körpergefühls oder auch eines Schmerzempfindens bzw. einer Kombination mehrerer Faktoren. Wenn irgendetwas auftaucht, was noch zum Problem gehört, dann bearbeite es wie zuvor mit den Schritten 1–4 oder 1–8, bis schließlich wirklich nichts mehr übrig ist, was deine Aufmerksamkeit noch irgendwie auf das Problemthema lenkt.

In den meisten Fällen genügt dieser Ablauf zur Beseitigung des Grundproblems, manchmal ist es jedoch erforderlich, dass du in einem weiteren Durchgang auch noch die Position des Verursachers des Problems einnimmst. Das Problem wird dann nach wie vor von einer grundlegend gegensätzlichen Sichtweise aufrechterhalten, die du immer noch ablehnst und daher noch nicht wirklich integriert hast. Auch wenn das sehr schwer fällt, kann die Wirkung die Unannehmlichkeit der Ausführung rechtfertigen und letzte Reste des Traumas beseitigen.

Die Methode des TAT entwickelt sich ständig weiter, entsprechend kannst du auch die dem jeweiligen Problem zugehörenden Aspekte in weiteren Durchgängen ganz speziell an die Gegebenheiten anpassen. Deiner eigenen Kreativität sind hierbei keine Grenzen gesetzt.

Wichtig: Trinke sofort ein großes Glas ***Wasser*** und setze das auch in den nächsten 24 Stunden fort, weil durch die Behandlung nicht nur mentale Aspekte, sondern auch Toxine gelöst werden, die mit dem Wasser ausgeschwemmt werden müssen.

TAT Kurzablauf

Ein Thema oder Trauma zur Bearbeitung wählen und gegebenenfalls höhere Kräfte um entsprechende Unterstützung bitten.

Während der nachfolgend beschriebenen Durchgänge jeweils die TAT-Position einnehmen.

1. In der emotional üblichen Art auf das Problem fokussieren und die Position bis zur spürbaren Besserung der emotionalen Betroffenheit oder bis zu 4 Minuten lang halten.

2. Einen weiteren Durchgang in derselben Haltung ausführen und dabei eine positive, versöhnende und verbindende Aussage zum Thema aussprechen, dabei kann unterstützend die Auflösung des Problems auch visualisiert werden. Die Position wieder bis zur Erleichterung in Form eines „Shifts", sonst ca. eine Minute lang beibehalten.
3. Für die dritte TAT-Position auf den eventuellen Ursprung des Problems fokussieren und dessen Heilung visualisieren. Die Position wieder eine Minute lang oder bis zum emotionalen Wechsel halten.
4. Abschließend die Aufmerksamkeit auf den Ort oder Bereich richten, der mit dem Thema als Resonanz- oder Deponiebereich in Verbindung steht. Diesen Speicherplatz des Themas heilen lassen, was wieder durch Imagination unterstützt werden kann.
5. Als nächsten Schritt alle Anteile, die in irgendeiner Form mit dem Problem in Verbindung stehen, heilen lassen und dabei die grundlegend gute Absicht hinter den Handlungen oder Ansichten würdigen.
6. In gleicher Art alle Wut und allen Groll, die mit dem Problem in Zusammenhang stehen, heilen lassen.
7. Anschließend allen Betroffenen vergeben, die man bewusst oder unbewusst in Zusammenhang mit dem Problem in irgendeiner Form beschuldigt hatte.
8. Als Abschluss Vergebung erbitten von allen Betroffenen, denen man aufgrund des Problems eventuell Leid zugefügt hat.
9. Erneut auf die Problematik fokussieren und auf neue Aspekte oder Sichtweisen achten. Alles bis zur völligen Beseitigung mit der ersten Position bearbeiten.

Wenn nötig, eventuell abschließend noch die Sichtweise des Verursachers des Problems einnehmen.

Wichtig: In den nächsten 24 Stunden viel Wasser trinken!

Jetzt sei mal ehrlich – ist das nicht eine Wahnsinnsübung! Klar, jetzt kannst du das noch nicht wirklich beurteilen, aber wenn du die Methode erst einmal durchgeführt und das Ergebnis am eigenen Leib gespürt hast – ich verspreche dir, dann wird sich geradezu eine Form von Sucht nach weiteren Durchführungen einstellen.

Ist ja auch verständlich – so viel Ergebnis für so minimalen Zeit- und Arbeitsaufwand, das ist eine Kosten-Nutzen-Rechnung, da kann sich jeder gewiefte Geschäftsmann alle Finger schlecken, und du bist ja schließlich ein Geschäftsmann oder eine Geschäftsfrau, wenn es um dein Wohlbefinden und deinen Körper geht.

Zum Thema „gut und einfach" hätte ich da noch was für dich. Wenn wir schon gerade am Kopf herumwerken, dann sind da ja gleich in der Nachbarschaft die Augen. Und mit den beiden Gesellen bekommt irgendwann jeder so seine Probleme – früher oder später, da kann man drauf warten, das erwischt jeden irgendwann einmal.

Wenn du also noch so jung bist, dass dich das nicht betrifft, dann blättere einfach weiter, aber wenn nicht, erzähle ich dir noch schnell, wie du deine Sehfähigkeit ein wenig auf Trab bringen kannst.

Übung zur Verbesserung der Sehfähigkeit Nr. 1:

Massiere jeweils ca. 5 Sek. lang die folgenden Punkte beidseitig:

- *Inneres Ende der Augenbraue.*
- *Nasenwand an der Innenseite des Auges.*
- *Auf dem Jochbein unter dem Zentrum der Pupille.*
- *1 cm neben dem äußeren seitlichen Augenrand.*
- *1–2 cm über der Mitte der Augenbraue in der dortigen Mulde.*

Abschließend fahre von der Innenseite der Augenbraue nach außen – beginnend mit den Zeigefingern – einen Kreis ab.

Und weil man auf einem Bein schlecht steht, habe ich zum selben Thema noch eine andere gute Übung für dich:

Übung zur Verbesserung der Sehfähigkeit Nr. 2:

- *Leg eine Hand auf den Bauchnabel, massiere mit der anderen Hand beide Schlüsselbein-Punkte (SB) und setze das während der gesamten Übung fort.*
- *Schwenke gleichzeitig mit geradeaus gerichtetem Kopf 30 sec. lang die Augen langsam zwischen ganz rechts außen und ganz links außen hin und her.*
- *Lass anschließend mit geradeaus gerichtetem Kopf 30 sec. lang die Augen einer liegenden 8 nachfolgen, beginne hierbei in Richtung nach links oben.*

Eines sollte dir klar sein, um wieder wie ein Luchs zu sehen, musst du das öfter mal machen, aber es geht ja schnell, und du wirst dann mit einem erfreulichen Ergebnis belohnt.

Und für alle zukünftigen Luchse geht es jetzt weiter mit einer ganz tollen Methode zum Thema „Einstellung ändern" und dadurch „Wünsche wahrmachen".

Schläfenklopfen

Beim Schläfenklopfen handelt es sich um eine sehr effektive Methode zur Verbesserung schädlicher Einstellungen und Gewohnheiten, negativer Überzeugungen oder hinderlicher emotionaler Reaktionen mittels Klopfen der Knochennaht zwischen Schläfenbein und Keilbein. Dies ist jener Bereich um die Ohren, in dem, gemessen am gesamten Körper, die höchste Konzentration an Nerven zu finden ist.

Mit der Behandlung wird der Teil des Nervensystems, der sich an gegenwärtige Glaubenssysteme und Verhaltensmuster klammert, beruhigt und dadurch das in diesem Areal befindliche Filtersystem für den sensorischen Input vorübergehend außer Kraft gesetzt, sodass eine Aufnahme positiv geänderter Botschaften möglich wird.

Wichtig ist bei allen Anwendungen, dass die Beine nicht überkreuzt sind und die Hände ebenfalls nicht die Körpermitte kreuzen, sondern jeweils auf ihrer Körperhälfte bzw. Kopfseite klopfen, weil sonst der Energiefluss im Körper gestört werden kann.

Technisch betrachtet ist das Schläfenklopfen – unabhängig von der jeweils genutzten Methode nach Gwenn Bonnell oder nach Wayne Topping – wie folgt durchzuführen:

Mit allen Fingern einer Hand fest im Rhythmus von 2 Schlägen pro Sekunde 7x rund um das seitengleiche Ohr klopfen, parallel zur Form des Ohres im Abstand von ca. 1 cm über der fühlbaren knöchernen Erhebung. Hierbei ist vor dem Ohr zu beginnen, in der Richtung nach hinten führend zum Warzenvorsatz, dem gerundeten Knochen unmittelbar hinter dem Ohrläppchen. Die Finger sind dabei im Abstand von 1,5–2 cm in einem Halbkreis zu halten, sodass sie einen Bogen um das Ohr bilden. Zu Beginn der Durchführung ist der kleine Finger etwa auf Höhe der Mitte des Ohres positioniert, mit Ende eines Durchgangs kommt er am höchsten Punkt über dem Ohr zum Stillstand.

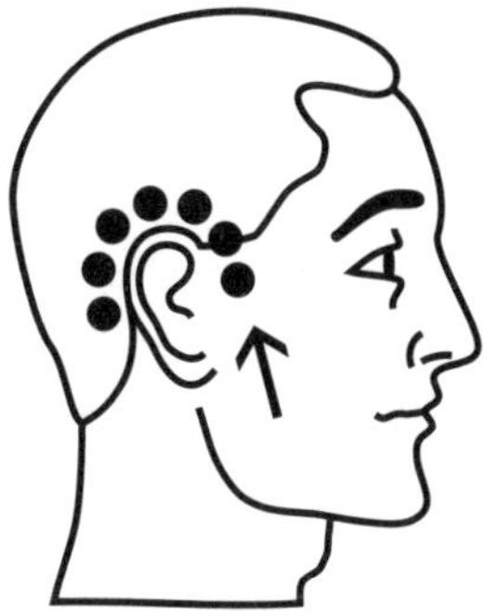

Vor dem eigentlichen Schläfenklopfen sollte zusätzlich über den folgenden Neutralisationsprozess das elektromagnetische Gleichgewicht hergestellt und dadurch die Wirkung unterstützt werden.

Neutralisationsprozess zur elektromagnetischen Balance

nach Wayne W. Topping

- Lege allen Schmuck ab.
- Massiere mit leichtem Druck 20–30 sec. lang die beiden Vertiefungen seitlich, etwas unterhalb des Schlüsselbein – Brustbein – Gelenks.
- Verfahre ebenso 20 sec. lang mit den Warzenfortsätzen (den gerundeten Knochen unmittelbar hinter den Ohrläppchen).
- Abschließend drücke diese in rascher Folge 6 Mal mit einem Druck von ca. 1,5 Kilo.

Methodischer Ablauf nach Gwenn Bonnell

- Mach dir innerlich klar, was du mit der Anwendung in deinem Leben verändern willst. Hierbei kann es sich um ein Verhalten oder eine deiner Meinung nach unangemessene emotionale Reaktion handeln, um eine Gewohnheit oder gewisse Umstände, deren Änderung in deinem Einflussbereich liegt und die dich emotional oder körperlich belasten.

- Formuliere als Ausgangspunkt die Gewohnheit, das Verhalten oder die Umstände, die du verändern willst, in einem einzigen Satz, sozusagen als „Affirmation der Gegenwart", und zwar so, als wäre die Veränderung schon gegeben, bsw.:
  - „Ich verdiene genug Geld in meinem neuen Beruf als … xy."
  - „Ich führe ein glückliches Leben ohne irgendein Bedürfnis nach Zigaretten."
  - „Ich erhalte immer Hilfe, wenn ich sie wirklich brauche."
  - „Ich erledige meine Arbeit leicht und ohne Stress."

  Der Merksatz muss in deiner eigenen Muttersprache, mit deinen eigenen Worten und nach deinen eigenen Wertvorstellungen formuliert sein. Sobald sich zweifelnde innere Stimmen melden, ist die Affirmation nicht richtig angepasst und du solltest sie ändern. Um immer wieder exakt denselben Wortlaut zu verwenden, ist es hilfreich, die Formulierung aufzuschreiben.
- Klopfe nun die optimale Formulierung gleichzeitig mit mehrmaligem, lautem Aufsagen mit den aneinander angelegten Fingern der rechten Hand fest im Rhythmus von 2 Schlägen pro Sekunde 3x nacheinander jeweils mit 7 Klopfern pro Durchgang rund um das rechte Ohr.

Wenn du Linkshänder bist, solltest du alles genau seitenverkehrt durchführen.

Die Wirkung dieses Schläfenklopfens hält 30 Minuten lang an, du kannst den Vorgang also den Tag über entsprechend oft wiederholen. Sobald die Affirmation Bestandteil deines Alltags geworden ist, ersetze sie durch eine neue. Du kannst auch beliebig viele Affirmationen gleichzeitig klopfen, wichtig ist nur, dass du sie alle mehrmals am Tag aussprichst.

Methodischer Ablauf nach Wayne W. Topping

Diese Methode berücksichtigt die unterschiedlichen Reaktionen der Gehirnhälften auf positive und negative Formulierungen: Die linke, meist analytische Hälfte verarbeitet positive Vorschläge und negiert negativ formulierte, die rechte, meist künstlerisch ausgerichtete Gehirnhälfte verfährt genau umgekehrt, sie akzeptiert negativ formulierte Aussagen und übersieht das Gegenteil.

- Bestimme eine Überzeugung, Verhaltensweise oder Eigenschaft, die du ändern willst:
  - „Ich habe keine besonderen Fähigkeiten."
  - „Ich bin ein wertloser Mensch."
  - „Ich schaffe/kann xy niemals."

  - „Ich bin ein schlechter öffentlicher Redner.“
  - „Ich bin ein Vielfraß, wenn es um Schokolade geht.“
- Formuliere zum Problem in der Gegenwartsform zwei grundsätzlich positive Glaubenssätze, einen davon aber in der verneinten Form des Gegenteils:
  - „Ich glaube an mich“ < > „Ich zweifle nicht an meinen Fähigkeiten und Stärken.“
  - „Ich bin überzeugt von meinen Fähigkeiten“ < > „Ich bin kein Versager.“
  - „Ich bin wertvoll“ < > „Ich bin nicht wertlos.“
  - „Ich schaffe es, xy zu tun“ < > „Ich werde nicht an xy scheitern.“
  - „Ich will erfolgreich bei xy sein“ < > „Ich will nicht vergeblich xy machen.“
  - „Ich kann ein guter Redner werden < > „Ich will mich beim Reden vor Publikum nicht blamieren.“
  - „Ich kann mich beherrschen, wenn es um Schokolade geht“ < > Ich werde nicht mehr schwach, wenn ich an Schokolage denke.“
- Klopfe jetzt mit allen Fingern der rechten Hand fest im Rhythmus von 2 Schlägen pro Sekunde 3x nacheinander jeweils mit 7 Klopfern pro Durchgang rund um das rechte Ohr. Sag dabei die verneinte Variante des Glaubenssatzes in der Gegenwartsform mehrfach auf, also einen Satz, der die Negation des ungewünschten Verhaltens enthält, bsw.:
  - „Ich bin kein Taugenichts/wertloser Mensch.“
  - „Ich bin kein Versager, wenn ich … xy (Beschreibung der Tätigkeit).“
  - „Ich bin nicht unsicher und gehemmt, wenn ich vor Publikum spreche.“
  - „Es ist absolut nicht notwendig für mich, andauernd Schokolade zu naschen.“
- Klopfe nun auf dieselbe Weise ebenfalls 3x mit allen Fingern der linken Hand jeweils mit 7 Klopfern pro Durchgang rund um die linke Schläfe und sprich dabei die inhaltsgleiche, positive Variante eines Vorschlags zur Änderung eines ungewünschten Verhaltens oder auch ein gewünschtes neues Verhaltensmuster aus bsw.:
  - „Ich weiß, dass ich viele Fähigkeiten habe, und vertraue zu 100 Prozent darauf, dass sie sich zeigen, wenn ich sie brauche.“
  - „Ich bin sicher, dass ich ein wertvoller Mensch bin.“
  - „Ich habe großen Erfolg bei … xy (Beschreibung der Tätigkeit).“
  - „Ich bin selbstsicher und spreche vor Publikum frei und flüssig.“
  - „Ich kann sehr gut leben, ohne ständig Schokolade zu naschen.“

Wenn du Linkshänder bist, führe alles genau seitenverkehrt durch.

Achte darauf, dass beim Klopfen keine Überkreuzbewegungen stattfinden, deine Arme und Hände sollten also dein Gesicht oder die Körpermitte nicht kreuzen, dasselbe gilt für deine Beine.

Meist genügt eine einmalige Durchführung zur Beseitigung des Problems. Sollte es jedoch nach einigen Tagen wiederkehren, ist der Ablauf erneut auszuführen. Manchmal kann es auch erforderlich sein, zuerst eine Reaktionsauslöschung über die Methode der Emotionalen Stressauflösung (siehe in Kapitel 6 den Abschnitt „Techniken zum Energieausgleich“) auszuführen, um eine andauernde Wirkung zu erhalten.

Habe ich dir zu viel versprochen? Nein – natürlich nicht!

Das ist wohl auch der Moment, dich darüber aufzuklären, dass Meridiane NIE lügen, das geht gar nicht – ist nämlich eine Erfindung des Menschen! Wenn ich dir also etwas erzähle, dann ist das so! Und wenn ich dir also sage, dass du mit dem Schläfenklopfen ganz tolle Ergebnisse bekommen wirst, dann kannst du mir das wirklich glauben, aber nach einiger Zeit wirst du das ohnehin selbst erkennen, wozu rede ich überhaupt?

Da ist es doch besser, ich bereite dich auf das vor, was als Nächstes kommt: Jetzt nehmen wir uns nämlich deine Muskeln und Reflexe vor. Das hat zwar nicht mehr so direkt mit mir zu tun, aber – sozusagen im Dienste der höheren Sache, nämlich deiner Gesundheit und deines psychischen Wohlbefindens – bringe ich das Opfer, meine dominante Persönlichkeit etwas zurückzunehmen (auch wenn mir das wirklich schwer fällt) und die anderen Kollegen in deinem Körper zu Wort kommen zu lassen.

Nur eines noch vorher – ich möchte nicht lästig erscheinen, aber schließlich ist das Herz ja dein größter Muskel, und das ist schließlich indirekt zuständig für die Versorgung mit Sauerstoff. Du wirst schon ahnen, worauf ich hinaus will, ich hätte da wieder einmal eine Atemübung für dich, zur Entspannung und als Vorbereitung auf das, was noch kommt.

Diese Anwendung hab ich übrigens von einer ganz lieben alten Dame, einer indischen Heilerin mit dem Namen Sree Chakravarti, gelernt.

Führe die Übung immer mit leeren Magen durch, also nur dann, wenn du ca. 2 Stunden lang nichts gegessen hast. Wenn du die Übung regelmäßig

(1x täglich) ausführen kannst, am besten früh, wirst du nach ca. einem Monat positive Auswirkungen auf deinen Organismus spüren, vor allem bei allen Arten von Bronchialproblemen einschließlich Asthma.

Atemübung nach Sree Chakravarti

- *Atme 2 Minuten lang langsam und tief durch die Nase, bringe dabei beim Einatmen die Luft in den Brustbereich zur Lunge (nicht in den Bauchraum) und leere beim Ausatmen den Bauch vollkommen und strecke ihn so richtig heraus.*
- *Atme anschließend 5 Minuten lang stoßweise tief aus dem Bauch heraus aus und berücksichtige dabei das Einatmen gar nicht, weil es ohnehin automatisch erfolgt. Nach einer Minute Pause atme nochmals 5 Minuten auf dieselbe Art aus.*
- *Atme jetzt 10 Minuten lang links beginnend ganz langsam durch jeweils ein Nasenloch ein, während du das andere schließt, und dann durch das andere Nasenloch aus, während du das erste wiederum schließt. Ein Zyklus umfasst zwei Atemzüge:*

  rechts schließen – links einatmen
  links schließen – rechts ausatmen
  links schließen – rechts einatmen
  rechts schließen – links ausatmen

Das dauert jetzt schon ein wenig länger, aber schließlich bist du mittlerweile ja ein Atem-Profi geworden, und gerade am frühen Morgen, wenn du noch im Bett liegst und nicht so richtig aufstehen willst, hast du vielleicht doch die Zeit für diese Übung – es lohnt sich!

Primal Reflex Release Technique™ nach John Iams

Zur Sicherung des Überlebens ist der menschliche Organismus mit verschiedenen frühkindlichen oder primitiven Reflexen ausgestattet, die in gewissen Entwicklungsstadien spezielle Aufgaben erfüllen. Es handelt sich um stereotype, automatische Bewegungsabläufe, die ohne Beteiligung des Cortex durch den Hirnstamm gelenkt werden.

Nach dem Übergang in das nächste Entwicklungsstadium wird ein solcher frühkindlicher Reflex durch weiterentwickelte Bewegungsmöglichkeiten ersetzt, es erfolgt also ein Wechsel auf eine höhere Ebene der neuronalen Entwicklung. Bestehen frühkindliche Reflexe noch nach dem 12. Lebensmonat fort, liegt im Zentralnervensystem eine Fehlentwicklung vor, die dann erkennbar wird über mangelhafte Verarbeitung von Wahrnehmungen, Lern- und Verhaltensschwierigkeiten, sowie gestörte Entwicklung im Bereich motorischer und sensorischer Fähigkeiten.

Neben solchen offensichtlichen Entwicklungsstörungen gehen neuere Forschungen verstärkt in die Richtung, noch wesentlich subtilere Mängel in der Entwicklung der Anpassung von Reflexen an geänderte Bedingungen aufzudecken. So wandelt sich beispielsweise der Moro-Reflex (Schreck-Reflex) nach der frühsten Kindheit in seiner Ausformung grundlegend, er wird ab dem 3. bis 6. Monat ausgelöst durch eine Vielzahl von sensorischen Stimuli im Bereich von Hören, Sehen, Riechen und Berühren. Das Ergebnis seiner dabei ausgeführten Aktivitäten wird in neuester Zeit immer mehr in Verbindung gebracht mit Traumata aller Art wie auch dem Posttraumatischen Stresssyndrom.

Auch in anderen Bereichen scheint mit dem Ablauf von Zeit die ursprüngliche Schutzfunktion von Reflexen eher in die negative Richtung zu kippen. Wenn im Körper eine Verletzung passiert, „schient“ der Muskel automatisch und reflexiv die betroffene Region. Dieser Reflex besteht jedoch vielfach noch fort, wenn die Verletzung längst abgeheilt ist, was eine Einschränkung der spontanen Bewegungsfähigkeit zur Folge hat und zudem meist mit Schmerzen verbunden ist.

Es gibt einen einfachen und schnellen Weg, Schutzreflexe der Muskeln zu normalisieren und ihre dauerhafte reflexive Anspannung zu verhindern, wofür die eigenen Reflexe nutzbar gemacht werden. Die Primal Reflex Release Technique™ nach John Iams, frei übersetzt als „Technik zur Befreiung von Primärreflexen“, bietet dafür zahlreiche Verfahren für unterschiedliche Körperregionen an. Eine der einfachsten und leicht selbst durchführbaren Methoden zur Reduktion von Stress im Allgemeinen ist das Iams Manöver, welches nachfolgend beschrieben wird.

Dauerhafte Stressreduktion – Das Iams Manöver

Der menschliche Organismus ist nicht ausgelegt, länger andauernde Belastung aufgrund von Wut und Ärger ohne körperliche und geistige Schädigung zu überstehen. Das Nervensystem ist ebenfalls nur dazu da, als neurales Kommunikationssystem für kurze Momente im akuten Fall von Bedrohung gewisse biologische und chemische Prozesse zu aktivieren und zu steuern – im Fall eines derartigen Dauerzustands sind wiederum extreme Schäden die Folge.

Das Iams Manöver, eine Methode zur schnellen Reduktion jeder nur erdenklichen Form von Stress und Wut, zielt ab auf eine Veränderung der vielfach schädigende Beziehung zwischen dem oberen Trapezmuskel (Trapezius pars superior), dem Kopfwender (Sternocleidomastoideus) und dem 10. Cranialnerv, dem Vagus. Die unter Umständen von Stress und Ärger von diesen Muskeln auf Anweisung des Vagus ausgeführten adrenalen Reflexe führen zu biochemischen Reaktionen, die aufgrund des fehlenden Stoffwechsels nicht entsprechend abgearbeitet werden können. Noch Jahrzehnte nach einem traumatisierenden und Stress verursachenden Vorfall ist im Gedächtnis die Speicherung der auslösenden Ereignisse vorhanden, damit verbunden tritt dann immer wieder der entsprechende adrenale Reflex auf. Weder zum Zeitpunkt des erstmaligen Ereignisses noch bei den verschiedenen späteren ähnlichen Vorkommnissen oder rein gedanklich ablaufenden Wiederholungen erfolgen die natürlichen Reaktionen auf Stress in Form von Kampf oder Flucht, sie werden vielmehr unterdrückt, was sich entsprechend negativ auswirkt.

Der meiste Ärger, den Menschen empfinden, kann dauerhaft umgewandelt werden, indem die konditionierte Reflexreaktion dieser Muskeln entsichert oder umkonditioniert und damit die schädigende Wirkung auf die Nebennieren unterbunden wird. Diese Umkonditionierung kann mit dem Iams Manöver auf sehr einfache Weise bewirkt werden.

Die Veränderungen, die bei dauerhafter Durchführung der Methode sehr wahrscheinlich eintreten, beziehen sich auf den körperlichen, psychischen und seelischen Bereich, haben also Auswirkungen auf die Gesamtheit des Lebens. Laut John Iams wird man dann

- öfter der Mensch sein, der man immer sein wollte,
- gewisse Momente schätzen wie niemals zuvor,
- es weniger nötig haben, anderen Menschen zu gefallen und ihre Anerkennung zu bekommen,
- in nähere Verbindung zu seinen spirituellen Werten treten,
- seinen Körper als leichter und wesentlich energetischer empfinden,

- eher Angewohnheiten ablegen können, die man in der Vergangenheit nicht loslassen konnte.

Das Iams Manöver ist nicht nur für aktuelle Anlässe geeignet, sondern kann ebenfalls angewendet werden, um schon lange Zeit bestehende Erinnerungen zu heilen, die Auslöser von Wut oder Stress sind, sobald sie ins Bewusstsein gebracht werden. Es ist in solchen Fällen auch möglich, dass man während der Durchführung Einsichten zum entsprechenden Stressthema bekommt, die einem ein Verzeihen und Vergessen wesentlich erleichtern.

Iams Manöver – Ablauf

- Drehe deinen Kopf so weit zu der Seite, die deiner Händigkeit entspricht, wie es gerade noch bequem ist (Rechtshänder nach rechts/Linkshänder nach links).
- Entspanne dich bestmöglich und lass die Schulter locker hängen.
- Halte die Position und lass geschehen, was immer geschieht. Innerhalb kurzer Zeit kann sich deine Einstellung zur gegebenen Situation völlig ändern und du kannst zu Einsichten kommen, die Sekunden zuvor noch nicht vorhanden waren. Den Wandel kannst du auf unterschiedliche Weise spüren, meist jedoch in Form eines wesentlich friedlicheren Zustands mit angenehmer Entspannung.
- Wenn du auf die Schnelle keinen derartigen Shift spürst, halte die Position bis zu einer Dauer von einigen Minuten.

  Zu Beginn der Ausführung kann es auch notwendig sein, dass du das Iams Manöver bis zu 100 Mal pro Tag durchführst. Mit zunehmender Übung lernt dein Gehirn dann aber sehr schnell, die Reaktion auf Stress erzeugende Vorgänge auf das ursprüngliche, natürliche Maß zurückzuschrauben, die Entspannung kommt dann immer schneller, und die Durchführung muss weniger oft erfolgen.

Mit der Zeit und bei entsprechender Übung wird es auch nicht mehr notwendig sein, jedes Mal wirklich den mechanische Vorgang auszuführen und den Kopf zu wenden, das Gehirn führt den Bewusstseinswandel dann teilweise schon automatisch durch. Wichtig ist auch, dass das Iams Manöver nur funktioniert, wenn es ständig, immer wieder und somit viele Male angewendet wird; es bedarf also einerseits einer gewissen Anlaufzeit, andererseits dauerhafter Ausführung, um ein stabiles Ergebnis zu erhalten. Für gewöhnlich wird eine wesentliche Besserung innerhalb von ein bis zwei Wochen offensichtlich, manchmal auch schon wesentlich früher. Die Ergebnisse verhalten sich proportional zur Häufigkeit der Ausführung.

Unter dem Blickwinkel der Einfachheit betrachtet, schlägt diese Methode wirklich alles, was ich dir bisher gezeigt habe. Nun mal ehrlich, den Kopf auf eine Seite zu drehen, sich auf das Problem zu konzentrieren und einige Minuten diese Position zu halten, das ist ja nun wirklich keine Hexerei, kein enormer Zeitaufwand, nicht mit großer emotionaler Belastung verbunden und trotzdem … irgendwann mal wird es dir wahrscheinlich passieren, dass es dir wirklich körperlich schlecht geht, du dich gerade fürchterlich geärgert hast, extremen Stress hast oder einer enormen emotionalen Belastung ausgesetzt bist, aber was passiert? – Du tust doch tatsächlich absolut nichts, um die Situation zu verändern oder zu verbessern, nicht einmal diese wirklich einfache und schnelle Anwendung kommt dir in den Sinn, du leidest lieber still vor dich hin … warum eigentlich?

Das kann ich dir schon erklären: In Zeiten von hohem Stress neigt ihr sonderbaren Menschen dazu, in frühere Stadien der Entwicklung zurückzufallen, vorrangig in jene Zeit, als das den momentanen Stress auslösende Trauma entstanden ist. Das kann wiederum für euch zur Folge haben, dass ihr gerade dann, wenn ihr eigentlich Hilfe so notwendig bräuchtet, alle Formen von Selbsthilfetechniken nicht anwendet, weil ihr diese zum damaligen Zeitpunkt ja noch nicht gekannt habt. Klingt ziemlich blöde – aber so ist es nun mal mit euch!

Damit du nun dieses komische Verhalten deiner Gattung schon im Vorfeld bekämpfen kannst, rate ich dir, dich schon in „Friedenszeiten" entsprechend zu wappnen und eine der Standard-Methoden zu nutzen, um dieses merkwürdige Vergessen von vornherein auszuschalten und dich dann, wenn es notwendig ist, daran erinnern zu können, dass du ja mich kennen gelernt hast und ich dir dann helfen kann.

Wenn dir also bewusst geworden ist, dass du in einer bestimmten Situation völlig vergessen hast, ausreichend gut für dich zu sorgen, hast du die folgenden Möglichkeiten: Erst einmal kannst du EFT oder den Foley-Algorythmus nutzen mit einem Set-Up folgender Art:

- *„Auch wenn ich dazu neige, das Meridianklopfen (oder Einsetzen der eigenen Lieblingsmethode) zu vergessen, wenn ich in Gefahr/unter Stress/in emotionaler Not etc. bin, liebe und akzeptiere ich mich aus gan-*

zem Herzen und entscheide mich dafür, von jetzt an dieses Verfahren in einem solchen Fall sofort anzuwenden."

Beim Klopfen der Punkte kannst du dann einen Erinnerungssatz sagen wie

- *„Mein Vergessen mir zu helfen" bzw. nur*
- *„Mein Vergessen" oder*
- *„Bei Stress an nichts mehr denken können"*

oder irgendeine andere Formulierung, die dir persönlich entspricht.

Außerdem kannst du neben dem Problem des Vergessens auch noch alle Emotionen bearbeiten, die im jeweiligen Stadium deiner Entwicklung vorrangig gegeben waren. Wenn du also in der entsprechenden Situation vor Angst wie gelähmt warst und deshalb vergessen hast, wie du dir helfen könntest, dann bearbeitest du diese spezielle Angst. Wenn extreme Trauer oder Wut der Auslöser für dein Nicht-Handeln waren, dann widme dich diesen Emotionen in genau dieser speziellen Situation.

Mit diesem Vorgehen machst du es wahrscheinlicher, dass beim nächsten Rückfall in ein frühkindliches Entwicklungsstadium während einer emotionalen oder vielleicht sogar lebensbedrohenden Krise deine Erinnerung an die Möglichkeit zur Selbsthilfe nicht völlig ausgelöscht ist und du dann eher bereit sein wirst, dir selbst über irgendeine Methode zu helfen. Wenn du planst, das dann mit EFT oder dem Foley-Algorithmus anzugehen, kannst du für diesen Moment schon im Voraus folgenden Setup-Satz vorbereiten:

- *„Auch wenn ich mich im jetzigen Moment emotional auf der Altersstufe einer/s Fünfjährigen befinde und diese fürchterliche Scham/Angst/Wut empfinde, liebe und akzeptiere ich mich und mein Alter von 5 Jahren ganz und aus tiefstem Herzen."*

Natürlich kannst du auch jede andere der Methoden nutzen, um für die Zukunft vorzubauen und dich gegen das Vergessen und Verdrängen unter Umständen von Bedrohung oder Stress zu schützen – vielleicht hast du ja schon deine „Lieblingsmethode" gefunden.

Bearbeite einfach dieses spezielle Thema damit – je nach ausgewählter Methode – und passe dabei die beiden Hauptfaktoren an die jeweils gewählte Technik an:

- *das Problem deiner Hilflosigkeit, die dann dadurch bedingt ist, dass du dich nicht erinnern kannst, und*
- *dein Ziel, nämlich aktiv zu werden und dir selbst aus der Misere zu helfen.*

Wenn du dich beispielsweise für Schläfenklopfen entscheidest, könntest du nach der Methode von Gwenn Bonell einklopfen (auf der Seite, die deiner Händigkeit entspricht):

- *„Von jetzt an werde ich mich an die Selbsthilfetechniken der Meridiantherapie erinnern, sobald ich sie nötig habe."*

Statt ‚Selbsthilfetechniken' kannst du an der Stelle natürlich auch deine Lieblingsmethode einsetzen.

Nach Wayne Topping könnten die beiden Sätze heißen:

- *„Ab jetzt nutze ich xy, sobald mein Körper es braucht" und*
- *„Ab jetzt vergesse ich nicht mehr die Möglichkeit, xy zu tun, wenn mein Körper es nötig hat."*

Nachdem du ja jetzt schon ein Klopf-Profi geworden bist, wirst du sicher die richtige Art und Weise finden, so weit vorzubauen, dass du Erinnerungslücken schließt, wenn es notwendig ist, da vertraue ich dir voll und ganz – du wirst schon das Richtige tun!

Du wirst es schon ahnen, jetzt hab ich als Ergänzung etwas auf Lager für dein Wohlbefinden im Zusammenhang mit deinem Atem, diesmal die schöne Methode der „Neun Atemzüge der Reinigung" nach Tenzin Wangyal.

So wie angenehme und unangenehme Erfahrung/Empfindung deine Atmung verändert, kannst du durch bewusst veränderten Atem Einfluss auf deine Erfahrung nehmen. Mit der Praxis des neunfachen Reinigungsatems können deine Atemkanäle geklärt und dein Geist sowie dein Körper entspannt werden. Führe also in entspannter Meditationshaltung die folgenden Atemzüge jeweils dreimal aus:

Die Neun Atemzüge der Reinigung – Ablauf

Die ersten drei Atemzüge:

- *Hebe die rechte (Männer) bzw. linke (Frauen) Hand und drücke dabei mit dem Daumen auf das Grundgelenk des Ringfingers (der Bereich des Austritts deines Fingers aus dem Handteller).*

- *Schließe die rechte (Männer) bzw. linke (Frauen) Nasenöffnung mit dem jeweiligen Ringfinger.*
- *Atme grünes Licht durch die jeweils freie Nasenöffnung ein.*
- *Schließe die andere Nasenöffnung mit demselben Ringfinger wie zuvor.*
- *Atme aus durch die jeweils freie Nasenöffnung mit der Vorstellung, dass alle mit männlichem Vermögen verbundenen Krankheiten (assoziiert mit karmischer Energie) und Hindernisse der Vergangenheit als hellblaues Licht durch den weißen Kanal (Leitbahn der negativen Emotionen, bei Männern rechts, bei Frauen links) ausgestoßen werden.*

Die zweiten drei Atemzüge:

- *Wechsle die Hände und Nasenseiten, Männer beginnen jetzt mit der linken Hand, Frauen mit rechten.*
- *Schließe die linke (Männer) bzw. rechte (Frauen) Nasenöffnung mit dem jeweiligen Ringfinger.*
- *Atme grünes Licht durch die jeweils freie Nasenöffnung ein.*
- *Schließe die andere Nasenöffnung mit demselben Ringfinger wie zuvor.*
- *Atme nun aus mit der Vorstellung, dass alle mit weiblichem Vermögen verbundenen Krankheiten (assoziiert mit Galle) und Hindernisse der Zukunft als hellrosafarbenes Licht aus dem roten Kanal (Leitbahn für positive Energien und Weisheitsenergien, bei Männern links, bei Frauen rechts) ausgestoßen werden.*

Die dritten drei Atemzüge:

- *Lege im Schoß die linke Hand über die rechte Hand, jeweils mit den Handflächen nach oben.*
- *Atme heilendes grünes Licht durch beide Nasenöffnungen ein. Visualisiere, wie das Licht durch die Seitenkanäle nach unten bis zur Einmündung in den Hauptkanal strömt, vier Finger breit unterhalb des Nabels.*
- *Visualisiere beim Ausatmen der Energie, wie sie im Hauptkanal aufsteigt und am Scheitel als schwarzer Rauch wieder austritt und es sich dabei um feindselige Geister von Schleim-Krankheiten sowie Hindernisse der Gegenwart handelt.*

Healing Energy Light Process nach Dr. Fred Gallo

Der „Heilende Licht-Energie Prozess“, in der Folge in seiner Kurzform als HELP bezeichnet, ist ein hochwirksames psycho–energetisches Verfahren von Dr. Gallo zum Ausschalten negativer emotionaler Reaktionen mit Hilfe von Meditation und Visualisation. Die Methode kannst du einsetzen zur Verringerung von Ärger, Ängsten, Spannungen, Schuld- und Schamgefühlen, ebenso bei Depressionen, chronischer Müdigkeit und physischen Schmerzen.

Während der Durchführung von HELP solltest du dich nicht von störenden Gedanken ablenken oder gar negativ beeinflussen lassen. Nimm die im Ablauf des Prozesses aufkommenden Gedanken eher unvoreingenommen zur Kenntnis und lasse sie ohne jede Bewertung wieder ziehen.

HELP – ABLAUF

- Konzentriere dich auf dein gewähltes Ziel der Durchführung von HELP mittels Visualisieren, Selbstgespräch oder Sinneswahrnehmung, bsw. über einen Satz wie:
  „Ich tue das mit der Absicht … xy.“
- Nimm die folgende Position ein (siehe auch Überenergie–Korrektur in Kapitel 6 unter „Switchingkorrekturen“):
  - Die Beine in Höhe der Fußknöchel übereinander schlagen – links über rechts.
  - Arme und Hände vor dem Körper ausstrecken mit Berührung der Handinnenflächen.
  - Die Hände drehen, bis die Daumen nach unten weisen und die Handrücken sich berühren.
  - Die rechte Hand über die linke Hand legen und die Finger verschränken.
  - Die Arme zum Körper hin beugen, sodass die gefalteten Hände unterhalb des Kinns auf der Brust liegen und die Fingerknöchel nach oben und die Ellenbogen nach unten gerichtet sind.
  - Mit der Zunge den Gaumen ca. 1 cm hinter den Schneidezähnen berühren.
  - Gleichmäßig tief durch die Nase atmen.
  - Mit Konzentration auf den Atem die Augen schließen und visualisieren, wie der Atem über die Fußsohlen durch den Körper aufwärts strömt und ihn auch über die Fußsohlen wieder verlässt.

Während dieses gesamten energetischen Balanceausgleichs konzentriere dich auf das zuvor gewählte Ziel.

- Visualisiere nun, wie ein ewiges, heilendes Licht vom Himmel aus in den Kopf einströmt – in einer Farbe, die du für dich persönlich mit Heilung assoziierst – und deiner gewählten Absicht Kraft und Energie bringt. Imaginiere weiter, wie dieses Licht sich durch den Körper bewegt und dabei jede einzelne Zelle mit seiner Schwingung durchdringt, vom Kopf zu den Schultern, den Rücken hinunter in den Brust- und Bauchraum, in Arme und Beine, Hände und Füße, Finger und Zehen …, und wie das heilende Licht sich genau in den Bereichen konzentriert, in denen du persönlich den Stress oder die Schmerzen oder das jeweilige unangenehme, problematische Gefühl vorrangig spürst.
- Löse nun die verschränkten Gliedmaßen wieder und stelle die Füße nebeneinander auf den Boden, füge die Finger in einer Art Gebetsposition zusammen, wobei sich die Fingerspitzen, nicht aber die Handinnenflächen berühren. Während die Zunge weiterhin den Gaumen hinter den Schneidezähnen berührt und du fortfährst zu imaginieren, über die Fußsohlen zu atmen, stell dir auch weiterhin vor, wie das heilende Licht deinen Körper durchglüht. Führe auch diese Imagination einige Minuten lang aus, bis sich Entspannung ausbreitet und du in angenehmer Weise an dein Ziel denken kannst.
- Berühre nun nacheinander mit dem Zeige- und Mittelfinger mit sanftem Druck verschiedene Punkte, bleibe gedanklich mit deinem Ziel verbunden und atme dabei jedes Mal tief durch die Nase ein und aus.
  - Der Punkt auf der Stirn, das Dritte Auge (S).
  - Der Punkt unter der Nase (UN).
  - Der Punkt unter der Unterlippe (UL).

  Empfindest du hierbei Spannungen oder Unbehagen, so solltest du imaginieren, wie sich diese auflösen, eventuell mit folgenden Sätzen (wobei sich das Unbehagen immer auf das jeweilige Problem bezieht):
  - „Jeder Rest von Unbehagen verlässt meinen Körper, meinen Geist und meine Seele."
  - „Jeder Rest von Unbehagen verlässt mein gesamtes Wesen."
  - „Ich entferne jeglichen Rest von Unbehagen, der mit diesem Problem verbunden ist."
- Lege nun die Fingerspitzen beider Hände im oberen Brustbereich in die Nähe der Thymusdrüse und klopfe sanft auf den Bereich um den Thymuspunkt, während du dich emotional mit deiner Absicht und deinem Ziel verbindest und tief durchatmest. Wenn Gefühle von Angst oder Unbehagen aufkommen, führe dieselbe Imagination mit denselben Sätzen

durch wie zuvor, und sende abschließend nochmals die Kraft und Energie des zuvor imaginierten Lichtes in deinen Körper, deine Seele und deine Zielvorstellung.

- Schließe den Prozess mit einer Herzmeditation ab. Lege eine oder beide Hände auf den Brustbereich und verbinde dich in liebevoller Weise mit deinem Inneren. Gestalte nun, bezogen auf das gewählte Ziel oder die Situation nach Erreichen des Ziels, persönlich passende innere Bilder, die in dir positive und heilsame Gefühle wie liebevolles Empfinden, Dankbarkeit, zwischenmenschliche Verbundenheit, Fürsorge und Wertschätzung entstehen lassen. Entwickle und verstärke die Emotionen und sende sie dann an jenen Ort, wo sie am ehesten nützlich sind, um deine Absicht kraftvoll zu unterstützen oder dein Problem zu lösen.
- Nimm nun langsam die Umgebung wieder wahr und orientiere dich in der für dich passenden Zeit im Raum. Denke an das Problem, bewerte die Veränderung im Vergleich zur Ausgangsposition und führe bei Bedarf noch einen weiteren Durchgang aus.

So weit, so gut – jetzt hätten wir mal einen größeren Themenbereich mit dieser schönen Visualisierungsübung von HELP abgeschlossen. Damit du mir aber nicht etwa zu sehr ins Träumen und Genießen kommst, hol ich dich jetzt mit ganz handfesten Themen aus dem meditativen Bereich heraus. Jetzt wollen wir uns nämlich der anderen Seite der Medaille zuwenden.

Bisher habe ich dir ja hauptsächlich gezeigt, wie du mit meiner Hilfe etwas „wegmachen" kannst, wie du es also anstellen musst, damit irgendetwas, das dir unangenehm ist oder dich massiv körperlich und emotional belastet, aus deinem Leben und Denken verschwindet. Natürlich haben wir dann anschließend immer wieder geprüft, wie es denn ohne das Problem im Alltag sein wird, was ja auch so eine Art von Ziel war, aber wir haben noch nicht wirklich versucht, ganz direkt einen Zustand oder ein Verhalten anzusteuern – das wird sich jetzt ändern.

Ich lasse mich nämlich gerne von dir auch dafür benützen, dass du Ziele, die dir wichtig sind, mit meiner Hilfe schneller und leichter erreichst. Dafür habe ich einige recht wirksame Methoden auf Lager, davon erzähl ich dir später noch.

Ich vermute aber, dass wir da vorher noch einige grundsätzliche Punkte zum Thema Ziel klären müssen und uns auch auf eine gemeinsame Sprache zu einigen haben. Ich habe nämlich bei euch Menschen schon oft erlebt, dass ihr ein wenig schlampig werdet, wenn es darum geht, Ziele ganz konkret zu formulieren.

Und da muss ich euch leider sagen – so geht es nicht!

Ich gebe zu, da steckt jetzt der reine Egoismus dahinter, denn ich kann und will nicht auf mir sitzen lassen, dass mir später irgendjemand nachsagt, ich wäre zu nichts zu gebrauchen, und das Klopfen meiner Punkte wäre nicht wirklich effektiv, nur weil es mit absolut undurchführbaren oder nicht genau formulierten Zielen von dir und deinen Artgenossen ausgeführt wurde.

Natürlich gestehe ich dir zu, dass es ausgesprochen schwer für dich ist, deine Ziele erfolgreich zu verwirklichen und dir wirklich klar darüber zu werden, was du grundsätzlich erreichen willst, denn du hast dabei immer einen Klotz am Bein, nämlich deine ureigenen und uralten Glaubenssätze. Um dir das erst einmal zu verdeutlichen, habe ich dir da so einige Übungen zusammengestellt, die du auf den nächsten Seiten findest.

Natürlich geht es dabei nicht nur darum, dir klarzumachen, dass es Glaubenssätze gibt, das hast du ja auch schon vorher gewusst. Und es reicht auch nicht, wenn du dir zur Gegensteuerung die jeweiligen Affirmationssätze vorsagst, denn du weißt ja – erkennen und verstehen alleine bedeutet noch nicht zwangsläufig ändern oder weglassen. Es wird also wohl notwendig sein, dass du das, was du auf den nächsten Seiten über dich erfährst, dann auch umsetzt. Das bedeutet, dass du mit einer dir passend erscheinenden Methode weiter an deinen dich ständig behindernden und dir schadenden Glaubenssätzen arbeitest.

Also betrachte den Inhalt der folgenden Seiten als zweckdienlichen Hinweis für die optimale Formulierung von Zielen, aber vergiss das danach nicht, sondern bleib dran. Schau immer mal wieder hin und nimm dir das eine oder andere Problem, dass du bearbeiten willst, oder auch das Ziel, das du anstrebst und erreichen willst, heraus und prüfe es anhand der folgenden Übungen.

8. Spezialthema: Zielarbeit

Statt Probleme zu beseitigen, können die Techniken der Meridian-Therapie auch genutzt werden, um Ziele und Vorstellungen zu verwirklichen und damit insgesamt die Lebensfreude zu vergrößern. Menschen legen sich, wenn es um Erbringung von Leistungen geht, die meisten Hindernisse in Form von Ängsten und psychischen Anspannungen selbst in den Weg.

Diese selbst auferlegten Hindernisse bei der Entwicklung der Persönlichkeit und der Gestaltung eines erfüllten Lebens basieren meistens auf ihren grundlegenden Überzeugungen von sich und dem Leben insgesamt, den so genannten „Glaubenssätzen“. Wenn diese Glaubenssätze eine stark negative, abwertende Komponente beinhalten, was meistens der Fall ist, wirken sie sich extrem hinderlich auf das Erreichen von Zielen aus. Daher ist erst einmal eine genaue Prüfung der eigenen Glaubenssätze notwendig, was mit den folgenden Übungen durchgeführt werden kann.

Quantum Linguistik

Glaubenssätze können Ziele fördern und verhindern, weshalb man sich bei deren Untersuchung nicht auf ihren Wahrheitsgehalt, sondern ihre Wirkung konzentrieren sollte. Vorrangig geht es um die Auswirkungen eines Glaubenssatzes, also darum, ob er „nützlich“ ist. Als sich selbst erfüllende Prophezeiungen beeinflussen Glaubenssätze unser Verhalten ganz wesentlich, das heißt, sie unterstützen oder hemmen Verhaltensweisen und sollten daher entsprechend modelliert werden.

Um die Wirkung eines konkreten Glaubenssatzes richtig einschätzen zu können, sind folgende Überlegungen hilfreich:

Suche zuerst einen für dich wichtigen und deine Handlungsweise bestimmenden Glaubenssatz:

....

und überlege dazu:

Was passiert, wenn du das weiterhin glaubst?
Was passiert nicht, wenn du das weiterhin glaubst?
Was passiert, wenn du das nicht mehr glaubst?
Was passiert nicht, wenn du das nicht mehr glaubst?

Glaubenssätze – Selbsteinschätzung nach Anthony Robbins

Welche Ansichten hast du über dich und deine Fähigkeiten?

Nimm dir Zeit zu überlegen und schreibe dann fünf verschiedene Glaubenssätze auf, die in der Vergangenheit aufgrund deines Selbstbildes deine Handlungsweisen bestimmt haben.

1 ....

2 ....

3 ....

4 ....

5 ....

Schreibe jetzt mindestens fünf positive Glaubenssätze auf, die dir dabei helfen könnten, dich so zu sehen, dass du deine wichtigsten Ziele erreichen kannst.

1 ....

2 ....

3 ....

4 ....

5 ....

Die obigen Aussagen haben einen zeitlichen Bezug, sie sind daher nur im Zusammenhang mit der momentanen Verfassung gültig und beinhalten keine absolute Wahrheit für die Zukunft.

Glaubenssätze – Zukunftsausrichtung

Denke an drei Glaubenssätze, die dich einschränken, und schreibe sie auf:

1 ....

2 ....

3 ....

Schau im Geist in einen riesigen, hässlichen Spiegel und stell dir vor, wie dein Leben sein wird, wenn diese drei Glaubenssätze wahr wären und du dich weiterhin ihnen entsprechend verhältst.

Wie wird dein Leben in 10 Jahren sein?

Wie in 20 Jahren?

Nimm dir einen Moment Zeit, um wieder klar zu werden (tief durchatmen).

Nun denke dir drei neue Glaubenssätze aus, die dir Stärke und Selbstvertrauen geben und deine Lebensqualität spürbar verbessern würden:

1 ....

2 ....

3 ....

Schau im Geist in einen großen, wunderschönen Spiegel und stell dir vor, wie dein Leben sein wird, wenn diese drei Glaubenssätze wahr wären und du dich ab jetzt ihnen entsprechend verhältst.

Wie wird dein Leben in 10 Jahre sein?

Wie in 20 Jahren?

Zielkriterien

Neben den Glaubenssätzen, die das Erreichen von Zielen extrem negativ beeinflussen können, liegt ein weiterer Hemmfaktor in der Strukturierung und dem sprachlichen Aufbau der gesetzten Ziele. Diese behindern uns stark bei der erfolgreichen Durchsetzung unserer Wünsche. Das lässt sich jedoch verhindern, wenn man sich über gewisse grundsätzliche Faktoren klar ist, die Ziele beinhalten müssen, um Realität werden zu können.

Bei einem nützlichen Ziel muss es sich in erster Linie um die Gegenwart einer Lösung statt um die Abwesenheit des Problems handeln. Weitere Kennzeichen für solche „wohl formulierten“, d. h. erreichbaren Ziele sind die folgenden:

- *Wichtigkeit/Bedeutsamkeit:* Ein entsprechender Einsatz für das Erreichen eines Ziels kann nur dann gegeben sein, wenn einem dieses auch tatsächlich wichtig ist.
- *Realistische Durchführbarkeit:* Bei zu groß, zu schwierig oder zu umfangreich angesetzten Zielen ist die Durchführbarkeit unwahrscheinlich, deshalb ist eine Aufteilung in Unterziele vorzunehmen.

- *Ethische Verträglichkeit:* Die meisten Menschen richten ihr Handeln letztlich doch nach den moralischen Vorstellungen aus, die ihrer Kultur entsprechen. Bei Widersprüchen zwischen dem Ziel und gesellschaftlich gängiger Ethik wird dieses daher meist unbewusst sabotiert. Man sollte sich dann so lange nach den dahinter liegenden Zielen fragen, bis man zu einem ethisch vertretbaren Ziel gelangt.
- *Eigenverantwortlichkeit:* Das Erreichen des Ziels muss im Bereich der eigenen Verantwortung liegen, ein geändertes Verhalten dritter Personen oder deren aktiver Beitrag darf nicht Voraussetzung sein.
- *Begrenzung auf kleine Schritte:* Ein gesetztes Ziel in einem Schritt erreichen zu wollen ist meist unrealistisch und wirkt überfordernd. Ein erreichbares Ziel sollte in einzelne, leicht ausführbare Schritte aufteilbar sein, die nacheinander zu bewältigen sind.
- *Festlegen des Endpunktes:* Um einen Zeithorizont zu erhalten, sollte man sich nach dem frühesten Erreichen des Ziels fragen. Besonders Langzeitziele sind in Etappen aufzuteilen, denn das Erfolgserlebnis, ein Unterziel erreicht zu haben, erleichtert den Weg zum Endziel wesentlich.
- *Festlegung von Hinweisen zum Erreichen des Ziels:* Es muss eindeutig prüfbar sein, wenn und wann man das gewünschte Ziel erreicht hat, bsw. über eine Frage in der Art von: „Woran werde ich merken, dass mein Ziel erreicht ist?"
- *Definition des Gegebenen:* Bei der Zieldefinition ist darauf zu achten, dass es um erwünschtes, positives Verhalten geht, ein Ziel sollte keinesfalls auf Verschwinden oder Abwesenheit des Problems ausgerichtet sein. Die innerliche an sich selbst gestellte Frage nach dem „Stattdessen" (im Fall des Verschwindens des Problems) kann das Gewünschte ans Licht bringen.
- *Orientierung auf einen positiven Anfang:* Es ist immer darauf zu fokussieren, mit etwas Anderem/Besserem zu beginnen, statt irgendetwas zu beenden. Ein „Aufhören" entspricht nicht der menschlichen Natur, und ohne Alternative eines Handelns gibt es kaum Aussicht auf Erfolg.
- *Formulierung:* Ziele sollten sprachlich immer in konkreten und vor allem positiven Begriffen formuliert werden und sich auf realistisch ausführbares Verhalten beziehen.

Nachdem du jetzt also weißt, wie du nicht über dich, andere Menschen und die Welt an sich denken darfst, damit aus dir etwas wird, und wie du deine Ziele formulieren musst, damit du überhaupt eine Chance hast, sie zu erreichen, werde ich dir als Nächstes erklären, wie du das jetzt mit meiner Hilfe anstellen kannst.

Also, ich meine damit natürlich, was du mir Gutes tun kannst, damit bei dir endlich mal ein bisschen Bewegung in die Dinge kommt und etwas weiter geht – eine kleine Einstiegshilfe hierzu ist die folgende Technik:

Ein-Punkt-Behandlung

Grundsätzlich merke dir erst einmal, dass es einen Punkt bei mir gibt, der besonders gut ist, um etwas in deinen Kopf zu bekommen, was besser ist als das, was vorher drin war – und das ist der Serienpunkt (SP). Als zweitbeste Alternative kann ich dir dann noch den Punkt auf der Stirn (S), also dein drittes Auge anbieten.

Sei jetzt bitte nicht allzu verwirrt, weil du dieselben Punkte, mit denen du bisher versucht hast, etwas „wegzubekommen", jetzt dazu nutzen sollst, um etwas „hineinzubringen" – ja, so ist das eben mit mir – ich bin halt doch ein Mysterium!

Glaub es mir einfach, sowohl zum „Wegmachen" als auch zum „Einklopfen" nimmst du am besten den Serienpunkt (SP) oder alternativ die Stirn (S) und, um es noch „massiver" zu gestalten, schieb dann noch eine Kurzfassung von Fred Gallos NAEM hinterher.

Also – um es noch mal klar zu machen, weil das zugegebenermaßen verwirrend ist:

Wenn du gerade nicht die Zeit hast, um eine aufwändige Methode durchzuführen, oder auch während du das vielleicht gerade tust: Es ist grundsätzlich so, dass du über andauerndes Klopfen des Serienpunktes einen Schmerz oder sonst irgendeine unangenehme Emotion abschwächen bzw. ganz besei-

tigen kannst. Du musst dann aber wirklich dranbleiben und sehr lange klopfen, während du geistig-emotional mit diesem Problem verbunden bleibst. Als Hilfestellung kannst du hierbei das Problem skalieren und dann immer wieder den Skalenwert prüfen, während du klopfst.

Gleichzeitig kannst du auch noch die Augen in großen Kreisen nach links und rechts oder in Form einer liegenden 8 auch in beiden Richtungen rollen, das unterstützt den Prozess noch zusätzlich – oder führe einfach gleich die 9 Gamut durch, wenn du schon dabei bist. Wichtig ist: Klopfe einfach so lange, bis es tatsächlich wesentlich besser wird, egal, wie lange das dauert – O.K.?

Nun, wenn das, was deiner Meinung nach schlecht war, jetzt endlich weg ist, dann muss ja „stattdessen" etwas an seine Stelle kommen – du bist ja schließlich kein „Vakuum"!

Alles, von dem du gerne hättest, dass es in deinen Kopf, also in dein Hirn, deine Gedanken und deinen Körper, „hineingeht", das klopfst du jetzt – wo der Platz dafür ja frei ist – einfach hinein. Dafür nimmst du hauptsächlich wieder den Serienpunkt (SP) her (eventuell abwechseln oder dazwischen mal auch die Stirn (S) als Alternative) und führst anschließend eine Kurzform von NAEM durch.

Und bedenke auch hier wieder: Während du klopfst, musst du dich emotional stark mit deinem Ziel oder Wunsch verbinden, damit du feststellen kannst, wann du zuversichtlicher wirst, dass du das auch erreichen wirst. Hier kannst du dir wieder über eine Skala die Sache erleichtern. Klopf einfach so lange, bis du von 0, was wirklich mies und unerfreulich ist, in Richtung 10 marschiert bist – das kann wieder einige Zeit dauern. Wenn du dann an dem Punkt bist, der dir wirklich gut genug erscheint, dann klopfst du einfach die vier Punkte von Fred Gallos NAEM–Sequenz hinterher:

- *Stirn (S)*
- *Unter der Nase (UN)*
- *Unter der Lippe (UL)*
- *Thymus/Brustkorb (B)*

Das ist wirklich eine tolle und ganz einfache Sache, um positive Glaubenssätze zu installieren, angenehme Emotionen zu verstärken oder deine Zuversicht zu irgendeiner für dich wichtigen Angelegenheit zu erhöhen.

Übrigens – aber das weißt du ja mittlerweile sicher schon: Wenn es irgendwie nicht so richtig weitergeht, und zwar beim „Wegklopfen" wie beim „Einklopfen", dann hast du sicher wieder unbewusst irgendwas, das dir nicht passt, und musst unter deiner Bewusstseins-Decke wieder mal herummeckern, wie es halt so deine menschliche Art ist, was im Klartext bedeutet: Du bist psychisch umgekehrt.

Was dann zu tun ist, ist dir ja bekannt – klopf einfach die Handkante (HK) oder reib den Wunden Punkt (WP) und sag dabei den berühmten Satz mit voller Hingabe auf:

„Auch wenn ich ... xy (füg das ein, was dann gerade zur Situation passt), liebe und akzeptiere ich mich von ganzem Herzen."

Dann konzentrierst du dich wieder auf das Problem oder das Wunschziel und klopfst weiter den Serienpunkt.

So einfach ist das ! Naja, vielleicht fasse ich es dir noch einmal zusammen – für alle Fälle:

Ein-Punkt-Behandlung

- *Denke intensiv und emotional beteiligt an das, was dich gerade so extrem stört, und skaliere dieses Problem.*
- *Führe zur Vorsicht eine Behandlung der psychischen Umkehrung durch, klopf also die Handkante (HK) oder reibe den Wunden Punkt (WP) und sag irgendwas in der Art von:*
  „Auch wenn ich gerade ... xy (Schmerzen in ... habe), liebe und akzeptiere ... ."
- *Jetzt bleibe wirklich emotional stark beteiligt an dem Problem dran und klopfe andauernd den Serienpunkt (SP), bis du merkliche Besserung spürst – prüfe das einfach über die Skala nach. Du kannst eventuell auch dazwischen einmal zum Punkt auf der Stirn (S) wechseln, aber der Serienpunkt (SP) ist doch mein Favorit.*
- *Während du klopfst, mach ein paar verschiedene Augenbewegungen oder führe gleich die 9 Gamut durch – am besten alles zusammen, damit dir nicht langweilig wird.*
- *Wenn sich nicht genug an Verbesserung tut oder es sogar wieder schlimmer werden sollte, behandle noch einmal die Psychische Umkehrung und pass dabei den Setup – Satz an die Umstände und deine Emotionen an.*
- *Sobald du die Skala wirklich wesentlich runter gebracht hast und fast bei 0 bist, klopf abschließend noch die vier Punkte von NAEM hinterher: S > UN > UL > B.*
- *Jetzt mach genau dasselbe wie vorher, nur mit einer umgedrehten Skala und dem Ziel von 10 für das, was du stattdessen gerne erreichen willst, also mit deinem Ziel.*

Das ist eine technische Möglichkeit, die leicht durchzuführen ist. Eines ist natürlich klar. Wenn es sich um vielschichtige Probleme handelt, dann brauchst du schon Methoden von massiverem Kaliber, aber es gibt ja nicht nur Riesenprobleme, und manchmal tun es auch die einfachen Mittel!

Es gibt aber auch kluge Leute, die haben lange überlegt und sich noch viel kompliziertere Sachen ausgedacht, damit du deine Ziele erreichen kannst, und darüber gibt es auf den nächsten Seiten mehr.

Zielarbeit mit EFT

Die nachfolgend beschriebene Methode enthält Elemente aus dem NLP und der Hypnotherapie, orientiert sich aber hauptsächlich an EFT-Techniken von Steve Wells und Betty Moore-Hafter.

Zielarbeit mit EFT – Ablauf

Zielformulierung: Definiere erst einmal anhand folgender Prüfkriterien, was du mit der dann folgenden Anwendung erreichen willst.

- Was will ich?
- Woran werde ich erkennen, dass ich das, was ich will, erreicht habe?
- Was könnte in meinem Leben anders sein, wenn ich das, was ich will, erreicht habe?
- Gibt es bestimmte Bereiche oder Situationen in meinem Leben, in denen ich dieses Ziel nicht erreicht haben möchte?
- Welche Ressourcen brauche ich, um das Ziel zu erreichen?
- Gibt es irgendetwas, das ich verlieren könnte, wenn ich erreiche, was ich will?
- Was hat mich bisher in meinem Leben davon abgehalten, dieses Ziel zu erreichen?

Bearbeitung des Zweifels: Führe jetzt jeweils Anwendungen von EFT durch zu sämtlichen Gedanken sowie den sie begleitenden Gefühle und Assoziationen, die das Ziel als unerreichbar oder dich selbst als dafür nicht gut genug erscheinen lassen. Dabei benutze zur Beseitigung von eventueller Psychologischer Umkehrung erst einmal Setups in der Art von:

- „Auch wenn ich bezweifle, dass ich … xy (dein genau definiertes Ziel) jemals erreichen kann, liebe und akzeptiere ich mich aus ganzem Herzen."
- „Auch wenn ich nicht gut genug bin, um … xy, liebe …"
- „Auch wenn ich die Fähigkeiten nicht habe, die man braucht, um … xy, liebe …"
- „Auch wenn ich … zz (deine dich begrenzende Einschätzung deiner Person) bin, liebe und akzeptiere ich mich trotzdem ganz und gar und ohne jede Einschränkung."

Installation des Ziels: Anschließend klopfe die Serie der EFT-Punkte mit einer Kurzform der Zieldefinition durch, bsw. mit: „Mein xy-Ziel" oder „Mein Traumjob".

Vergiss dabei nicht, im ersten Sandwich die 9 Gamut durchzuführen, denn jetzt geht es ja nicht mehr um die Zweifel, sondern um ein neues Thema, nämlich das Ziel, und darauf muss sich dein Organismus auch neurologisch erst einmal neu einstellen. Führe dann einfach einige Klopf-Durchgänge aus, bis sich das „Denken" an dein Ziel wirklich rund und gut anfühlt. Wenn es irgendwo nicht weitergeht oder schlechter wird, bearbeite einfach nochmals die Psychologische Umkehrung.

Zielvisualisierung: Imaginiere jetzt das Ziel als bereits erreicht und dich selbst als mitten im Geschehen befindlich. Empfinde diese schöne Situation und die dann gegebenen Emotionen mit möglichst vielen Sinneskanälen nach. Ab jetzt solltest du dieses tatsächliche Hineinversetzen in die Gefühle dieser neuen Realität – vor allem bei großen Zielen – täglich durchführen, und sei es nur einige Sekunden lang. Mit zunehmender Übung werden sich die Bilder der künftigen Möglichkeiten für dich wesentlich erreichbarer anfühlen und sich dadurch auch eher zur tatsächlichen Realität entwickeln.

Unterstützend ist wieder der Zweifel als Psychologische Umkehrung zu bearbeiten mit einem Setup-Satz wie:

„Auch wenn ich bezweifle, dass ich … xy (Ziel) jemals erreichen werde, liebe …"

Anschließend klopfe wieder die Meridiane der Reihe nach durch mit einer Kurzform der Zieldefinition, bsw. mit: „Mein xy-Ziel" oder „Mein Traumjob".

Festigen der Wunschvision: Bearbeite nun einige Runden lang die nächste Stufe, also nicht mehr die reine Vorstellung, sondern jetzt die tatsächliche Realisierung des Ziels. Leite diesen Durchgang daher wieder vorbeugend mit folgendem Setup-Satz ein:

„Auch wenn ich … xy erreiche und auch wenn ich dann … xy machen werde (jeweils das Ziel und die dann folgenden Handlungen genau schildern), liebe und akzeptiere ich mich vollständig und aus tiefstem Herzen."

Führe dann das Klopfen der Punkte durch mit einer Kurzform des jetzt tatsächlich erfolgreich erreichten Ziels, bsw.: „…xy ist erreicht!" oder „Ich hab den Job!"

Abbau von Blockaden: Wenn es irgendeine Form von innerer Abwehr gegen das Erreichen deines Ziels gibt, dann kommt sie bei dieser Imagination zum Vorschein. Was immer sich also jetzt als Reaktion an emotionalen oder körperlichen Widerständen zeigt, musst du einzeln und ausgiebig mit Durchgängen von EFT bearbeiten. Wenn sich negative Glaubenssätze oder Zweifel melden, solltest du erforschen, wann du diese Auffassungen und Ansichten in der Vergangenheit gelernt hast. Alle bei diesem Rückblick auftauchenden Emotionen musst du ebenfalls behandeln.

Dieser Prozess kann sehr umfangreich und entsprechend langwierig für dich werden, daher ist es hilfreich, wenn du dir die Aspekte, Emotionen und Themen aufschreibst, damit du nicht den Überblick verlierst und zum Abschluss noch einmal eine eingehende Überprüfung zur Skalierung anhand der Liste machen kannst.

Als Belohnung für den Aufwand kann dieses Vorgehen aber dann zur Umstrukturierung deiner Perspektive in Richtung auf mehr Handlungsspielraum und zu einem tiefgreifenden Wandel deiner damit verbundenen Glaubenssätze führen.

Neuerliche Überarbeitung des Ziels: Um die Veränderung abzusichern, solltest du abschließend nochmals eine emotionale Verbindung zu deinem Ziel herstellen und die eventuell immer noch bestehenden restlichen negativen Glaubenssätze und Zweifel abarbeiten. Wichtig ist hierbei, dass du dich ausgiebig mit der Angst vor dem Scheitern und den Einwänden gegen den Erfolg, also den teilweise noch unbewussten „Ja – Abers", beschäftigst.

Beginne hier bei den negativen Emotionen, die verhindern, dass du dich auch nur bei der Vorstellung vom Erreichen deines Ziels wohl fühlst, und arbeite nach und nach alle hochkommenden Aspekte ab. Manchmal musst du hier ein wenig graben, denn die inneren Einwände sind oft nicht auf den ersten Blick ersichtlich – es lohnt sich aber.

Stärkung von neuen, positiven Ansichten: Jetzt ist es an der Zeit, in noch ausführlicherem Ausmaß die „Alternativen" zu dem zu installieren, was zuvor in Form von Zweifeln und Einwänden beseitigt wurde. Arbeite jetzt genau wie vorher mit Hilfe von EFT daran, das Ziel zu festigen oder deinen Glauben an die Durchführung zu erhöhen.

Du führst nun also denselben Ablauf wie zuvor durch, nur dass du diesmal nichts verringern bzw. beseitigen willst, sondern deine ganze emotionale Aufmerksamkeit darauf lenkst, deine Zielvorstellung und deinen Glauben an die erfolgreiche Durchsetzung zu stärken. (Theoretisch könntest du das auch, wie im letzten Abschnitt beschrieben, mit Hilfe des Serienpunktes (SP) und NAEM durchführen.)

Wichtig ist hierbei, auch eventuelle Psychische Umkehrungen zu berücksichtigen; wenn sich also nichts bessert, dann behandle dich erst einmal dahingehend. Der Ablauf ist so, wie du es ja von EFT her kennst.

Abschließend könntest du eventuell auch noch eine Form von Schläfenklopfen (siehe dazu Kapitel 7, den Abschnitt „Schläfenklopfen) ausführen, um den Prozess nochmals zu festigen.

Ausdrücken von Dankbarkeit: Für das bisher bereits Erreichte solltest du nun entsprechenden Dank äußern, in Form einer Botschaft an das Unbewusste oder bestimmte Persönlichkeitsanteile bzw. den gesamten Körper oder Körperteile/Organe, die besonders betroffen sind. Entscheide dich hierbei je nach Umständen, geleisteter Arbeit und gesetztem Ziel.

Zielarbeit Kurzablauf

- Zielformulierung: Anhand der wesentlichen Zielkriterien genau definieren, was mit der Anwendung der Methode erreicht werden will.
- Bearbeitung des Zweifels: Alle negativen und behindernden Gedanken, Gefühle und Assoziationen zum Ziel mit EFT bearbeiten und hierbei die vermutlich massiv und eventuell mehrfach auftauchenden Psychologischen Umkehrungen berücksichtigen.
- Installation des Ziels: Einige Runden EFT mit der Kurzform des Ziels durchführen, beginnend mit einem kompletten Sandwich mit 9 Gamut.
- Zielvisualisierung: Das Ziel als bereits erreicht imaginieren und dabei eventuell auftauchende Zweifel bearbeiten. Dieses Hineinversetzen in die neue Realität in der Folge mehrfach täglich ausführen.
- Festigen der Wunschvision: Anschließend einige Runden den angestrebten nächsten Schritt, also die Realisierung des Ziels, mit EFT bearbeiten.
- Abbau von Blockaden: Die nun vermutlich hochkommenden emotionalen oder körperlichen Widerstände ausgiebig bearbeiten. Negative Glaubenssätze oder Zweifel in die Vergangenheit zu ihrem Ursprung zurückverfolgen und alle dabei auftauchenden Emotionen ebenfalls behandeln.

- Neuerliche Überarbeitung des Ziels: Nochmals alle eventuellen Reste bearbeiten, jetzt vor allem die Angst vor dem Scheitern und die zum Teil unbewussten Einwände gegen den Erfolg, also die „Ja–Abers".
- Stärkung von neuen, positiven Ansichten: Jetzt die positiven „Alternativen" mit demselben Ablauf von EFT installieren, wie er zuvor zur Beseitigung der Einwände genutzt wurde. Also das Ziel verfestigen und den Glauben an die erfolgreiche Durchführung erhöhen.
  Abschließend eventuell noch eine Form von Schläfenklopfen ausführen.
- Ausdrücken von Dankbarkeit: Eine Botschaft des Dankes für die Unterstützung an das Unbewusste, an Persönlichkeitsanteile, den Körper oder Körperteile schicken.

Leistungsoptimierung

Eine sehr umfassende Technik zur dauerhaften Verwirklichung von Zielen und Träumen mit Hilfe von Meridiantherapie wurde von den amerikanischen Psychologen Dr. Peter Lambrou und Dr. George Pratt unter Mitwirkung von Dr. Greg Nicosia entwickelt.

Lege erst einmal dein Ziel fest und berücksichtige dabei die wichtigsten Zielkriterien (durchführbar – positiv – bemerkbar/überprüfbar – selbstinduziert – klein gehalten – zeitlich begrenzt). Formuliere für das später folgende Klopfen einer bestimmten Sequenz von Punkten eine Kurzform des Ziels, also einen symbolischen, positiven Kernsatz.

Phase 1: Die Hindernisse auf dem Weg zum Ziel beseitigen

- Schätze jetzt den momentanen Skalenwert zu allen Emotionen, die sich negativ auf das Erreichen des Ziels auswirken könnten; auf einer Skala von 10 bis 0, wobei 0 das Ziel absoluter Stressfreiheit ist.
- Bei diesem ersten Teilabschnitt geht es um die Behandlung des Grundproblems bzw. der Gedanken und Emotionen und damit verbundenen Ängste, die dich an der Verwirklichung deines Ziels hindern, sowie aller dazugehörigen unterschwelligen negativen Gefühle und Überzeugungen. Du musst daher absolut ehrlich alle Ängste und Selbstzweifel, alle negativen Gedanken und Gefühle, die auch nur irgendwie deine positiven Absichten behindern, finden und neutralisieren. Die Behandlung aller hemmenden Überzeugungen, die im Laufe dieses Prozesses auftauchen, musst du erledigen bis zu einem Stresswert von 0 oder kurz davor.

- Führe einleitend erst einmal die Korrektur von Überenergie durch:
  - Schlage die Beine in Höhe der Fußknöchel übereinander – links über rechts.
  - Strecke die Arme und Hände mit den Handflächen nach unten vor dem Körper aus und überkreuze sie, den rechten Arm auf Höhe des Handgelenks über den linken.
  - Drehe die Hände nach unten und innen, bis die Handflächen zusammenkommen, und verschränke die Finger.
  - Beuge die Arme mit einer Abwärtsbewegung zum Körper hin, sodass die gefalteten Hände unterhalb des Kinns auf der Brust liegen.
  - Berühre beim Einatmen durch die Nase mit der Zunge den Gaumen am Zentrierenden Punkt (etwas hinter/über den oberen Schneidezähnen). Beim Ausatmen durch den Mund lege die Zunge an den Mundbogen an.
  - Lenke während der gesamten Übung die Konzentration auf eine für dich speziell passende Vorstellung von Gleichgewicht oder Ausgewogenheit.
  - Verharre 1–2 Minuten in dieser Position.
- Behandle nun standardisiert eventuell vorliegende Formen von Psychologischer Umkehrung, wobei du für das Setup Formulierungen nutzen solltest, die alle Ängste, Zweifel und Hindernisse betreffen, die dich vom Erreichen deines Ziels abbringen könnten, wie bsw.:
  - „Auch wenn irgendetwas in mir dagegen arbeitet, dass ich mein Ziel …xy erreiche, liebe und akzeptiere ich mich aus ganzem Herzen."
  - „Auch wenn ich Angst habe, es nie zu schaffen, … xy zu erreichen, …"
  - „Auch wenn ich es mir nicht zutraue, mein Ziel … xy zu erreichen, …"
  - „Auch wenn ein Gefühl von … xy in mir aufsteigt, wenn ich daran denke, mein Ziel zu erreichen, …"
  - Auch wenn ich weiterhin viele Probleme haben werde, mein Ziel zu erreichen, …"
  - „Auch wenn ich es eigentlich nicht verdiene, mein Ziel … xy zu erreichen, …"
  - „Auch wenn ein Teil meiner Identität bedroht ist, wenn ich mein Ziel erreiche, …"
- Als Behandlungssequenz kannst du entweder die Punkte von EFT nutzen oder dir eine spezielle Sequenz suchen, die genau zu deinem Thema bzw. dem jeweiligen Gefühl passt (siehe dazu in Kapitel 7 den Abschnitt „Behandlungssequenzen").

  Die ausgewählte Sequenz klopfst du immer wieder, im ersten Durchgang als Sandwich, also zweifach unter Einfügung der 9 Gamut und bei Stag-

nation oder Rückgang des Wertes auf der Skala mittels weiterer Behandlung Psychologischer Umkehrung, bis du den Wert von 0 oder fast 0 erreicht hast.
Ab einem Wert von 2 kannst du eine einfache Form von Augenrollen einfügen, das bringt weitere Entspannung und Verbesserung des Skalenwertes.

Phase 2: Stärkung der Zielsetzung

- Schätze jetzt den momentanen Skalenwert der Gültigkeit deiner zu Beginn formulierten Zielaussage bzw. deiner Überzeugung von ihrer Verwirklichung auf einer Skala von 0–10 mit dem Ziel der 10.
- Behandle nun erst einmal standardisiert eventuell vorliegende Formen von Psychologischer Umkehrung, wobei du für das Setup Formulierungen nutzen solltest, die deinen Zweifel am Erreichen deines Zieles und den mangelhaften Glauben an deine Zielvorstellung beinhalten, wie bsw.:
  - „Auch wenn ich noch nicht wirklich fest glauben kann/obwohl es in mir noch (extremen/einen Rest von) Unglauben gibt, dass ich mein Ziel … xy jemals erreichen kann, liebe und akzeptiere ich mich von ganzem Herzen."
  - „Auch wenn ich noch Schwierigkeiten habe, meine Zielaussage zu glauben, …"
  - „Auch wenn ich die Schwierigkeiten, meine Zielaussage zu glauben, behalten will, …"
  - „Auch wenn ich weiterhin Schwierigkeiten haben werde, meine Zielaussage zu glauben, …"
  - Auch wenn ich es nicht verdiene, meinen Unglauben an meine Zielaussage zu überwinden, …".
  - Auch wenn …
    - es ein Risiko für mich/für andere bedeutet,
    - ich es mir nicht gestatte,
    - ich nicht das Nötige tue, um,
    - es nicht gut für mich/für andere ist,

    diesen Unglauben an meine Zielaussage zu überwinden, …"
    - „Auch wenn ein Teil meiner Identität bedroht ist, wenn ich diesen Unglauben an meine Zielaussage überwinde, …"
- Klopfe jetzt nacheinander die folgenden vier Punkte:
  - Augenbraue (AB)
  - Unter der Nase (UN)
  - Unter der Unterlippe (UL)
  - Mittelfinger (MF),

während du gleichzeitig 3x den zu Beginn formulierten positiven Zielsatz mit Energie und Überzeugung aussprichst.
Diese Sequenz klopfst du immer wieder, im ersten Durchgang als Sandwich, also mit eingefügten 9 Gamuts, bis du den Wert von 10 oder fast 10 erreicht hast.
Ab einem Wert von 7 kannst du eine einfache Form von Augenrollen einfügen, das bringt weitere Entspannung und Verbesserung des Skalenwertes.

- Alle eventuell im Ablauf auftauchenden negativen Emotionen (Hinweise auf Aspekte des Ursprungsproblems aus Phase 1) musst du als auftauchendes Hindernis und Problem einstufen, auf der Stressskala bewerten und immer zuerst bis zu einem Wert von 0 oder fast 0 behandeln, bevor du die weitermachst, weil sonst Stagnation einsetzt.

Phase 3: Stärkung der Visualisierung des Ziels

- Nun imaginiere unter Nutzung möglichst vieler Sinneskanäle, dass du dein Ziel erreichen wirst oder bereits erreicht hast, und ermittle den Skalenwert dahingehend, wie sehr du in diesem speziellen Fall an deine eigene Vorstellung bzw. an die tatsächliche Gültigkeit deiner Phantasie und Vorstellungskraft glaubst.
  Auch wenn es ähnlich klingt wie die zuvor bearbeitete Skalierung, geht es jetzt nicht mehr um das Ziel direkt, sondern um deinen Glauben an deine Phantasie bezüglich des Erreichens deines Ziels, was noch einmal feiner und tiefgehender ist.
- Korrigiere erneut eventuelle psychische Umkehrungen mit Setup–Sätzen, die deinen mangelnden Glauben an deine eigene Vorstellungskraft und deinen Zweifel an der Richtigkeit und Haltbarkeit deiner Imagination beinhalten, wie bsw.:
  - „Auch wenn ich noch nicht wirklich fest glauben kann/obwohl es in mir noch (extremen/einen Rest von) Unglauben gibt, dass meine imaginierte Wunschvorstellung Realität wird, liebe und akzeptiere ich mich von ganzem Herzen."
  - „Auch wenn ich meine Wunschvorstellung einfach noch nicht glauben kann, …"
  - „Auch wenn ich die Schwierigkeiten, meine imaginierte Wunschvorstellung zu glauben, behalten will, …"
  - „Auch wenn ich weiterhin Schwierigkeiten haben werde, meine Imagination zu glauben, …"
  - „Auch wenn ich es nicht verdiene, meinen Unglauben an meine visualisierte Wunschvorstellung zu überwinden, …".

- „Auch wenn
  - es ein Risiko für mich/für andere bedeutet,
  - ich es mir nicht gestatte,
  - ich nicht das Nötige tue, um,
  - es nicht gut für mich/für andere ist,

  diesen Unglauben an meine imaginierte Wunschvorstellung zu überwinden, …"
- „Auch wenn ein Teil meiner Identität bedroht ist, wenn ich diesen Unglauben an meine imaginierte Wunschvorstellung überwinde, …"

- Klopfe jetzt die folgenden drei Punkte für jeweils ca. 30 Sekunden pro Punkt:
  - Unter dem Arm (UA)
  - Augenbraue (AB)
  - Unter der Unterlippe (UL),

  während du gleichzeitig so emotional beteiligt, wie es dir nur irgend möglich ist, visualisierst, dass du dein Ziel erreichst.
  Diese Sequenz klopfst du immer wieder, im ersten Durchgang als Sandwich, also mit eingefügten 9 Gamuts, bis du den Wert von 10 oder fast 10 erreicht hast. Ab einem Wert von 7 kannst du eine einfache Form von Augenrollen einfügen, das bringt weitere Entspannung und Verbesserung des Skalenwertes.
- Alle eventuell im Ablauf auftauchenden negativen Emotionen (Hinweise auf Aspekte des Ursprungsproblems aus Phase 1) musst du als auftauchendes Hindernis und Problem einstufen, auf der Stressskala bewerten und immer zuerst bis zu einem Wert von 0 oder fast 0 behandeln, bevor du weitermachst, weil sonst Stagnation einsetzt.

Leistungsoptimierung Kurzablauf

- Zieldefinition und Formulierung einer Kurzform des Ziels

Phase 1: Beseitigung von Hindernissen auf dem Weg zum Ziel

- Skalierung des momentanen Gesamtvolumens an negativen Emotionen, die das Erreichen des Ziels verhindern könnten, auf einer Skala von 10 bis 0 (0 = absolute Stressfreiheit).
- Korrektur von Überenergie.
- Behandlung Psychologischer Umkehrung mit Setups, die genau diejenigen Ängste, Zweifel und Hindernisse betreffen, welche ein Erreichen des Ziels verhindern könnten.

- Als Behandlungssequenz die EFT–Punkte nutzen oder eine spezielle, zum Thema passende Sequenz aus Kapitel 7 (Behandlungssequenzen). Die ausgewählte Sequenz bis zum Wert von 0 oder fast 0 klopfen, im ersten Durchgang unter Einfügung der 9 Gamuts und bei Stagnation oder Rückgang des Wertes auf der Skala mit weiterer Behandlung von Psychologischer Umkehrung. Ab einem Wert von 2 kann zur weiteren Verbesserung einfaches Augenrollen eingefügt werden.

Phase 2: Stärkung der Zielsetzung

- Skalierung der momentanen Gültigkeit der Zielaussage bzw. der Überzeugung von einer Verwirklichung der Zielaussage auf einer Skala von 0–10 mit dem Ziel, die 10 zu erreichen.
- Behandlung Psychischer Umkehrung mit Setups, die den Zweifel am Erreichen des Zieles und den mangelhaften Glauben an die eigene Zielvorstellung beinhalten.
- Nacheinander die folgenden vier Punkte klopfen:

  AB > UN > UL > MF

  bei gleichzeitigem überzeugtem dreimaligem Aussprechen des positiven Zielsatzes.

  Die Sequenz bis zum Skalenwert 10 oder fast 10 klopfen, im ersten Durchgang unter Einfügung der 9 Gamuts. Ab einem Wert von 7 kann zur weiteren Verbesserung einfaches Augenrollen eingefügt werden.
- Im Ablauf auftauchende negative Emotionen sind als Hindernis und Problem einzustufen, auf der Stressskala zu bewerten und immer zuerst bis zu einem Wert von 0 oder fast 0 zu behandeln, bevor die Leistungsoptimierung fortgesetzt wird.

Phase 3: Stärkung des Visualisierung des Ziels

- Unter Nutzung möglichst vieler Sinneskanäle imaginieren, dass das Ziel erreicht wird oder bereits erreicht wurde.
- Skalierung des momentanen Glaubens an die eigene Vorstellung, also der Gültigkeit der eigenen Phantasie und Vorstellungskraft, auf einer Skala von 0–10 mit dem Ziel der 10.
- Behandlung Psychologischer Umkehrung mit Setups, die den mangelhaften Glauben an die eigene Vorstellungskraft und den Zweifel an der Richtigkeit und Haltbarkeit der Visualisation/Imagination beinhalten.
- Die folgenden drei Punkte für jeweils ca. 30 Sek. pro Punkt klopfen:

  UA > AB > UL

  bei möglichst emotionaler Imagination, dass das Ziel erreicht wird.

Die Sequenz bis zum Skalenwert 10 oder fast 10 klopfen, im ersten Durchgang unter Einfügung der 9 Gamuts. Ab einem Wert von 7 kann zur weiteren Verbesserung einfaches Augenrollen eingefügt werden.

- Im Ablauf auftauchende negative Emotionen sind als Hindernis und Problem einzustufen, auf der Stressskala zu bewerten und immer zuerst bis zu einem Wert von 0 oder fast 0 zu behandeln, bevor die Leistungsoptimierung fortgesetzt wird.

Es wirkt nicht – was nun?

Es ist dir ja sicherlich mittlerweile klar geworden, dass bei der Arbeit mit mir die Zusammenhänge zwischen Geist und Körper offensichtlich werden, und zwar, indem sich körperliche Beschwerden auflösen können, während du an emotionalen Themen arbeitest. Wenn also körperliche Symptome weiterhin hartnäckig fortbestehen oder zurückkommen, nachdem du sie mit meiner Hilfe eigentlich schon erfolgreich beseitigt hattest, dann deutet das darauf hin, dass immer noch ein anderes ungelöstes emotionales Thema dahinter steht.

In so einem Fall bist du sicherlich erst einmal ziemlich frustriert, denn es liegt in deiner Natur, dass du immer alles schnell, einfach und ohne viel Mühe beseitigt haben willst, obwohl du oft recht gedankenlos und vor allem meist über lange Zeit am Aufbau deiner Probleme gearbeitet hast.

Ärgere dich nicht, denn jetzt bietet sich dir eine tolle Chance, eine Ebene tiefer zu graben und vielleicht auf das zu stoßen, was wirklich der Ur-Auslöser für dein Problem ist. Jetzt solltest du nach dem suchen, was bisher völlig zugedeckt und dir vermutlich gar nicht bewusst war und es wahrscheinlich noch immer nicht ist.

Du musst jetzt wahren Forschergeist beweisen und in den Abgründen deiner Persönlichkeit nach den emotionalen Hintergründen suchen. Probier es einfach mal aus mit Fragen in der Art von:

- *Wenn es eine emotionale Sache gäbe, die zu diesem Schmerz/diesem Symptom/dieser Beschwerde/... xy ... beiträgt, welche wäre das?*
- *Welches emotionale Problem könnte der Auslöser für ... xy sein?*
- *Welches emotionale Thema war wichtig zu dem Zeitpunkt, als ... xy erstmals aufgetreten ist?*

- *Welcher emotionale Grund könnte die Heilung / Beseitigung von ... xy verhindern?*

Höre einfach in dich hinein, und wenn wirklich keine Antwort kommt, dann musst du halt erst einmal bei deinem Unbewussten ein wenig betteln gehen. Dein Unbewusstes hat es nämlich auch gerne, wenn du dich eingehend mit ihm befasst und es nicht immer behandelst, als wäre es dein Feind oder nicht vorhanden oder zu dumm, um zu kapieren, was dein toller Verstand will.

Das ist auch eine deiner Eigenschaften, die dir nichts Gutes bringt, und das siehst du ja jetzt; wenn es dir nicht antworten will, dann ist es wahrscheinlich einfach nicht mehr gewöhnt, dass du dich ihm zuwendest und eine Antwort von ihm haben willst. Also lass ihm nochmals eine eindeutige, klar formulierte Botschaft zukommen, sprich es direkt an – und das bitte recht freundlich und höflich.

Da kommt dann schon irgendein Gedanke oder ein Bild oder eine Erinnerung, mit der du dann weiterarbeiten kannst. Auch wenn es dir vielleicht zuerst unverständlich oder nicht passend erscheint, nimm einfach das, was du bekommst.

Ich möchte aber nicht völlig ausschließen, dass du wirklich nicht deuten kannst, was dein Unbewusstes dir sagen will, vielleicht hast du einfach das „Schwätzchen" mit dir selbst verlernt. Das ist dann auch nicht weiter schlimm, dann probier es einfach „hinten rum" mit einer anderen Methode. Dann musst du eben versuchen, die unbekannten oder versteckten Botschaften von Schmerzen, sonstigen körperlichen Symptomen oder negativen Emotionen dadurch zu klären, dass du sie mit meiner Hilfe in dein Bewusstsein „klopfst", und das geht folgendermaßen:

Du suchst dir erst einmal eine der vielen Klopf-Möglichkeiten heraus, mit der du die Sache angehen willst, das kann sein die EFT-Grundsequenz, der Foley-Algorithmus, die NAEM-Kurzform, der Serienpunkt (SP) allein oder in Verbindung mit dem Punkt auf der Stirn (S), oder vielleicht hast du dir mittlerweile eine ganz persönliche Abfolge von Lieblingspunkten zusammengesucht, die bei dir besonders gut wirken.

Wie auch immer, du brauchst ein paar Klopfpunkte, mit deren Hilfe du auf „Ideensuche" gehen kannst. Dazu verbinde dich jetzt erst einmal emotional mit dem, was das Problem eigentlich darstellt, und sprich eine oder mehrere der folgenden Fragen laut aus, während du einen speziellen Punkt, mehrere Punkte oder eine bestimmte Sequenz klopfst:

„Dieser Schmerz/dieses Gefühl von xy ...

- *... ich weiß nicht, was er/es bedeutet."*
- *... ich weiß nicht worauf er/es mich hinweisen möchte."*
- *... was immer er/es bedeuten mag."*
- *... was immer seine Botschaft ist."*
- *... wo auch immer er/es herkommt,"*

oder sprich einfach das aus, was dir passend erscheint, um zu erklären, was du nicht verstehst, und mitzuteilen, dass du irgendetwas „Handfestes" brauchst, mit dem du weiterarbeiten kannst, damit du deinem Problem richtig an den Kragen gehen kannst.

Rede einfach alles vor dich hin, was dir fragenswert und wichtig erscheint, und vergiss nicht, dabei immer weiterzuklopfen.

Du kannst dazwischen auch mal eine Behandlung von Umkehrung einschieben, vielleicht mit einem Setup-Satz in der Art von:

- *„Auch wenn es mir noch immer nicht klar ist, worum es geht, liebe und akzeptiere ..."*
- *„Auch wenn ich langsam verzweifle, weil Klarheit für mich so wichtig wäre, liebe ..."*
- *„Auch wenn ich mir einfach nicht sicher bin, ‚was' ich als Botschaft ‚wie' deuten soll ..."*

Auch hierbei verlass dich wieder auf das, was deiner Intuition nach jetzt angebracht wäre, und setzte dann mit dem Fragen und dem Klopfen der Punkte oder der Sequenz fort. Irgendwann wirst du mehr Klarheit haben und intuitiv wissen, wie du am besten weitermachen kannst, und so machst du es dann auch.

Wenn sich einmal ein Problem als besonders hartnäckig erweisen sollte, kannst du es auch über folgenden Umweg immer mehr einkreisen und „mürbe" machen. Dazu musst du einfach möglichst konkret sämtliche Emotionen finden, die Begleiter der körperlichen Beschwerden sind. Versuch das einmal über Fragen in der Art von:

- *Welches Gefühl kommt in mir auf beim Denken an das körperliche Problem?*
- *Welches Gefühl kommt auf beim körperlichen Spüren der Beschwerde?*
- *Welche Einschränkungen ergeben sich aus dem körperlichen Problem, und welche Emotionen lösen diese in mir aus?*

- *Welche Auswirkungen hat das Problem auf mein Selbstbild, meine Beziehungen zu anderen Menschen, meine berufliche Situation?*
- *Welche Emotionen kommen auf, wenn ich über diesen Kontext nachdenke?*

Du kannst dir diese Fragen wieder einfach nur laut oder innerlich gedanklich stellen oder dazu unterstützend irgendeine Sequenz klopfen wie vorher – wichtig ist, dass du emotional mit deiner Frage verbunden bleibst. Mit den Antworten, also sämtlichen Emotion, die du damit als Verursacher deiner Beschwerde vermutest oder sicher herausbekommen hast, kannst du jetzt nach einer der verschiedenen Techniken arbeiten, welche dir passend erscheint oder dich besonders angesprochen hat.

Wenn es um körperliche Probleme geht, kannst du die Emotion, mit der du gerade arbeitest, während der Durchführung auch in den jeweils betroffenen Körperteil „hinein–visualisieren", mit einem Bild, das dir passend erscheint.

Solche inneren Bilder sind für viele Menschen sehr hilfreich – du kannst dir dann vorstellen, wie die negative Emotion durch dein Klopfen immer schwächer wird und schließlich ganz verschwindet oder wie das kranke Organ oder der geschwächte Körperteil im Gegenzug immer stärker wird. Da kannst du dir einfach das suchen, was für dich stimmt. Wenn Bilder nicht so dein Ding sind, dann genügen aber auch das Klopfen und geistige Beteiligung am Prozess.

Wichtig ist vor allem:

Gib nie auf – hör nie auf – mach immer wieder weiter
... dann wirst du sicher auch Erfolg haben!

Und wenn du irgendwann trotz allem allein mit einem „ganz dicken Hund" dastehst oder einfach zu ungeduldig wirst, um dich endlos alleine herumzuquälen, dann such dir Hilfe in deiner Nähe, bei jemandem, der es vielleicht schon länger und öfter macht oder dir in einem Seminar nochmals ganz genau zeigt, wie es geht. Dazu habe ich dir am Ende des Buches noch ein paar Infos zusammengesucht.

Aber dazu später, jetzt hab ich erst mal noch eine andere Sache mit dir zu klären.

Jetzt habe ich dir eine Menge Methoden und Techniken beigebracht, die mit Sicherheit sehr nützlich für dich sein können – wenn du sie gewissenhaft anwendest. Aber wie bei so vielen Dingen im Leben gibt es auch hier ein großes „ABER"!

Da meldet sich jetzt nämlich eine „innere Stimme" in mir (so etwas habe ich sehr wohl auch, nicht nur du), und die sagt mir, dass ich dir noch etwas unheimlich Wichtiges sagen muss, nämlich:

Vergiss alles, was du hier bisher gelesen hast!

Renn jetzt aber bitte nicht gleich zum Buchhändler und verlange dein Geld zurück, sondern hör mir erst einmal in Ruhe zu. Ich habe jetzt nämlich noch so einiges „Gedankliche" für dich auf Lager, das dein Leben wirklich von Grund auf verändern kann, wenn du dich einmal in Ruhe damit auseinandersetzt.

Vorher möchte ich dich aber noch auf eine Sache aufmerksam machen, die dich sicher wundern wird, die ich dir aber trotzdem unbedingt mitteilen muss, weil es alles über den Haufen wirft, was ich dir bisher erzählt habe. Es gibt da nämlich gewisse Leute, die annehmen, dass die Wirksamkeit der verschiedenen Methoden des Klopfens meiner Punkte überhaupt nichts mit mir und meiner Energie bzw. eventuellen Störungen im Fluss meiner Energie zu tun hat. Wie findest du das?

Nachdem sich mein Ego von dieser schmählichen Kränkung erholt hat, muss ich sagen, dass diese Theorie aus menschlicher Sicht natürlich Sinn ergibt. Bei euch muss alles wissenschaftlich bewiesen sein, um anerkannt zu werden, und ich bin euren Wissenschaftlern nach wie vor recht suspekt. Also versuchen sie, die tollen Ergebnisse des Klopfens meiner Punkte mit Hilfe anerkannter Theorien zu erklären; um die Methoden wissenschaftlich „hoffähig" zu machen, bedienen sie sich also der Neurophysiologie und altbewährter psychologischer Wirkungs-Prinzipien.

Durch das Berühren meiner speziellen Punkte oder auch die anderen Reize wie Augenbewegungen, Zählen, Summen oder Aussprechen von Affirmationen würden nach dieser Theorie bestimmte Rezeptoren stimuliert, welche Signale direkt in solche Bereiche des Gehirns weiterleiten, die mit emotionalen Problemen befasst sind. Dort angekommen, würden sie dann wiederum mit den Signalen interagieren, durch die das behandelte Problem ausgelöst wurde, und dieses als Folge auflösen. All dies lässt sich neurophysiologisch natürlich besser überprüfen als meine bisher nicht streng wissenschaftlich messbaren Energien, außerdem ist so eine Theorie zusätzlich noch durch bekannte psychologische Konzepte gut abgestützt.

Ich muss trotz aller Kränkung zugeben, dieser Denkansatz hat absolut etwas für sich und wird sicherlich bewirken, dass noch einige andere gute Ideen und Hinweise zur Erklärung der Wirksamkeit dieser Methoden auftauchen werden – da wird es sicher noch jede Menge einfallsreiche Spekulationen geben, mit den entsprechend notwendigen Untersuchungen, Vergleichsstudien und neurologischen Messungen, wie sie die Wissenschaft nun mal braucht.

Um die Sache spannend zu halten, verrate ich dir jetzt auch nicht, was wirklich in dir los ist, obwohl ich die Wahrheit ja kenne, aber das müsst ihr schon selbst herausfinden!

Immerhin sind nach diesem gerade geschilderten Denkansatz wenigstens noch meine Punkte als Ausgangs-Ort der neurologischen Signale von großer Bedeutung. Du wirst es kaum glauben, aber es gibt noch schlimmere Ketzer, die behaupten, dass es überhaupt nicht um mich geht und man irgendwo klopfen könne, auch weit entfernt von meinen Bahnen. Und um gerecht zu sein, auch eine solche Meinung hat ihre Berechtigung – womit ich wieder bei den „lebensverändernden Gedanken" bin, die ich dir vorhin angekündigt habe.

Ich hab dir jetzt eine ganze Menge „Handwerkszeug" geliefert, unabhängig davon, warum und wie sie wirken – das sind schon teuflisch gute Methoden, die ich für dich zusammengetragen habe. Du wirst damit wirklich erfolgreich dein Befinden psychisch und körperlich auf Vordermann bringen. Doch eigentlich sind Technik und Methode nur Vehikel, und dahinter steht noch eine ganze Menge mehr.

Deine „Therapie mit dir selbst" muss darüber hinausgehen. Deine hinter und über allem stehende Absicht, also deine Ausrichtung und dein Geisteszustand, sind der wirkliche Schlüssel zum Erfolg. Wenn du es schaffst, deinen Geist zu klären und dich erst einmal von deinem Problem abzuwenden, wird dir ein Neustart von einer anderen und höheren Ebene aus möglich.

Ich weiß, wie schwierig das für dich ist, gerade in problematischen Situationen, aber es gibt einige Faktoren, die multiplizieren alles, was du dann in der Folge so für dich tust – oder eben auch nicht. Die gute Nachricht hierbei ist: Es liegt bei dir, entsprechend zu handeln, du bist nicht abhängig von irgendwelchen Umständen oder der Gnade deiner Mitmenschen, vom Wetter oder der Konstellation der Sterne.

Die weniger gute Nachricht ist: Wenn du dieses Kapitel überspringst oder dich hinter dem üblichen „in meiner schlimmen Situation gilt das nicht" versteckst, dann musst du die Folgen auch selber tragen, und weder die Umstände oder andere Menschen noch das Wetter oder die Sterne sind daran schuld.

Erst einmal rate ich dir, dass du dir klar machst, dass Dinge und Vorfälle der Vergangenheit dein gegenwärtiges Leben nicht beeinflussen dürfen. Auch wenn dein Verstand ständig versucht, auf negative Aspekte von Vergangenheit und Zukunft orientiert zu sein, musst du den Bezug zur Gegenwart aufrechterhalten und ausschließlich in der Gegenwart leben. Du verwickelst dich sonst nämlich in negatives und dich schädigendes Denken und bemerkst gar nicht, was für ein Prozess da abläuft.

Es gibt einen tollen Trick, den du in schlimmen Situationen erst einmal anwenden solltest. Mach einfach gedanklich einen Schritt „aus deiner Haut heraus" zur Seite, eventuell auf einen kleinen Sockel, damit du die Lage besser überblicken kannst, und dann schau dir alles im Ruhe „von außen" an. Diese Meta-Ebene (so nennt sich dieser Bereich, von dem aus du dich selbst betrachtest) kann dir ganz schnell Einsicht und Klärung bringen. Du wirst dich wundern, wie völlig anders du eine Situation siehst, wenn du sie von außen betrachtest, nicht emotional gefangen direkt in der ganzen Misere drinsteckst und alles nur aus deiner dann natürlich sehr eingeschränkten Blickrichtung wahrnimmst.

Es geht also ganz einfach darum, erst einmal innezuhalten und aus einer momentan als schrecklich problematisch empfundenen Situation auszusteigen, um sie dann von einer anderen Ebene aus neu zu beurteilen. Und es geht darum, die eigenen Gefühle zu analysieren, aber nicht im Kopf, sondern in dem Bereich, in dem sie wirklich emotional gespürt werden, und das ist selten das recht emotionslose Gehirn.

Ganz zum Schluss, sozusagen als Krönung, werde ich dir dann Übungen vorstellen, mit denen du diesen Kontakt zum wirklichen Sitz deiner Emotionen, nämlich zu deinem Herzen, aufbauen und pflegen kannst, aber jetzt müssen wir zuerst einmal gemeinsam noch einige Vorarbeit leisten, damit das später alles verständlicher wird.

Am besten ist es wohl, wir fangen mit dem an, was du so großspurig „denken“ nennst und worauf du dir meistens noch recht viel einbildest. Irgendwo hab ich mal gehört, dass du als Mensch im Durchschnitt täglich 60 000 Gedanken denkst und davon nur 3 % aufbauende, hilfreiche Gedanken sind, die dir selbst oder anderen nützen, ganze 25 % dagegen sind destruktive Gedanken, die das Gegenteil bewirken. Du musst zugeben, das ist ein ziemliches Missverhältnis, das du ändern solltest.

Dazu fällt mir jetzt etwas Passendes ein, was ich dir auch noch nicht erzählt habe:

Es gibt da eine Studie zu den wirklich peinlich geringen Erfolgen eurer menschlichen Bemühungen von Psychotherapie, die niederschmetternden Ergebnisse will ich hier gar nicht genauer darstellen. Wirklich interessant dabei aber ist, dass die wenigen guten Ergebnisse – egal, bei welcher therapeutischen Richtung – hauptsächlich von Menschen mit extrem guter Fähigkeit des Visualisierens gemacht wurden, was also dafür spricht, dass du dir dieses Geschick auch ein wenig mehr zu Eigen machen solltest.

Außerdem führen diese wenigen „erfolgreich“ therapierten Menschen nach dem Aufkommen eines negativen Gefühls innerlich sofort einen Abgleich durch. Diese besondere Spezies deiner Artgenossen analysiert also, was sie empfindet, die Analyse findet jedoch nicht im Hirn statt, sondern in der Form, dass das Gefühl aufkommen darf und die Emotion gespürt wird. Anschließend wird innerlich die Frage gestellt:

„Was brauche ich jetzt – was sollte ich jetzt tun?“

Der Erkenntnis folgt bei diesen Menschen dann eine entsprechende Handlung und danach weiteres Fokussieren auf die neuen Gefühle.

Du merkst sicher schon, worauf es ankommt. Es geht nicht darum, sich in trüben Gedanken zu verzetteln und diese ewig wieder neu aufzukochen, sondern darum, die gegebene Situation ausschließlich mit Blick auf das zu analysieren, was änderbar ist, und dann darauf, wie man dieses Ändern aktiv angehen kann. Danach ist es dann an der Zeit, sich den neuen Gegebenheiten zu widmen und die Vergangenheit in entsprechender Weise abzuschließen.

So – wenn du jetzt geringfügige Differenzen zu deinem eigenen Umgang mit schwierigen Situationen festgestellt hast, wird es vielleicht an der Zeit sein, etwas zu ändern!

Außerdem gibt es da noch einen „Sonderbonus" – wenn du einmal gelernt hast, auf diese Art mit Problemen umzugehen, bist du in der Lage, das auf beliebig viele andere Situationen zu übertragen.

Jetzt stellt sich natürlich die Frage – „was und wie tun?" Wo beginnt man als „kopflastiger" Mensch damit, eine Verbindung zu seinen eigenen Gefühlen zu bahnen und zu nutzen?

Lass mich dir dazu erst einmal einiges erklären:

Gefühle sind der primäre Antrieb der Heilsysteme deines Körpers, und dieser emotionale Motor in Form deiner Gedanken und Glaubenshaltungen kann dein Heilsystem in beide Richtungen treiben, in Richtung Krankheit wie auch Gesundheit. Emotionaler Schmerz ist ein Hinweis auf die Probleme, die verändert werden müssen, und er führt zu Krankheit, wenn er ignoriert wird. Seelischer Schmerz eröffnet dir als Signal für die Notwendigkeit von Veränderung also zwei Optionen: ***Entweder du veränderst, was du tust, oder du veränderst die Art und Weise, wie du denkst.***

Emotionen sind also der machtvollste Antriebsfaktor im Heilsystem deines Körpers, und diese werden wiederum am stärksten beeinflusst und angetrieben durch intensive spirituelle Erfahrung in der Form eines Glaubens an irgendeine Form von Hilfestellung – woher auch immer.

Wichtig ist die Grundhaltung, um diese Hilfe zu bitte, sich ihr zu öffnen und dies regelmäßig zu tun, also zu einer Art Ritual zu machen. Ob du irgendeinen Gott, ein höheres Wesen, die Erde, das Universum oder dein eigenes Unbewusstes in Form eines inneren Ratgebers oder deiner Intuition dabei zu Rate ziehst, bleibt dir vorbehalten. Wie eine Studie zeigt, ist es aber äußerst hilfreich, dass du grundsätzlich auf deine Emotionen hörst, und das ist nun mal nur dann möglich, wenn du die Gewissheit hast, ihnen auch trauen zu können. Hierfür brauchst du wiederum Sicherheit und irgendeinen Rückhalt, am besten in Form eines Glaubens an irgendetwas außerhalb deines bewussten Denkens.

Wo und in welcher Form du Hilfe für dich suchst, ist völlig nebensächlich, vielmehr geht es um die grundsätzliche Glaubenshaltung, dass du sie wirk-

lich bekommen kannst, um mit den wesentlichen Fragen deines Lebens zurechtzukommen. Wenn ich dir dazu mal eine Passage aus einem eurer Standard-Glaubens-Werke vorlesen darf, dann steht da:

„Bitte, und du wirst empfangen, suche, und du wirst finden."

Ich habe wirklich gesucht, aber es steht nirgends ein ‚Vielleicht' dabei. Dafür ist aber umso deutlicher, dass du dieses „Bitten" und „Suchen" zu einem Bestandteil deines Daseins machen solltest. Vielleicht wird deshalb in vielen deiner Kulturen Beten als eine Art des „Seins" und nicht des „Tuns" aufgefasst, als eine Art des Seins, in dem die Menschen versuchen, mit dem im Verbindung zu bleiben, das sie geschaffen hat. Hierbei sage ich dir nochmals, dass du dir für die Art der Verbindung eine dir entsprechende Form suchen kannst – in einer Religion, einer Glaubensgemeinschaft, einer Form von Schamanismus oder einer grundlegenden persönlichen Überzeugung –; wichtig ist der Prozess an sich.

Ich versuche mal, dir anhand eines Beispiels klar zu machen, worauf ich hinaus will: Keine andere Krankheit hat in schulmedizinisch aussichtslosen Fällen ein derart hohes Maß an Spontanheilungen wie Krebs, auch wenn der Prozentsatz insgesamt natürlich dennoch gering ist. Heilung von Krebs passiert immer zu einem erheblichen Teil aufgrund von Selbstheilung. Auch der kleinste und lokal noch so begrenzte Tumor kann nicht ausschließlich mittels Chemotherapie oder Bestrahlung beseitigt werden, es bleiben immer noch ausreichend unversehrte Krebszellen übrig, die weiteres Wachstum von Krebsherden ermöglichen könnten und die der Körper daher im Prozess der Selbstheilung entfernen muss.

In Laborversuchen attackieren Krebszellen niemals Lymphozyten, sondern werden umgekehrt sofort von diesen zerstört. Beispielsweise basiert bei Leukämie oder Lymphom der Krankheitsverlauf nicht auf der Aggressivität und Angriffsbereitschaft der Krebszellen, sondern dem Verlust der Fähigkeit der Lymphozyten zur Zerstörung der als abartig erkannten Krebszellen. Der Körper eines Krebskranken hat demnach verlernt, die abartigen Zellen auf natürliche Art und Weise zu bekämpfen.

Eine mögliche Erklärung, warum in Laborversuchen ein natürlicher Vorgang funktioniert, der im menschlichen Körper vielfach entgleist, ist die, dass im Laborversuch kein emotionales Denken existiert. Vielleicht macht dir das noch klarer, welchen Stellenwert diese Form von Empfinden hat, in negativer wie positiver Hinsicht. Es geht also darum, emotionales Denken zum persönlichen Vorteil einzusetzen.

Das Grundprinzip ist dir jetzt sicher klar, womit wir wieder bei der Frage von vorhin wären – „wie tun?" Eine grundsätzliche Neuorientierung im Denken und Empfinden ist nicht so auf die Schnelle und mal nebenbei zu er-

ledigen, da bedarf es vermutlich auch bei dir wesentlicher Änderungen. Ich fang mal da an, wo es vermutlich zuallererst „krankt" – zumindest nach meiner wirklich Jahrtausende alten Erfahrung mit euch Menschen –, nämlich bei eurer wirklich sonderbaren Art, eure Gedanken gegen euch selbst zu richten.

Und damit ich dir nicht alles erklären muss, hat es da einen gewissen Herrn Albert Ellis gegeben. Der hat sich über genau diese Sache auch schon den Kopf zerbrochen und nicht nur klar erkannt, wie wenig hilfreich deine Gedanken ablaufen, sondern sich auch noch recht clevere Übungen ausgedacht, wie du damit aufhören könntest, dir durch ständige unkluge Bewertungen zu allem, was dir passiert, Dauerstress zu produzieren und dir so dein Leben zu versauen.

Also dann mal los! Und komm mir jetzt bitte nicht mit „Kritik will ich nicht hören" oder „reicht schon – hab keine Energie mehr". Da kann ich dir dann nämlich sofort eine kleine Übung zur Gesamtversorgung des Körpers mit Energie und zur Verbesserung des Hörvermögens anbieten:

Drehe deinen Kopf einem Kreis folgend in möglichst viele Richtungen, ziehe dabei jeweils die Ohrmuschel von der Mitte nach außen und massiere sie dabei so, als wolltest du sie entfalten.

9. Alles auf Anfang – zurück zum Stress

Die menschliche Intelligenz hat sich seit Beginn der Menschheitsgeschichte nicht wesentlich verändert, die Anzahl der fundamentalen neuen Ideen ist heute eher rückläufig. Auch zum Thema Stress wurden grundlegende Erkenntnisse schon in der Frühzeit der abendländischen Kulturgeschichte gewonnen.

Die Unterscheidung von Ursachen und Gründen wurde erstmals bei Plato untersucht. Auf die Frage, warum Sokrates nicht aus dem Gefängnis floh, gibt es zwei Arten von Antworten:

Zu den möglichen Ursachen kann man beispielsweise angeben, dass sich seine Sehnen und Knochen nicht bewegten, als ein möglicher Grund ist eventuell anzuführen, dass er den Gesetzen des Staates folgte.

Dies Beispiel verdeutlicht, dass Gründe menschliche Handlungen bestimmen, sie verursachen sie aber nicht. Menschen handeln aufgrund von Zielen, die sie erreichen wollen, ein bewusst gewähltes Ziel verursacht das Handeln jedoch nicht, denn es bleibt die Möglichkeit, anders zu handeln.

Die Art und Weise, wie Menschen denken, fühlen und handeln, ist ausschlaggebend dafür, welche Nervenverschaltungen im Gehirn stabilisiert und ausgebaut und welche aufgrund geringer Nutzung gelockert und schließlich aufgelöst werden. Die Art der Gestaltung innerer Bilder bezüglich der eigenen Person und deren Fähigkeiten, den Beziehungen zu anderen Menschen und dem gesamten Umfeld ist nach dem Neurologen Gerald Hüther daher entscheidend für die Art der Nutzung des Gehirns in Form der jeweiligen neuronalen und synaptischen Verschaltungen.

Stress entsteht, wenn eigene Anforderungen oder solche von außen die gegebenen Fähigkeiten zur Anpassung überbeanspruchen oder übersteigen. Das Erleben von Stress hängt demnach ab vom Gleichgewicht zwischen den Anforderungen und den Fähigkeiten bzw. Möglichkeiten, diese Anforderungen zu erfüllen. Hierbei ist jedoch nicht der stressauslösende Faktor selbst das wichtigste Element, vielmehr spielt die subjektive Bewertung des Erlebens die größte Rolle, und zwar hinsichtlich der Einschätzung

- der Auswirkungen eines Ereignisses auf das eigene Wohlbefinden, sowie
- der eigenen Fähigkeiten und Möglichkeiten einer Bewältigung der Situation.

Die Reaktionen und Rückmeldungen der Umwelt zur eigenen Reaktion werden in der Folge in die weitere Beurteilung mit einbezogen und können die Neubewertung entsprechend verändern.

Das Erleben von Stress ist also abhängig von subjektiven, gedanklichen Bewertungsprozessen eines Menschen; neue und andere gedankliche Bewertung kann ein Empfinden von Stress wesentlich verändern. Ist dies nicht möglich, wird dauerhaft Stress empfunden, was zu Beeinträchtigung des psychischen Gesamtzustands mit einer Vielzahl negativer Auswirkungen in unterschiedlichen Bereichen führt.

Stress ist also abhängig vom subjektiven Empfinden und nicht von den objektiven Umständen. Die Hilfe jeder Form von Psychotherapie, unabhängig davon, ob man sie sich selbst gewährt oder fremde Hilfe in Anspruch nimmt, sollte in erster Linie Hilfe zum Erlangen von Selbständigkeit und damit auch zur Kontrolle sein, also Hilfe, die Einstellung zu den Dingen zu optimieren. Es geht letztlich um den optimalen Umgang mit der Umgebung und den Ereignissen des Lebens sowie die Kontrolle über die eigene Reaktion darauf. Einige hilfreiche Ansätze hierzu werden im Folgenden näher erläutert.

Rational – Emotive Therapie (nach Albert Ellis)

Gemäß einem Modell von menschlichem Verhalten nach dem amerikanischen Psychologen Albert Ellis sind die Konsequenzen eines äußerlichen oder innerpsychischen Ereignisses nicht ausschließlich durch dieses Ereignis verursacht, sondern werden vielmehr wesentlich bestimmt durch die eigene bewusste und unbewusste Bewertung desselben.

Nicht „**was**" passiert hat Auswirkungen, sondern die Art unserer Bewertung, das meist irrationale „**Wie**" der Beurteilung. Demnach stehen hinter emotionalen Störungen immer irrationale, zwanghafte Vorstellungen von „sollen" und „müssen", die gehemmt, feindselig, defensiv, schuldbewusst, ängstlich und träge machen.

Das diesem Konzept zugrunde liegende Menschenbild ist geprägt von folgenden zwei Annahmen:

1. Menschen haben die starke, biologisch begründete Tendenz, vorrangig zu überleben und, sowie dieses Überleben sichergestellt ist, den Wunsch, dabei weitestgehend glücklich zu sein.
2. Menschen haben ebenso die starke, auch biologisch begründete Tendenz, selbstschädigend und irrational zu denken, zu fühlen und zu handeln.

Grundlage dieser Therapierichtung ist ein Denkmodell, das bereits die Stoiker (Anhänger einer philosophischen Strömung vom Hellenismus bis zur Spätantike, deren Geisteshaltung u. a. auf der Betonung von Vernunft basierte) vor über 2000 Jahren formuliert haben. Das ABC-Modell des Verhaltens nach Albert Ellis beschreibt

- ein auslösendes Ereignis A (Anforderungssituation, Sachverhalt),

dieses Ereignis führt zu

- einer subjektiven, wertenden Wahrnehmung B der Situation (Vorstellungen, Beschreibung),

und diese individuellen Bewertungen bestimmen die Art

- der unangenehmen emotionalen Reaktion C (in der Konsequenz z. B. Stress).

Das Ereignis A ist zwar in gewisser Weise auch ein Auslöser für die Reaktion C, diese wird jedoch hauptsächlich durch die eigenen bewussten oder unbewussten Gedanken darüber beeinflusst und bestimmt, entscheidend für eine Situation ist also deren gedankliche Bewertung.

Verstärkend wirkt hierbei noch, dass aufgrund des „Reziproken Determinismus" (der „wechselseitigen Bestimmtheit") Bewertungsmuster, Ereignisse und Konsequenzen einander gegenseitig nicht nur beeinflussen, sondern sich durch diese Beeinflussung noch zusätzlich in ihrer Wirkung steigern. Aufgrund der bewusst oder unbewusst ablaufenden verfälschten Bewertung unangenehmer Situationen entwickeln sich so genannte „irrationale Bewertungen", die stark negative Konsequenzen für weiteres Handeln haben. Die Basis hierfür sind verschiedene zwanghafte Grundhaltungen des Menschen, die emotionale Probleme hervorrufen. Die wichtigsten drei Zwangshaltungen, aus denen alle anderen abgeleitet werden, sind die folgenden:

1. Forderungen sich selbst gegenüber: Ich muss eine Sache gut/perfekt machen und dafür entsprechend anerkannt werden, sonst bin ich wertlos.
2. Forderungen anderen gegenüber: Andere müssen mich rücksichtsvoll, freundlich und fair behandeln, sonst sind sie zu bestrafen.
3. Forderungen der Welt gegenüber: Meine Lebensbedingungen müssen so sein, dass ich alles schnell, bequem und ohne Konfrontationen bekommen kann.

Aus diesem grundlegenden Irrglauben leiten sich irrationale Überzeugungen ab – so sind die meisten Menschen der festen Meinung, dass

- es für jeden Erwachsenen absolut notwendig sei, von jedem anderen Menschen in seinem Umfeld geliebt und akzeptiert zu werden,
- man sich nur dann als kompetent und wertvoll empfinden dürfe, wenn man in jeder nur erdenklichen Hinsicht kompetent, tüchtig und leistungsfähig ist,

- gewisse Menschen grundlegend schlecht seien und man sie dafür bestrafen müsse,
- es schrecklich und katastrophal sei, wenn gewisse Dinge und Umstände nicht der eigenen Vorstellung entsprechen,
- menschliches Leiden durch äußere Ursachen bedingt sei und man daher Kummer und psychischen Problemen machtlos ausgeliefert sei,
- man sich über tatsächliche und eventuelle Gefahren ständig Sorgen machen müsse und sich entsprechend gedanklich mit ihnen zu befassen habe,
- es leichter sei, gewissen Schwierigkeiten und Verantwortungen auszuweichen, statt sich ihnen zu stellen,
- Abhängigkeit von einem stärkeren Menschen notwendig und gut sei,
- die eigene Vergangenheit prägenden Einfluss auf die Gegenwart habe und diese immer so bleiben würde,

und sie haben außerdem die Neigung,

- sich über Probleme und Verhaltensschwierigkeiten anderer Menschen aufzuregen.

Aus solchen schädlichen Überzeugungen entstehen und erhalten sich psychische Störungen, die über Veränderung des Denkens unter besonderer Betonung der Eigenverantwortlichkeit wieder behebbar sind, wenn man sich die folgenden wichtigen Grundgedanken des Therapiemodells klar macht:

- Seelische Konflikte sind unnötig und richten sich klar gegen sich selbst sowie in gewissem Maß auch gegen das soziale Umfeld (Angst ist vertraut und normal – aber ungesund!).
- Seelischer Schmerz ist keine aufgrund der Fähigkeit des Fühlens unvermeidliche Grundbedingung der menschlichen Existenz.
- Der Mensch bestimmt größtenteils selbst seine hilfreichen oder schädlichen Gefühle mit seinen Gedanken, diese werden also bewusst oder unbewusst gewählt.
- Der Mensch verfügt nicht über unbegrenzte Wahlmöglichkeiten oder gar einen freien Willen, wohl aber über die Möglichkeit, sich wesentlich zu verändern und eingefahrenen Verhaltensweisen eine neue Richtung zu geben.
- Im Gegensatz zu Tieren verfügt der Mensch über die Fähigkeit, sich über sein Denken und damit über seine Vernunft Gedanken zu machen; dies verschafft ihm ein gewisses Maß an Selbstbestimmung oder freiem Willen.
- Aufgrund seiner Fähigkeit zur Selbsterkenntnis ist der Mensch nicht Sklave seiner Ideen, Gefühle, Handlungen und Gewohnheiten, sondern er kann diese – wenn er will und im Rahmen biologischer und körperlicher Konditionierung – verändern.

- Unabhängig von der Widrigkeit der Lebensumstände ist der Mensch immer in der Lage, seine Gefühle zu verändern.
- Je mehr ein Mensch seine Fähigkeit zur Selbsterkenntnis nutzt, um über Ziele, Wünsche und die Art seiner Gedanken nachzudenken, desto mehr schafft er sich freien Willen und Selbstbestimmung.
- Starre, dogmatische Soll-/Muss-Vorstellungen und die daraus resultierenden überhöhten Erwartungen an sich selbst mit dem entsprechenden selbst gemachten Leistungsdruck sind der Hauptgrund für angespanntes, deprimiertes, aggressives (gegen sich und andere) und selbstmitleidiges Verhalten und somit für emotionale Probleme.
- Der Mensch ist fähig zu wissenschaftlichem Denken, er kann hypothetisch vorhersagen, was geschehen wird, wenn er eine gewisse Handlung setzt, und seine Vorhersagen anschließend im Experiment überprüfen.
- Unwissenschaftliches, irrationales Denken ist der Hauptgrund für emotionale Störungen. Auch wenn „absolute Wahrheit" letztlich nicht erreicht werden kann, so können Theorien ständig überprüft, geändert und durch nützlichere ersetzt werden.
- Die ständige Überprüfung der eigenen Hypothesen über sich selbst, andere und die Welt auf der Basis rationalen Denkens unter Nutzung der besten jeweils verfügbaren Beobachtungen und Fakten und bei Aufgabe unerreichbarer Ziele verhindert emotionale Befangenheit.

Zum größten Teil werden störende Gefühle und Gedanken also selbst geschaffen, die Akzeptanz dieser Einsicht vorausgesetzt, hat man daher auch die Macht, sie zu kontrollieren und zu ändern.

Unterscheiden von Gedanken und Gefühlen

(nach Albert Ellis)

Zum Verständnis und zur Lösung eines Problems ist es oft hilfreich, die in der Alltagssprache meist nicht vorgenommene Unterscheidung zwischen Gedanken und Gefühlen durchzuführen. Dadurch können hinderliche Bewertungen erkannt und verändert und als Folge belastende Gefühle vermindert werden. Der Grund für eigene Gefühle darf außerdem nicht in den Handlungen anderer gesehen werden.

Um genau differenzieren zu können, ist zu berücksichtigen, dass die wichtigsten Begriffe wie folgt zu verstehen sind:

- ***Körperempfindung:*** Regungen betreffend den Zustand des Organismus.
- ***Verhalten:*** Absichtliche und unabsichtliche Handlungen, die man mittels Körpermuskulatur ausführt.

- ***Gefühle:*** Sinnliche Reaktion auf einen Reiz von außen als persönliches, subjektives Erleben einer Situation.
- ***Gedanken:*** Bewusste und unbewusste Vorgänge, durch welche man sich mit inneren oder äußeren Ereignissen auseinandersetzt, also Wahrnehmungen, Beschreibungen, Deutungen, Bewertungen und Grundeinstellungen von oder zu einer Situation.

Um diese begriffliche Differenzierung im Alltag zum Vorteil für das eigene Befinden umzusetzen, ist es notwendig, sie tatsächlich zu beachten, wofür die folgenden zwei Übungen hilfreich sind:

Unterscheidungsübung Gedanken/Gefühle

- Erinnere dich an eine problematische Situation und vergegenwärtige dir deine verbalen und innerlichen Äußerungen.
- Überprüfe nach dem zuvor erstellten Begriffs-Schema, um welche Form von Äußerung es sich jeweils handelt.
- Mach dir innerlich oder in Form einer rituellen Handlung selbst klar, wenn du einen Gedanken fälschlicherweise für ein Gefühl gehalten hast, beispielsweise indem du dir Sätze sagst in der Art von:
  - „Ich bin sehr enttäuscht, wenn ich mein Ziel … xy nicht erreiche" oder
  - „Ich habe mich vorgestern aufgrund von … xy sehr deprimiert gefühlt."
- Nimm dir für die Zukunft vor, in emotional belastenden Situationen oder bei einem starken Empfinden von Gefühlen deren Herkunft dahingehend genau zu klären, ob es sich wirklich um gerade empfundene Gefühle handelt oder eigentlich um deine subjektiven Bewertungen, Deutungen, Beschreibungen oder Einstellungen.

Unterscheiden zwischen angebrachten und unangebrachten negativen Gefühlen (nach Albert Ellis)

- Stell dir vor, dass etwas Unangenehmes geschieht, das wahrscheinlich ist und daher leicht passieren könnte.
  - Was sagst du dir, um das Gefühl hervorzurufen?
  - Wie fühlst du dich dabei?
- Versetze dich in die angebrachte Sorge hinein, würdige den schlimmen Anlass dafür und suche dennoch einen „Aber-Gedanken", der dein Zu-

rechtkommen mit dem schlimmsten Fall beinhaltet, bsw. in der Art von: „Ich möchte nicht, dass dieses Unglück passiert, aber wenn es geschehen sollte, werde ich damit fertig werden."

- Prüfe jede Form von aufkommender Sorge dahingehend, ob sie eventuell unangebracht ist. Starte also eine Suche nach Muss-Vorstellungen, Überdramatisierungen, Selbstherabsetzungen, Übergeneralisierungen und Zwangsvorstellungen, die meist gedanklich beginnen mit Sätzen wie „Ich hätte besser … Ich darf nicht … Es kann nicht … Es muss …" usw.
- Überprüfe nun, ob die starken Gefühle entstanden sind
  - aus deinem Wunsch und Bedürfnis heraus, dass dir Besseres zusteht, oder
  - indem du dich über eigene Wünsche und Vorlieben hinweggesetzt und die Gefühle damit selbst produziert hast, also indem du Soll- und Muss-Vorstellungen, Ansprüche, Befehle und Notwendigkeiten erschaffen hast.
- Achte auf den Unterschied, den die zweite Handlungs-Variante bewirkt, wie du dich also fühlst, wenn du Sorgen und Vorsicht in übermäßige und unangebrachte Besorgnis, zwanghafte Angst und unangemessene Panik verwandelt hast.
- Wende dieses Verfahren immer dann an, wenn starke negative Gefühle in dir entstehen oder dir unangenehme Dinge zustoßen.

Zu der Sache mit deiner Entscheidungsfreiheit muss ich dir jetzt allerdings etwas gestehen, damit du nicht irgendwann draufkommst oder, wenn du es ohnehin schon weißt, dann sagst, ich hätte dich hinters Licht geführt. Es ist nämlich in Wirklichkeit so, dass ihr Menschen ziemlich hirngesteuerte Automaten seid, was auch für dich gilt. Leider erfolgt die Steuerung keineswegs durch deinen bewussten Hirnanteil, dein Bewusstsein ist also nicht der wahre Herr deines Handelns. Dieser andere Hirnanteil trifft alle Entscheidungen für dich und macht dir hinterher glaubwürdig vor, du hättest es selbst so gewollt, was aber nicht stimmt. Er macht dir gewisse Dinge logisch stimmig, ohne es dabei mit der Wahrheit allzu ernst zu nehmen, und du merkst es nicht einmal.

Wissenschaftlich ist belegt, dass du eine Handlung setzt, bevor du subjektiv das Gefühl hast, die Entscheidung für dieses Handeln getroffen zu haben. Du tust also nicht, was du willst, sondern willst erst hinterher, was du schon getan hast. Das Gefühl der Entscheidung wird dir vom Gehirn „nachgereicht", es ist nicht die eigentliche Ursache für dein Handeln, und der freie Wille nach deinem üblichen Alltagsverständnis ist sozusagen eine Illusion.

Wenn du das jetzt zum ersten Mal hörst, ist es vermutlich ein ziemlicher Schock für dich, aber keine Angst, das ist ja nur „Wissenschaft". Um im Alltag gut über die Runden zu kommen – und das ist ja schließlich dein Ziel –, musst du dich einfach auch nach dem richten, was du als Realität empfindest, und das sieht dann doch ganz anders aus. Vor dem Hintergrund solcher niederschmetternden wissenschaftlichen Entdeckungen ist es als Ausweg notwendig, dass du dich an folgende Betrachtungsweise klammerst:

Die Vorstellung, dass du zumindest eine andere Handlungsoption gehabt hast als die, welche du dann gewählt hast, muss dir reichen, um davon überzeugt zu sein, in einem engen Rahmen doch einen freien Willen zu haben. Die Freiheit des Willens bedeutet also – mit einer gewissen Einschränkung –, dass du unter mehreren Möglichkeiten eine Wahl gehabt hast und dich aus dir selbst heraus, ohne inneren und äußeren Zwang, für eine bestimmte Alternative entscheiden hast. Streng genommen hast du zwar eigentlich nur gemacht, was in deinem Gehirn im Kampf der Motive herauskam, aber es ist hilfreicher und nützlicher für dich, davon auszugehen, dass du dabei irgendwie mitwirken konntest, und sei es nur in eingeschränkter Weise.

Wenn du nämlich nicht so denkst, dann kannst du dich gleich zur Ruhe begeben und nie mehr irgendwie handeln, und das wäre für dein Leben ja auch nicht gerade nützlich. Also triff am besten sofort einmal eine Entscheidung für die Sichtweise, die dein Wohlbefinden unterstützt, und damit für die grundlegende Annahme deines freien Willens – zumindest in begrenztem Rahmen.

Dir ist sicher klar, dass die Freiheit deines Willens nicht dadurch bedingt sein kann, dass dein Wille durch nichts bedingt ist, weil das nämlich niemals der Fall sein kann. Logischerweise ist dein Wille von zahlreichen Faktoren bestimmt, es bestehen Verknüpfungen zu deinem Körper, deinem Charakter, deiner Lebensgeschichte und so weiter. Deine eigentliche Freiheit zeigt sich dadurch, dass du auf dem Weg über dein Denken Kontrolle über deinen Willen ausübst, dass du also letztlich Verantwortung für dein Handeln übernimmst. Dazu gehört, dass du den Unterschied erkennst und akzeptierst zwischen Wahrnehmung einerseits und deiner subjektiven Deutung derselben Wahrnehmung andererseits.

Mit ungefähr zwei Jahren hast du mit deinen ersten kümmerlichen Denkversuchen angefangen. Als Mensch, der du nun mal bist, hast du damals doch tatsächlich geglaubt, dass sich die Welt ausschließlich um dich dreht, dass sich also alles um dich herum so entwickelt, wie du es denkst und wahrnimmst. Das ist kein Witz, sondern wissenschaftlich gesicherte Tatsache, aber ich sehe es dir nach, denn du warst ja damals noch recht klein, da können einem solche Fehler schon unterlaufen.

Als du ungefähr vier Jahre alt warst, gab es dann in deinem Leben einen wirklichen Einschnitt, sozusagen eines deiner vielen „Kindheitstraumata". Du hast nämlich plötzlich gemerkt, dass die Dinge um dich herum Eigenschaften haben, die unabhängig von deiner Wahrnehmung dieser Eigenschaften sind – Mist!

Bei vielen Exemplaren der Gattung Mensch wirken die Faszination und das Machtgefühl dieses frühkindlichen Denkens dann aber noch durch das gesamte Leben hin nach, bis ins hohe Alter, sozusagen eine Art „Nachhall des Urknalls", bezogen auf die Wahrnehmung von Gegebenheiten des Lebens. Gewisse Persönlichkeitsanteile glauben auch später noch, dass subjektive Definitionen von Situationen der Wirklichkeit entsprechen.

Da stellt sich dir jetzt natürlich die Frage, zu welcher Sorte deiner Spezies du gehören willst. Intelligente Menschen nutzen ihr Hirnvolumen in geringerem Ausmaß, ganz einfach deshalb, weil mit ansteigender Intelligenz das Gehirn auftauchende Probleme schneller verarbeitet und dadurch weniger Hirnmasse benützt wird. Bei niedrigerem IQ ist mehr Aufwand erforderlich, was mehr Reibung bedeutet. Statt dir jetzt an deinen Kopf zu fassen, ob er kühl ist oder von der vielen Reibung ganz heiß gelaufen ist, könntest du eigentlich von deinem Willen Gebrauch machen und gleich mal eine Entscheidung treffen.

Wenn du clever bist, dann wirst du von nun an immer ganz genau darauf achten, für welche Möglichkeit von Denkweise, Sichtweise und Beurteilung du dich in problematischen Situationen entscheidest, und du wirst dann berücksichtigen, dass zwischen Gedanken und Gefühlen wesentliche Unterschiede bestehen und dass Gewichtung und Bewertung ausschließlich durch dich selbst erfolgt sind.

Eine Sache, auf die du dabei ganz besonders achten musst, ist die Art und Weise deiner Auswahl und Verwendung von Worten – und hierbei meine ich nicht nur die tatsächlich ausgesprochenen, sondern auch den inneren Dialog. Ich selbst bin doch eher der stille Typ, aber du als Mensch quasselst ja ständig vor dich hin, einiges zu anderen Vertretern deiner Gattung, aber am allermeisten zu dir selbst. Wenn man da so ein Tonband laufen lassen würde, was du dir den ganzen Tag lang so zumutest an Beschimpfungen und Herab-

setzungen deiner eigenen Person, an unerfüllbaren Vorgaben, die sich dein Unbewusstes merkt und dann natürlich von dir verlangt, und an sonstigen unüberlegten Sätzen mit für dich schädlicher Wirkung – glaub mir, wenn du dir das dann anhören müsstest, mit Analyse der Auswirkungen, es würde dir wirklich schlecht werden.

Es ist für dich also wirklich an der Zeit, da auch einmal anzusetzen und die willentliche Entscheidung zu treffen, gewisse sprachliche Umgangsformen mit dir selbst und anderen Menschen nicht mehr einzusetzen, sei das nun laut oder leise. Da gibt es nun wieder einen anderen Herren, einen gewissen Marshall Rosenberg, der sich zu diesem Thema seine Gedanken gemacht hat, und die will ich dir natürlich nicht vorenthalten, denn du könntest ja die Entscheidung treffen, daraus etwas zu lernen.

Gewaltfreie Kommunikation

(nach Dr. Marshall B. Rosenberg)

Grundlage der Gewaltfreien Kommunikation nach dem amerikanischen Konfliktmoderator Rosenberg ist die Annahme, dass jede Form von Handlung dann zur Bereicherung des Lebens beiträgt und entsprechend gerne und freiwillig ausgeführt wird, wenn sie nicht aufgrund von Angst, Schuld oder Scham, also unter Zwang und damit begleitet von Ärger und Frustration, erfolgt. Entsprechendes Ziel ist der Aufbau einer keinesfalls statischen, sondern prozesshaften Form von Kommunikation, die auf Empathie, gegenseitiger Rücksichtnahme, Respekt und Konsens basiert.

Ausgangspunkt einer solchen Form von Kommunikation, sowohl mit anderen Menschen als auch mit der eigenen Person, ist wie schon bei Albert Ellis die Trennung von Beobachtung und Bewertung. Störende Wahrnehmungen müssen beobachtet und weitererzählt werden können, ohne Verknüpfung mit irgendeiner Art von Bewertung, was diese zu einer Diagnose machen würde. Bei einer Vermischung steigt die Wahrscheinlichkeit, dass der Gesprächspartner oder auch die eigene Person die Mitteilung als Kritik, Beschwerde, Verurteilung oder Urteil empfindet und abwehrt.

Bewertungen in Mitteilungen über Beobachtungen liegen in folgenden Fällen vor:

- Verwendung von „sein“ in seiner statischen Bedeutung (bsw. „Du bist eine aggressiver Mensch“) statt in seiner prozesshaften Form (bsw. „Du bist gerade sehr aggressiv“).
- Verwendung von „sein“ ohne Übernahme von Verantwortung für die Behauptung („Ich empfinde dich als … “, „Ich bin der Meinung, dass …“).
- Verwendung von Verben oder Wortgefügen, die schon grundsätzlich im Sprachgebrauch bewertend verstanden werden oder eine Fähigkeit bezeichnen, ohne dass dies jedoch klar zum Ausdruck gebracht wird.
- Sprachliche Darstellung der eigenen Meinung – über Gedanken, Gefühle, Absichten und Wünsche eines anderen Menschen – als einzig gültig und zutreffend.
- Vermischung von Annahmen mit gesichertem Wissen.
- Pauschalierungen betreffend das Verhalten von sozialen Gruppen, wenn eigentlich nur Einzelpersonen gemeint sind.
- Verwendung von Wörtern wie „immer, nie, jemals, jedes Mal“ etc., wenn nicht eine Einschränkung vorgenommen bzw. die Aussage als persönliche Meinung gekennzeichnet wird.

Neben der Gestaltung von Beziehung zu anderen Menschen kann gewaltfreie Kommunikation im Kontakt zur eigenen Person eingesetzt werden, um verurteilende und herabsetzende innere Stimmen in Gefühle und Bedürfnisse umzusetzen. Mit der Trennung von Beobachtung und Bewertung, also dem konkreten Identifizieren und Sortieren gefühlsbestimmender Gedanken, kann deren oft schädigender Einfluss verringert werden.

Depressives Verhalten weist darauf hin, dass man von den eigenen Bedürfnissen abgeschnitten ist. Erkennen, Hören und empathisches Zulassen der eigenen Gefühle und Bedürfnisse kann dies verhindern. Die Konzentration auf die eigenen Wünsche statt auf das eigene Fehlverhalten ermöglicht eine wesentliche Verbesserung des inneren Zustands.

Das Erkennen von Gefühlen setzt die Unterscheidung von Gedanken, Aussagen, Einschätzungen und Interpretationen voraus, was durch den sprachlichen Gebrauch des Wortes „fühlen“ beim Ausdruck von Gedanken und Bewertungen erschwert wird.

Wenn nämlich auf die Formulierungen „Ich fühle mich“ oder „Ich habe das Gefühl“

- Wörter wie „dass, wie, als ob“,
- persönliche Pronomen wie „ich, du er, sie, es …“

- oder auf Menschen bezogene Namen und Hauptwörter folgen,

werden meist rein gedankliche Abläufe beschrieben.

Daneben wird der Ausdruck von wirklichen Gefühlen auch oft verwechselt mit der

- Beschreibung von Gedanken zur eigenen Persönlichkeit („Ich fühle mich enttäuscht über mich selbst“):
  Es wird nicht unterschieden zwischen dem, was man fühlt, und dem, was man darüber denkt, wie man ist;
- Beschreibung der Einschätzung davon, wie andere reagieren oder sich der eigenen Person gegenüber verhalten („Ich habe das Gefühl, ich bin … xy/nicht wichtig“):
  Es wird nicht unterschieden zwischen dem, was man fühlt, und dem, wie man denkt/interpretiert, dass andere sich verhalten oder einen selbst einschätzen;
- Beschreibung von etwas, von dem wir annehmen, dass ein anderer es mit uns macht („Ich fühle mich missverstanden, angegriffen, ausgenützt, gezwungen, ignoriert, zurückgewiesen“):
  Es kann niemals ein anderer Mensch bei einem selbst Gefühle bewirken, deshalb darf die Schuld für eigene Gefühle auch nie einem Dritten gegeben werden.

Aussagen und Handlungen anderer Menschen sind vielfach ein Auslöser unserer Gefühle, nie jedoch deren Ursache. Die eigenen Gefühle entspringen der eigenen Entscheidung darüber, wie die Aussagen anderer aufgenommen werden, und sind beeinflusst von den eigenen, jeweils aktuellen Bedürfnissen und Erwartungen. Ursprung der eigenen Gefühle sind daher die eigenen Absichten und Handlungen, die vollständig selbst zu verantworten sind. Sobald man selbst die Verantwortung für eigene Emotionen und Handlungen übernommen hat, läuft man auch nicht mehr Gefahr, andere Menschen auf dem Weg über Schuldgefühle zu bestimmten Handlungen zu bewegen.

Negative Äußerungen dritter Personen ermöglichen nach Marshall Rosenberg vier unterschiedliche Reaktionen:

- Sich selbst die Schuld geben >> Gefühl von Schuld, Scham, Depression.
- Anderen die Schuld geben >> Gefühl von Ärger.
- Die eigenen Bedürfnisse und Gefühle wahrnehmen >> Erkennen der Bedürfnisse hinter dem entstandenen Gefühl der Verletzung bei sich selbst.
- Die Gefühle und Bedürfnisse der anderen wahrnehmen >> Erfragen und Erkennen derselben.

Es kann immer die Wahl getroffen werden, wie das, was andere sagen, interpretiert wird, und diese Wahl entscheidet über die Auswirkungen, welche die Aussagen Dritter haben hinsichtlich des eigenen Gefühls zu dieser Aussage und damit hinsichtlich des eigenen Wohlbefindens. Nimmt bzw. interpretiert man eine Aussage persönlich, empfindet man sie leicht als Kritik und stellt sich selbst in Frage, was zu Schuld, Scham oder Depression führt.

Eine Aussage an sich kann keine Gefühle irgendeiner Art auslösen, erst die innerliche Übersetzung / Interpretation auf eine spezielle, subjektive Art bewirkt Emotionen, die dann aber selbst herbeigeführt sind.

Kommunikation in der Wolfssprache

Eine gewisse Form von Sprache, die so genannte „Wolfssprache", begünstigt bzw. bewirkt laut Marshall Rosenberg gewalttätiges Verhalten sich selbst und anderen gegenüber. Diese entfremdende Art von Kommunikation basiert hauptsächlich auf folgenden Mustern:

- ***Moralisches Urteilen*** ausgedrückt durch Schuldzuweisung, Beleidigung, Kritik, Vergleich, Diagnose, festlegende Einschätzung etc. unterstellt anderen Menschen, dass sie Unrecht haben oder schlecht sind, wenn sie sich nicht gemäß den Wünschen des Urteilenden verhalten.
- ***Anstellen von Vergleichen*** als eine sehr effektive Form von Verurteilung und Herabsetzung der eigenen Person. Wenn man sich sein Leben unangenehm gestalten will, sollte man darüber nachdenken, wer man ist, wer in Vergleich dazu andere Leute sind, die man bewundert oder beneidet, und was andere vermutlich über einen selbst denken.
- ***Leugnen von Verantwortung*** in Form sprachlicher Formulierungen von „müssen" und der Bezugnahme auf höhere Mächte, denen man sich unterordnen zu müssen glaubt und denen damit auch die Verantwortung für die Handlung zugeschoben werden kann. Als Verursacher werden meist die folgenden genutzt:
  - Vage, unpersönliche Mächte (man muss doch xy tun …).
  - Eine psychologische Diagnose des eigenen Zustands, basierend auf der persönlichen Geschichte (ich trinke, weil ich Alkoholiker bin).
  - Eine Handlung anderer (ich tue xy, weil der andere zz tut).
  - Das Diktat einer Autorität (ich tue xy, weil mein Chef es so will).
  - Gruppendruck (ich tue xy, weil alle es tun).
  - Institutionelle Politik, Regeln, Vorschriften (so waren eben die Gesetze).
  - Soziale Rollen (Geschlecht, Familienstatus, Alter).
  - Unkontrollierbare Impulse (menschliches Verlangen/Triebe).

Ein erster Schritt zum Erkennen selbstschädigender Sprachmuster führt über die Analyse des Umgangs mit sich selbst in Situationen, die man dahingehend negativ beurteilt, dass man das jeweils gezeigte eigene Verhalten ablehnt. Hilfestellung hierfür bietet die folgende Übung:

Empathie sich selbst gegenüber

1. Denke an eine Situation, in der du dich auf eine Art verhalten hast, die du als falsch und fehlerhaft empfindest, und schreibe die Umstände in Stichworten auf.
2. Untersuche nun genau, was du zu dir selbst sagst, wenn du glaubst, falsch gehandelt zu haben, um dich dadurch selbst zu erziehen. Welche verbalen Maßnahmen ergreifst du in einem solchen Fall, wie sprichst du zu dir selbst? Erarbeite das ganz genau und möglichst wortwörtlich und notiere deine diesbezüglichen Aussagen.
3 Achte auf Beschuldigungen, Herabsetzungen, Anklagen, Gewaltworte (sollte, müsste etc.). Alle diese Maßnahmen gegen dich selbst basieren auf der gängigen brutalen Art von Erziehung. Dahinter steht die Idee, dass man sich selbst für seine Handlung hassen und sich für sie entschuldigen sollte, sozusagen als Voraussetzung dafür, sich dann zu ändern. Das Ergebnis eines solchen Vorgehens sind jedoch nur ein Empfinden von Schuld und Scham, fehlender Kontakt zu den eigenen Bedürfnissen und das Entstehen von Depression.
4. Dein Ziel sollte es von jetzt an sein, die gewalttätige Sprache dir selbst gegenüber durch eine lebenserhaltende und lebensverbundene Sprache zu ersetzen, die frei ist von moralischen Urteilen und in Verbindung steht zu deinen Bedürfnissen hinter der Gewaltsprache.

Umgang mit Ärger

Im Sinne gewaltfreier Kommunikation nach Rosenberg sollte beim Auftreten des Gefühls von Ärger folgende Differenzierung vorgenommen werden: Die Person, die der Auslöser für den Ärger war, ist zu trennen von der Ursache des Ärgers, die im eigenen Denken, in Gedankenmustern von Schuld und Verurteilung liegt. Ärger über andere Menschen kommt von Urteilen, Festlegungen und Vorwürfen bezüglich dessen, was andere „falsch" machen, tun „sollten" und was sie „verdienen", basierend auf dem Grundgedanken, dass man Menschen nicht mag, die sich in einer gewissen Art verhalten.

Ärger entsteht meist dann, wenn wir von anderen etwas erwarten, was diese tun oder unterlassen sollten; noch schlimmer ist es zu denken, was man selbst tun sollte. In Wirklichkeit ärgern uns aber nicht die anderen, sondern unsere eigenen Vorstellungen von diesen bzw. unsere Vorurteile/Verurteilungen über diese:

„Ich bin ärgerlich, weil ich denke, erwarte, hoffe, will …“.

Der entstehende Ärger kann noch verdoppelt werden durch die zusätzliche Selbstanklage bezüglich seines eigenen Denkens, also aufgrund der Tatsache, dass man sich ärgert.

Ärger hat immer ein unbefriedigtes Bedürfnis als auslösenden Grund. Wird der Ärger dazu genutzt, dieses grundlegende Bedürfnis herauszufinden und zu artikulieren, ist dessen Befriedigung wesentlich wahrscheinlicher als über den Ausdruck des Gefühls von Ärger, was nur wertvolle Energie abzieht und bindet.

Die folgende Übung unterstützt einen besseren Umgang mit dieser schädigenden Form von Emotion:

Hilfreiche Nutzung von Ärger

- Halte still inne – atme ruhig – konzentriere dich darauf, niemanden zu beschuldigen oder bestrafen zu wollen.
- Finde heraus, welcher Gedanke den Ärger verursacht hat, bemühe dich, die Ursache vom Ergebnis zu trennen. Mach dir bewusst, dass die Ursache des Ärgers in dir selbst liegt und nicht beim anderen, dass du den Ärger also selbst verursachst.
- Erkenne/identifiziere die Wurzel des Ärgers in Form eines unerfüllten Bedürfnisses, das überdeckt wurde von deiner gewohnt falschen Art zu denken.
- Suche nach diesem dahinter stehenden unerfüllten Bedürfnis, bis es dir klar erscheint, finde also heraus, welches das eigene Bedürfnis hinter dem verurteilenden Gedanken oder dem Ärger ist. Über den Kontakt mit diesem Bedürfnis bringe nun die wirklich zugrunde liegenden Gefühle zum Vorschein und akzeptiere diese. Als Folge davon kannst du dann das Gefühl von Ärger nicht mehr in der vorherigen Art empfinden.
- Kommentiere den Ärger nun aufgrund des erkannten Bedürfnisses und der dazugehörenden Gefühle in einer neuen Art.

Der gesamte Vorgang läuft still ab, daher ist es bei Aufkommen von Ärger ratsam, erst einmal anzuhalten und in sich zu gehen. Wenn demgegenüber aus dem Bewusstsein heraus und mit den entsprechenden verurteilenden Gedanken spontan reagiert wird, können die wirklichen Bedürfnisse kaum erfüllt werden. Oft entsteht noch zusätzlich das Gefühl von Schuld aufgrund der eigenen vorschnellen, verurteilenden emotionalen Reaktion.

Der Ärger darf aber nicht mit Schweigen unterdrückt werden, sondern es ist still die entsprechende Arbeit zu leisten.

Umsetzen von Müssen in Wollen

Das Konzept der gewaltfreien Kommunikation nach Marshall Rosenberg basiert auf dem Ziel der „Lebensbereicherung", also der gewünschten Befriedigung von Bedürfnissen. Prinzipiell geht es darum, den Kontakt zwischen Menschen derart zu gestalten, dass die Begegnung für beide Seiten angenehmer, schöner und nützlicher wird. Hemmender Faktor auf dem Weg zu diesem Ziel ist die gängige gewalttätige Kommunikation, welche gekennzeichnet ist durch

- Bestrafung
- Belohnung
- Verpflichtung
- Bewirken von Gehorsam
- Induktion von Schuldgefühlen
- Induktion von Scham

Jedoch nicht nur im Umgang mit anderen Menschen wird eine Sprache mit gewalttätigen Elementen genutzt, auch schon über die innere sprachliche Formulierung bei Dialogen mit sich selbst werden vielfach Gewaltworte wie „müssen" genutzt und dadurch Wahlmöglichkeiten ausgeschlossen, was Chancen für die positive Gestaltung des eigenen Lebens und damit die gewünschte Bedürfnisbefriedigung vermindert. Es geht nicht darum zu fordern, derartige Gewalt gänzlich aus der Sprache zu verbannen, was wiederum eine Form von Gewalt wäre, sondern darum, die Fähigkeit zu entwickeln, Ausnahmen zu machen. Die folgende Übung zum besseren Unterscheiden kann hierbei hilfreich sein:

1. Liste Handlungen und Dinge auf, von denen du meinst, dass du sie tun müsstest, obwohl du sie nicht gerne tust: „Ich muss … xy tun."
2. Übersetze jede der zuvor gefundenen Feststellungen in eine bewusst getroffene Entscheidung unter Angabe des jeweiligen Grundes:
   „Ich entscheide mich dafür … xy zu tun, weil ich … zz."
3. Realisiere die Tatsache, dass es immer auch andere Möglichkeiten des Handelns gibt, auch wenn diese weder angenehm noch annehmbar erscheinen. Eventuell kannst du diese Optionen auch konkret benennen:

„Ich könnte auch noch … yx tun."
„Ich könnte mich ebenso für die Handlung … xx … entscheiden."

4. Analysiere ganz genau den Grund für die jeweils getroffene Entscheidung dahingehend, ob diese eventuell falsch war und zu ändern ist, oder ob es sich bei dem angeblichen „Müssen" um ein bewusst gewähltes „Wollen" handelt, ob du die Entscheidung also immer wieder in dieser gleichen, bestmöglichen Art treffen würdest.

Wenn ich dir die Gewaltfreie Kommunikation mal in eine Kurzform bringen darf, dann solltest du, wenn du dir dein Leben, so gut es geht, versauen willst, möglichst viele Vergleiche anstellen. Denk also darüber nach, wer du bist im Vergleich mit anderen und wie oder wer deine Mitmenschen sind. Zur Krönung kannst du dir dann noch überlegen, was andere wohl über dich denken – und verschwende um Gottes Willen keinen Gedanken daran, was hinter deiner Aggressivität steckt und was du eventuell fühlst oder brauchst oder was andere fühlen oder brauchen könnten.

Im Umgang mit dir selbst und deinen Artgenossen solltest du möglichst viel kritisch analysieren, auf Basis deiner subjektiven Moral bewerten und das Ergebnis deiner Bemühungen dann schnellstens öffentlich machen, damit auch alle kapieren, dass sie dämlich, von Grund auf schlecht und grundsätzlich an allem schuld sind. Mach ihnen klar, dass das prinzipiell „immer" gilt und sich daran auch „nie" etwas ändern wird, und bitte vergiss dich selbst nicht, denn es ist zur Pflege deiner Depression unumgänglich, wirklich zu verinnerlichen, dass all das besonders für dich gilt.

Aber das Wichtigste ist, gib niemals zu, dass du für irgendwas verantwortlich bist. Solange du nicht unter Folter zu einen gegenteiligen Aussage gezwungen wirst, sind immer irgendwelche „anderen" für dein Verhalten verantwortlich, im schlimmsten Fall beruf dich einfach auf Außerirdische.

Und wenn du irgendwas haben willst, dann bitte deine Mitmenschen so darum, dass ihnen unbewusst klar wird, was ihnen blüht, wenn sie deiner Bitte nicht nachkommen. Wenn du es schaffst, ein ordentlich schlechtes Gewissen, Schuld und Scham beim anderen zu erzeugen, hast du schon gewonnen und bekommst garantiert eine Menge deiner als Bitten getarnten Forde-

rungen fürs Erste einmal durch … und denk ja nicht an die „Folgekosten", das stört nur.

Also ich hoffe, du hast „verstanden" – ich hab mich wirklich bemüht.

Jetzt aber wieder zurück zu deinem Wohlbefinden.

Ich weiß, ich weiß … es ist verdammt schwer für euch Menschen, eure Aggressivität wirklich in Zaum zu halten, noch dazu, wenn sie so weit gefasst wird wie bei Rosenberg. Da ist dir jetzt vermutlich klar geworden, dass ein Verhalten schon als aggressiv bezeichnet werden kann, bei dem du dir früher wirklich nichts gedacht hast und das ganz normaler Bestandteil deines üblichen Umgangs mit deinen Artgenossen und mit dir selbst war.

Aber damit dir der Übergang in dein gewaltfreies Dasein ein wenig erleichtert wird, hab ich da noch eine ganz tolle Sache ausgegraben, mit der du alles, was dich nervt, ärgert, wütend und traurig macht, also, kurz gesagt, alles, was dir ans Herz geht, auf eine Art „entsorgen" kannst, die weder für dich selbst noch für andere schädlich ist, sondern dir vielmehr enorme Erleichterung bringen kann.

Die Methode wurde erfunden von klugen Köpfen an einer amerikanischen Universität – aber keine Angst, sie ist trotzdem gut! – und zwar zur Verringerung der Symptome bei Patienten mit Asthma und rheumatoider Arthritis. In einer wissenschaftlichen Studie wurde der positive Effekt nachgewiesen, die entsprechende Wirkung gibt es aber auch, wenn du diese Krankheiten nicht hast. Also los!

Stressverminderung durch Schreiben

(nach PhD. Joshua Smyth et al./Departments of Psychiatry, Pulmonary and Rheumatology, State University of New York)

- *Diejenige Thematik auswählen, die einen emotional momentan am meisten belastet und dadurch Stress verursacht.*
- *Ca. 20 Minuten lang ununterbrochen die aufkommenden Gedanken zu diesem Thema aufschreiben. Hierbei muss es sich nicht um formal perfekte Sätze handeln, es können auch Gedankenteile, in Worte gefasste Empfindungen bzw. Gefühle oder Gedankenblitze sein. Wichtig ist hierbei nur das ununterbrochene Schreiben von Worten zur jeweiligen Thematik – wenn der Gedankenstrom ausbleibt oder irgendwie unterbrochen wird, ist der letzte Satz nochmals niederzuschreiben, um den Fluss und damit die Beschäftigung mit dem Thema aufrechtzuerhalten.*
- *Die Prozedur an drei aufeinander folgenden Tagen jeweils einmal täglich durchführen, die Niederschriften aufheben und nicht anderen Menschen zeigen oder mit ihnen darüber sprechen (damit ist gewährleistet, dass wirklich alle Gedanken aufgeschrieben werden können, auch solche, die mit Scham, Schuld oder kriminellen Handlungen verbunden sind). Die Aufzeichnungen sollten während des Tages nicht nochmals gelesen werden.*
- *Nach der dritten Durchführung sämtliche Niederschriften eventuell nochmals durchlesen und dann auf persönlich angemessene Weise vernichten (verbrennen, zerreißen, in einen Fluss werfen etc.).*

Falls du jetzt einen Krampf in den Fingern hast vom vielen Schreiben, kann ich dich beruhigen, es geht auf rein geistiger Ebene weiter, im Bereich der Imagination.

Worte werden von euch Menschen relativ gleich oder zumindest ähnlich verwendet werden, aber die Vorstellungen, die sich bei der Verwendung eines bestimmten Wortes bei euch einstellen, sind oft extrem unterschiedlich und niemals absolut gleich. Wenn du daher mit deinen Artgenossen über Vorgän-

ge oder Dinge sprichst und ihnen dabei den emotionalen Aspekt erklären willst, wird deine Sprache immer bildhafter, weil dir Bilder am ehesten eine Verbindung nach innen ermöglichen. Visualisieren ist für dich ja so eine Art von „Denken in inneren Bildern", dabei konzentrierst du dich ganz intensiv und mit möglichst vielen Sinnen auf einen bestimmten Sachverhalt.

Das hat mit der Entwicklung deines Gehirns zu tun. Im Grunde bist du nämlich keineswegs der „Intellektuelle", als der du dich so gerne präsentierst, sondern ein ziemlicher „Einfaltspinsel", der sich mit dem Geschehen um ihn herum hauptsächlich mit dem Teil seines Gehirns beschäftigt, in dem ausschließlich in inneren Bildern gedacht wird.

Ich möchte dich keineswegs herabsetzen oder gar beleidigen, ihr Menschen habt im Laufe eurer Entwicklung wirklich unglaubliche Dinge „gedacht", auf die ich zum Beispiel mit meinem eher schlichten Vorstellungsvermögen niemals kommen würde, nur ist es so, dass ihr im Grunde trotz allem eher „Gefühlswesen" und „Bildchenbetrachter" seid.

Deine gesamten Reaktionen auf deine Wahrnehmung der Umwelt in Form von Handlung oder Verhalten sind beeinflusst von deinem subjektiven Erleben dieser Wahrnehmung, und das läuft in inneren Vorstellungen in Form von Bildern ab, die du dann noch emotional bewertest. Glaub mir, mit rationalem, konkretem und abstraktem Denken ist bei dir nicht viel los!

Vom Ergebnis her betrachtet ist das eigentlich egal, denn, wie schon gesagt, du bist schon ein recht „kluges Kerlchen", was du ja gerade dadurch unter Beweis stellst, dass du dieses Buch liest. Deine Klugheit kommt nur eben anders zustande, als du dir das vermutlich gedacht hast.

Wie dem auch sei, die Tatsache, dass du eigentlich in Bildern und sehr gefühlsbetont denkst, lässt sich recht gut nutzen. Da deine Persönlichkeit, dein Charakter und deine Weltsicht von inneren Bildern geprägt sind, ist die Nutzung derartiger Bilder mit Blick auf Veränderung dieser Faktoren sehr bedeutsam und daher auch Gegenstand der meisten therapeutischen Richtungen. Ich habe dir kürzlich doch erzählt, dass diejenigen deiner Mitmenschen nachweislich besonders positiv auf Psychotherapie reagieren, die gut visualisieren können, die also in der Lage sind, sich gewisse Dinge vor ihrem inneren Auge in Form von Bildern oder ganzen Filmen vorzustellen; und zwar nicht nur das, was wirklich „ist", sondern auch das, was eventuell sein könnte, wenn das „ist" besser wäre. Und das ist genau die Sache, wo wir jetzt als krönenden Abschluss ansetzen wollen.

Da kommen wir jetzt nämlich zu einer Sache, die mir im wahrsten Sinne des Wortes sehr am Herzen liegt, und das ist dein Herz oder, besser gesagt, dein Umgang mit und deine Verbindung zu deinem Herzen. Und dazu brauchst du jetzt auch deine dir angeborenen Fähigkeiten, gefühlvoll zu visualisieren und zu imagnieren, auch wenn du sie vielleicht vor lauter „denken wollen" ziemlich gering geschätzt hast.

Die meisten von euch Menschen vernachlässigen diesen so wichtigen Herz-Bereich des emotionalen Wissens schändlich und kümmern sich viel zu viel um das, was sie denken oder für Denken halten. Dabei ist das Herz beim Embryo sehr schnell entwickelt, das Gehirn erst wesentlich später, und jede Veränderung im Herzen kann positiven Einfluss auf das Gehirn haben, umgekehrt dagegen kaum.

Du merkst sicher schon, worauf ich hinaus will – da gibt es wieder ganz tolle Mittel und Wege, etwas für dein „herzliches" Wohlbefinden zu tun, das Auswirkungen auf alle anderen Bereiche deines Organismus und deiner Psyche hat. Mehr davon gleich!

Und noch etwas ... dein Bewusstsein ist nachweislich nicht die treibende Kraft in deinem Leben, auch scheinbar willentliche Handlungen werden durch unbewusste Prozesse ausgelöst. Dein Bewusstsein beobachtet und interpretiert die Aktionen wie von außen und schreibt ihnen einen Sinn zu, aber der Ursprung von allem liegt irgendwo anders und geht von anderen Instanzen aus. Ich weiß, dieses Thema hatten wir schon – ich will dich auch nur noch einmal daran erinnern, dass bewusstes Denken nicht alles ist, sondern dass es da noch einen anderen Bereich gibt, den du zwar unermüdlich erforschst, aber noch nicht verstanden hast.

Bis jetzt hast du trotz allen Suchens noch keine wirklich eindeutige Antwort bekommen, vielleicht schaffst du das auch nie, aber du wirst merken, dass es eine hilfreiche Annahme ist, wenn du der Weisheit deiner Intuition ein wenig mehr Raum gibst. Ich möchte dir nicht einreden, dass dein „Gehirn im Herzen" sozusagen **der** *Ursprungsort deiner Weisheit ist, aber die folgenden Übungen werden dich vielleicht doch dazu bringen, diese Annahme nicht völlig abzulehnen und deinem Herzen einen wesentlich höheren Stellenwert einzuräumen.*

Herzkohärenz

In allen großen Hochkulturen wurde dem Herzen neben der organischen Funktion auch eine eigene Intelligenz zugewiesen, die Verstand und Emotionen beeinflussen könne. Für eine optimale Zusammenarbeit von Körper, Verstand und Emotionen ist die Harmonie von Herz und Gehirn Voraussetzung. Es ist wissenschaftlich belegt, dass eine Nutzung der Herzintelligenz den Blutdruck senkt, das Immunsystem und das hormonelle Gleichgewicht verbessert und die Gehirnfunktionen fördert. Das Herz verfügt über ein eigenes Nervensystem, mit einer ähnlichen Anzahl von Neuronen wie das Gehirn, man kann also von einem „Gehirn im Herzen" sprechen, welches in direkter Verbindung zum eigentlichen Gehirn steht und maßgebliche Bereiche und Funktionen in der Großhirnrinde, im Thalamus sowie in der Amygdala, dem Bereich der Verarbeitung emotionaler Erinnerungen, beeinflusst.

Schon seit den 70er Jahren ist bekannt, dass die Reaktionen des Herzens auf „Weisungen" des Gehirns keineswegs nach blindem Gehorsam erfolgen, sondern dass das Herz vielmehr nach eigener Logik vorgeht, die von mentaler Verarbeitung geprägt zu sein scheint. Im Gegenzug sendet das Herz Botschaften und Weisungen an das Gehirn, denen dieses dann nachkommt, was beweist, dass Informationen des Herzens das menschliche Verhalten lenken können.

Seit am Ende der 80er Jahre durch John Mayer und Peter Salovey die Theorie der „Emotionalen Intelligenz" aufgestellt wurde, hat die Qualität der Beziehung des Menschen zu sich und anderen Menschen und damit die Möglichkeit der Beeinflussung seiner Gedanken und seines Befindens durch sich selbst einen neuen Stellenwert bekommen. Mitte der 90iger Jahre konnte Daniel Golemann belegen, dass die Fähigkeit zu Kontrolle und entsprechender Nutzung emotionaler Fähigkeiten in weit größerem Ausmaß für beruflichen Erfolg und psychisches Wohlbefinden verantwortlich ist als intellektuelles Denkvermögen.

Nach Golemann ist die Fähigkeit, eine Verbindung zwischen Gedanken und Gefühlen zu erkennen und zu beurteilen, ein wesentliches Merkmal emotionaler Intelligenz, weil daraus die Fertigkeit entsteht, die Beeinflussung von Gedanken und Gefühlen auf Entscheidungen zuzulassen oder zu unterbinden. Aus einem solchen emotional intelligenten Verhalten ergibt sich einerseits die Möglichkeit, bei anstehenden Entscheidungen eine neue und hilfreichere andere Wahl zu treffen, andererseits können die gewonnenen Erkenntnisse besser auf ähnliche Situationen übertragen werden.

Die Erforschung von Möglichkeiten zur Entwicklung und Steigerung der Herzintelligenz hat sich seit dem Gründungsjahr 1991 das Heart-Math-Institut unter der Leitung des Stressforschers Doc Childre zur Aufgabe gemacht. Die dort entwickelten wissenschaftlich validierten Techniken werden heute weltweit von lizenzierten Lehrern weitervermittelt.

Ausgangspunkt aller weiteren Forschungen war die Entdeckung, dass aufgrund negativer Emotionen Störungen im Gleichgewicht des Nervensystems entstehen, was einen unregelmäßigen Herzrhythmus zur Folge hat. Der auf Dauer negative und gesundheitsschädigende Einfluss eines derartigen Ungleichgewichts im Nerven- und Herz-Kreislaufsystem liegt auf der Hand.

Auf der anderen Seite wurde offensichtlich, dass eine Verbesserung des Gleichgewichtszustands im Nervensystem nicht nur einen ausgeglichenen und dadurch harmonischen Herzrhythmus, sondern auch bessere Wahrnehmungsfähigkeit, Achtsamkeit, mentale Klarheit und Intuition bewirkt.

Im rein körperlichen Bereich konnten entsprechende Untersuchungen zeigen, dass die Aktivierung der Herzintelligenz eine eindeutige Verringerung von Stresssymptomen zur Folge hat: Herzrasen, Schlaflosigkeit, Mattigkeit, Anspannung, Verdauungsbeschwerden und unspezifische körperliche Schmerzen können erheblich verringert und Bluthochdruck ohne Medikamentierung auf Normalwerte zurückgeführt werden.

Im mentalen Bereich hat eine Änderung des Herzrhythmus Einfluss auf die Art der Wahrnehmung der eigenen Person mit ihren Fähigkeiten und Bedürfnisse wie auch des gesamten Umfeldes. Als direkte Folge ergibt sich daraus die Reduktion von Stress und im Gegenzug die Steigerung der Effektivität.

Die Methoden des HeartMath® zielen daher auf eine bewusste Herstellung eines innerlich harmonischen Zustands ab, technisch messbar über die Herzratenvariabilität, d.h. die Fähigkeit des Herzens, den zeitlichen Abstand zwischen zwei Herzschlägen belastungsabhängig, also in Reaktion auf die Umgebung, zu verändern. Die Basis-Technik hierbei ist das nachfolgend beschriebene „Freeze-Frame®-Sofortprogramm“.

Wundert es dich, dass ich dir diese Methode empfehle, obwohl es nicht direkt um mich geht, zumindest nicht auf dem Weg über das Klopfen meiner Punkte?

Wohl kaum, denn erstens kommt mir eine bessere Koordination von Gehirn und Herz indirekt zugute, und außerdem bin ich immer noch meinen ursprünglichen Entdeckern, den Chinesen, sehr verbunden. In der chinesischen medizinischen Tradition wird der Ursprung der Verbindung von Geist und Körper im Herzen gesehen, die Schriftzeichen von „denken", „Absicht", „Tugend" und „Liebe" beinhalten dementsprechend auch dasjenige für „Herz".

Aber das sind natürlich nicht die wirklichen Gründe, vorrangig geht es mir immer noch um dich und deine innere Harmonie. Die Energie deines Herzens ist mit momentanen Messmethoden zwar nur bis zu drei Meter um deinen Körper herum messbar, es wird jedoch vermutet, dass sich dieses Energiefeld noch über ganz andere Dimensionen hin erstreckt.

Eine derartige Energie kann man eigentlich von der Bedeutung her für die Menschheit insgesamt vergleichen mit der Bedeutung meiner Energie für deinen Organismus, und das sollte man daher optimal nutzen. Dein Herz sendet nachweisbar emotionale und intuitive Signale, die du verwerten kannst, um dein Leben harmonischer zu gestalten und deinen Organismus gesünder zu halten.

Diese höhere Kohärenz, also die innere Harmonie und Ordnung zwischen Herz und Hirn, führt dich einerseits zu einer neuen Sichtweise des Lebens im Gesamten, also zu einem anderen Bewusstsein, andererseits zu mehr Kraft gegen Stress und damit höherer Produktivität und einem besseren körperlichen Zustand.

Außerdem ist da noch die Tatsache, dass du ja auf dieser Welt nicht allein bist und dass der Einfluss deiner Energie nicht nur auf dich allein beschränkt ist. Wenn wirklich etwas an diesem so genannten „morphogenetischen Feld" dran ist – und vieles deutet ja darauf hin –, dann gibt es auch eine kollektive Energie von Gefühlen, Gedanken und Einstellungen, also eine Art von Gesamtklima des Bewusstseins.

Wenn du nun daran arbeitest, deine Herzkohärenz zu steigern, dann hat das Auswirkungen in dreifacher Hinsicht. Einerseits tust du natürlich dir selbst etwas Gutes und verbesserst deinen emotionalen und körperlichen Zustand, außerdem wirst du dadurch weniger anfällig für die negativen Auswirkungen von kollektivem Stress, der in diesem Bewusstseins-Klima ein wesentlicher Faktor ist. Zusätzlich trägst du noch in positiver Hinsicht dazu bei, dass eben dieses Klima mehr von kohärenten Gedanken und Gefühlen bestimmt wird als von negativen, inkohärenten Stresswellen.

Alle drei Faktoren verstärken sich natürlich gegenseitig. Je erfolgreicher du ein positives Management deiner Gefühle betreibst, deine Emotionen also ins Gleichgewicht bringst und die Auswirkungen von Stress abbaust, desto besser bist du gegenüber negativen Einflüssen von außen geschützt und umso mehr trägst du zur Harmonisierung deiner Umgebung bei.

Sobald du beginnst, dich auf den Bereich deines Herzens zu konzentrieren, und das Grundgefühl des Herzens von Liebe, Anteilnahme und Wertschätzung aktivierst, also die Botschaften des Herzens an das Gehirn zum Positiven hin wandelst, ändert sich augenblicklich dein Herzrhythmus – was also hält dich noch davon ab, das gleich einmal auszuprobieren?

Freeze – Frame®

Das Freeze-Frame®-Sofortprogramm (dt: „den gewohnten Rahmen einfrieren") ist eine Basismethode, um Zugang zu den Grundwerten und der Stärke des Herzens zu bekommen und über die Harmonisierung der beiden Teile des Autonomen Nervensystems (ANS), also des Sympathikus und Parasympathikus, einen Zustand der Kohärenz von Herz und Gehirn zu erreichen. Während negative emotionale und mentale Reaktionen im ANS Ungleichgewicht bewirken, können bewusst gesetzt positive Reize die Harmonie wiederherstellen. Das Grundprogramm dazu besteht aus fünf Schritten:

Erkennen – Umschalten – Aktivieren – Fragen – Handeln

1. Erkenne den Stress, nimm ihn also als solchen wahr, statt ihn zu übergehen oder als normalen Anteil deines Lebens zu akzeptieren. Begegne ihm mit der Freeze-Frame-Übung sofort, nachdem du ihn bemerkt hast – halte also augenblicklich inne und nimm dir die notwendige Auszeit, um einen Schritt vom jeweiligen Problem weg zu treten und dadurch eine neue Sichtweise bekommen zu können.
2. Bemühe dich, so gut du nur kannst, deine Aufmerksamkeit von Problem, Verstand und verwirrenden Gedanken weg und stattdessen in Richtung auf deine Herzgegend zu lenken. Unterstützend kannst du die Hand auf dein Herz legen oder dir mit irgendeiner Form von Imagination dabei helfen. Es kann dabei auch nützlich sein, dich auf deinen Atem zu konzentrieren und dir vorzustellen, wie du in dein Herz hinein atmest und es sich

dabei hebt und senkt. Wichtig ist vor allem, dass du dich wirklich gedanklich vom Problem abwendest und emotional mit deiner gesamten Aufmerksamkeit für mindestens 10 Sek. auf die Herzgegend fokussiert bleibst.

3. Gehe nun gedanklich in die Erinnerung an ein positives, schönes und fröhliches Gefühl oder eine ebensolche Zeit in deinem Leben zurück und reaktiviere diese Emotion. Hierbei ist ganz wichtig, dass es sich nicht bloß um eine gedankliche Erinnerung handelt, sondern dass du wirklich das Gefühl dazu wieder abrufst und nochmals erlebst. Für die meisten Menschen ist dieser dritte Schritt der schwierigste, also bemühe dich, nicht nur ein Bild oder gedankliche Erinnerungen, sondern wirklich intensiv das Gefühl zu aktivieren.
4. Mit Hilfe deiner Intuition und deines gesunden Menschenverstandes frage nun dein Herz nach einer eher passenden Reaktion auf die jeweilige Situation, um in Zukunft bei ähnlichen Anlässen den Stress zu verringern. Bitte also in voller Aufrichtigkeit dein Herz um eine Anleitung, wie du eine gute Entscheidung treffen kannst. Wichtig ist, dass du mit deiner Aufmerksamkeit wiederum in der Herzgegend bleibst und nicht in den Bereich des Verstandes abrutschst, denn der kann dir nur Antworten geben, die später vermutlich wieder Stress verursachen werden; nur bei Zusammenarbeit von Herz und Verstand kann die Antwort die geeignete Lösung beinhalten.
5. Höre auf die Antwort deines Herzens! Ob die Antworten deines Herzens einfach sind und du sie eigentlich ohnehin schon gekannt hast, ob es sich um eine Unmenge neuer Informationen und Sichtweisen handelt, oder ob du eigentlich keinerlei Information erhalten hast und dennoch einen positiven Wechsel deiner Wahrnehmung erleben konntest – wichtig ist nun, dass du den erhaltenen Botschaften gemäß handelst, auch wenn es dir vorerst noch unpassend, verwirrend oder unangenehm erscheint.

Cut-Thru-Technik

Die fortgeschrittenere Methode des Cut-Thru (dt: „einen Weg bahnen“) zielt darauf ab, sich seiner unbewussten emotionalen Erinnerungen bewusst zu werden und diese neu zu programmieren. Es geht also darum zu erkennen, dass diese Erinnerungen durch ständig neues, unbewusstes Wiedererinnern letztlich die Wahrnehmung, die Gedanken und die Emotionen aufgrund der Verstärkung prägen und dadurch auch künftige Reaktionen in negativer Weise festlegen.

Während das Freeze-Frame-Programm hilft, eine Situation emotional besser zu bewältigen, sichert es noch keine gänzliche emotionale Distanzierung. Die Cut-Thru-Technik ist eher geeignet, tiefer sitzende emotionale Probleme zu bearbeiten, indem die eigene Sichtweise und das Bedürfnis des emotionalen Verharrens darin zwar anerkannt, aber letztlich dennoch überschritten werden. Mit dieser Entscheidung wird der Sprung auf die nächste Ebene des aktiven Gefühlsmanagements möglich.

1. Werde dir zuerst einmal deiner Gefühle zur jeweiligen Problematik bewusst. Das bedeutet, dass du wirklich weder so tief im Gefühl verstrickt bleibst, dass du es in seiner ursprünglichen Form nicht mehr erkennen kannst, noch dass du es beiseite schiebst oder nur oberflächlich streifst. Vielmehr musst du wirklich direkten und intensiven Kontakt zur vordergründigen Emotion aufnehmen.
2. Konzentriere dich auf dein Herz und deinen Solarplexus und atme mindestens 10 Sek. lang Liebe und Wertschätzung durch diesen Bereich zwischen Brust und Bauch, um die Aufmerksamkeit sicher dort zu halten.
3. Entwickle eine objektive Haltung zu deinem Gefühl oder Problem, so, als würde es sich um die Angelegenheit eines anderen Menschen handeln. Nimm dich also aus der Situation, die dich emotional belastet, heraus und sieh sie dir aus einer solchen Distanz heraus an, die dir eine vollkommen emotionsfreie Betrachtung ermöglicht. Geh also weit genug aus der Szene heraus, um dich nicht mehr mit ihr zu identifizieren und so einen neutralen Blick auf sie werfen zu können.
4. Bleibe in diesem neutralen Zustand und lass dir von deiner Herzintelligenz helfen, emotional vernünftiger und reifer auf das Gefühl oder Problem zu reagieren. Wenn du lange genug in der neutralen Position verharrst, bringt dies mit der Zeit ganz automatisch eine Veränderung der Einstellungen und Gefühle mit sich, denn du ordnest dabei den Verstand dem Herzen unter. Eine rein verstandesmäßige Umstrukturierung vermag die Emotionen nicht zu verändern. Die Zusammenarbeit mit dem vernünftigen, reifen Herzen kann den Verstand jedoch umtrainieren und schädliche Einstellungen und Gefühle wesentlich ändern.
5. Weiche nun das Problem im Mitgefühl und der Kohärenz deines Herzens ein. Bleibe auf die Herzgegend konzentriert und erlaube die Trennung zwischen dem Problem und deiner subjektiven Deutung oder Bedeutung, die du ihm beimisst. Löse also mit der Kraft deines Herzens die negative emotionale Energie auf und verwandle sie, indem du sie langsam abfließen oder sich auf irgendeine Art – eventuell visualisiert über ein passendes Bild – verflüchtigen lässt.

Lass dir bei den sehr wichtigen Prozessen dieses Schrittes ausreichend Zeit.

6. Wenn du deinem Problem möglichst viel Wichtigkeit entzogen hast, bitte dein Herz aufrichtig um Führung oder Einsicht. Die Antwort kann sofort, oft aber auch erst einige Zeit später kommen. Zur Überbrückung hilft es, wenn du einen Aspekt des Problems findest, den du wertschätzen kannst. Dies fördert intuitive Klarheit.

Heart Lock-In

Eine noch tiefere Einstellung auf das Herz als die ersten beiden Methoden ermöglicht die Heart Lock-In - Übung. Hierbei geht es nicht um die Lösung von Problemen über das Stellen einer Frage, sondern um allgemeine Erleichterung des Zugangs zu Herzintelligenz über einen Zustand der tiefen Entspannung und Regeneration. Die Heart Lock-In-Übung kann also genutzt werden, um die Wirkung der beiden vorangegangenen Methoden noch zu verbessern und zu verstärken. Es geht hierbei darum, Grundgefühle des Herzens wie etwa Liebe, Mitgefühl, aufrichtige Anteilnahme und tatsächliche Wertschätzung erst einmal zu finden und dann in diesem Zustand zu verharren, um ihn schließlich auch anderen Personen oder Situationen zukommen zu lassen.

Der Aufbau einer intensiven Beziehung zur Intelligenz des eigenen Herzens erfordert in zweierlei Hinsicht Zeit. Einerseits müssen technische Schwierigkeiten der Kommunikation überwunden werden, andererseits erfordern die Auseinandersetzung und Beziehungsbildung an sich Zeit. Es ist also notwendig, die Übung mehrfach auszuführen. Hilfreich ist eine dauerhafte Integration in den normalen Tagablauf in Form eines festen Bestandteils. Optimal ist eine Ausführung am frühen Morgen, da dann das Grundgefühl und eine entsprechend hohe Kohärenz in hohem Maß mit in den Alltag genommen werden können.

Heart Lock-In – Übung

1. Begib dich an einen ruhigen Ort, schließe die Augen und entspanne dich.
2. Wende deine Aufmerksamkeit von Kopf, Verstand und verwirrenden Gedanken weg auf deine Herzgegend. Lege als Unterstützung die Hand auf dein Herz oder hilf dir mit einer für dich passenden Imagination. Stell dir vor, dass du 10–15 Sekunden lang durch dein Herz atmest.

3. Entspanne dich und erinnere dich an ein intensives Gefühl von Liebe, Mitgefühl oder Anteilnahme zu einem oder mehreren anderen Menschen oder von Wertschätzung für etwas Schönes, Positives in deinem Leben. Beruhige deinen Verstand und lass dich ganz auf diese Grundgefühle des Herzens ein, zwing dich nicht dazu, sondern erlaube ihnen, sich ganz leicht und von selbst einzustellen. Bleibe 10–15 Minuten lang bei diesen Gefühlen. Stelle auch keine direkten Fragen, sondern besinne dich einfach nur auf diesem kohärenten Zustand. Intuitive Antworten oder Einsichten können dich dann finden, ohne dass du bewusst nach ihnen suchst.
4. Lenke diese Gefühle von Liebe, Alteilnahme oder Wertschätzung nun auf dich selbst, lass sie durch deinen ganzen Körper und jede seiner Zellen strömen und achte wieder darauf, dass du nichts erzwingen musst, sondern alles ganz leicht geht. Schicke diese Grundgefühle anschließend auch zu anderen Menschen, die sie nötig haben, oder in problematische Situationen, in denen sie helfen könnten.
5. Sobald andere Gedanken aufkommen, ziehe deine Aufmerksamkeit sanft von ihnen ab und lenke sie zurück zum Herzbereich. Jeder Form von Blockade oder Unterbrechung des Energieflusses begegne in derselben weichen und sanften Art und verfahre ebenso, falls die Energie zu intensiv wird.

Nach Beendigung der Übung kannst du alle intuitiven Gedanken und Gefühle, die auf der Basis von innerem Wissen oder Frieden während der Übung entstanden waren, aufschreiben, um sie so leichter im Gedächtnis zu behalten und ihnen gemäß zu handeln.

Zur Verbesserung der Atmosphäre und Erleichterung der Einstimmung auf die Grundgefühle des Herzens sowie zu ihrer Vertiefung kannst du während der Ausführung der Übung auch Musik hören, am besten entspannende Instrumentalmusik.

Gut so – jetzt weißt du also, wie du dein Herz und dein Hirn zusammenschaltest, also deine Emotionen und deine Intelligenz zu hilfreicher Intuition vereinst. Du wirst sehen, das hilft dir enorm weiter, vorausgesetzt natürlich, du bleibst aktiv dabei und führst die Techniken immer wieder

aus, wenn es gerade notwendig ist. Da hast du am Anfang jede Menge „Bedarf", aber mit der Zeit wirst du dann merken, dass du grundsätzlich ausgeglichener und innerlich ruhiger wirst, weil die Arbeit ihre Früchte trägt und du an die immer wieder auftauchenden Ärgernisse und Widrigkeiten des Lebens ganz anders herangehst.

Wenn ich mir so vorstelle, wie du dich verändern wirst, wenn du eifrig ab und zu die eine oder andere Methode anwendest, je nachdem, was gerade zur entsprechenden Situation passt oder was sich nach deinem Empfinden als deine „Favoriten-Technik" herausgestellt hat, wird es uns beiden gut gehen! Und eines ist klar: Die Ausrede, es war nichts für dich dabei, gilt nicht mehr, denn wenn du dich bis zu diesem Punkt durchgelesen hast, dann muss dich schon irgendwas angesprochen haben.

Du solltest dich einfach damit motivieren, dass du die Mühe des Lesens und Ausprobierens nicht umsonst hinter dich gebracht hast und dafür jetzt auch den entsprechenden Lohn haben willst. Den bekommst du nur, das müsste dir mittlerweile ja wohl klar sein, indem du weitermachst, also dabei bleibst.

Und wenn du schon nicht an dich selbst denkst, dann doch wenigstens an mich, deinen Meridianus. Ich appelliere jetzt an dein menschliches Mitgefühl – wie ich weiß, habt ihr Menschen davon ja eine ganze Menge – willst du wirklich, dass ich wieder vor mich hin vegetiere und armselig verkümmere, dass es mir schlecht geht, weil meine Energien nicht richtig fließen können und überall im Stau festhängen? Nein, das kannst du nicht verantworten! Wie willst du in den Spiegel schauen, wenn du so mit mir umgehst, nach allem, was du jetzt weißt?

Ich habe da einfach ein gesundes Gottvertrauen – das wirst du mir und dir nicht antun!

Und als Belohnung für dein Verantwortungsgefühl gibt's jetzt noch ein weiteres „Zuckerl" aus meinem Methodenlager.

Es ist so, dass dich einige schädliche Einflüsse von außen immer wieder so hart treffen, weil dein so genannter „Energiekörper" eine Verletzung hat. Du weißt ja, du bestehst nicht nur aus dem, was man sehen kann, innerlich wie äußerlich. Ich möchte mich da jetzt nicht auf eine Debatte mit dir einlassen, vielleicht bist du der „harte Typ", der mit „Esoterik" nichts am Hut hat, obwohl dieses Wort einen Bereich bezeichnet, der in seiner ursprünglichen Bedeutung noch keineswegs so in Verruf war, wie das heute der Fall ist – aber lassen wir das.

Immerhin wird dir ja mittlerweile klar sein, dass es mich wirklich gibt, und du hast an den vorangegangenen Übungen auch schon gemerkt, dass es dir besser geht, wenn du dafür sorgst, dass ich mich frei und unbehindert in meinen Bahnen bewegen kann. Und darum geht es ja letztlich, nämlich um meine Bewegungsfreiheit, und die kannst du dadurch sicherstellen, dass du mit mir über Klopfen kommunizierst. Aber es gibt auch noch direktere Wege – und vielleicht liegen dir diese Möglichkeiten auch.

In jedem Fall kannst du ja wohl nicht abstreiten, dass du immer mal wieder angenehme und weniger angenehme „Gefühle“ hast, und diese Emotionen kann man ja nicht wirklich sehen, angreifen und fotografieren – und trotzdem hast du sie, das merkst du daran, dass die unangenehme Variante ganz schön wehtun kann!

Und ich verrate dir außerdem noch, dass hinter den unangenehmen Gefühlen ganz einfach eine Blockade steckt, ein Stau im Energiefluss. Da lässt du mich dann an irgendeiner Stelle „auflaufen“, und nichts geht mehr. Ich hänge dann fest, und nach mir kommt immer mehr Energie nach, die einfach nicht weiterfließen kann und mich dann fast erdrückt. Du kannst dir sicher vorstellen, wie sehr ich dadurch ins Gedränge komme – und das, wo ich doch zu Platzangst neige und es wirklich nicht mag, wenn ich zusammengequetscht werde. Ist wohl klar, dass so was wehtut, deshalb spürst du dann auch immer richtige Schmerzen, wenn du an eine bestimmte schlimme Sache aus deiner Vergangenheit denkst, die dich immer noch emotional berührt, weil ja dieser Stau nach wie vor besteht.

Und genau da wollen wir jetzt ansetzen. Es gibt da nämlich eine Frau Hartmann, die einerseits das tut, was ich so gerne habe, nämlich meine Punkte zu klopfen, die aber auch noch zusätzlich eine tolle Methode entwickelt hat, wie man Störungen noch eleganter und ohne Klopfen, also direkt an der Quelle des Unheils, im energetischen Bereich auflöst. Sie schafft es mit ihrer Technik, dass alte Verletzungen deines Energiekörpers abheilen, weil die Energie wieder in den Fluss gebracht wird. Klingt gut, nicht?

Davon gleich mehr.

EmoTrance™ nach Silvia Hartmann

Jeder Mensch durchlebt ständig Gefühle, die im Normalfall problemlos kommen und gehen. Wenn diese Gefühle jedoch nicht richtig im Fluss bleiben können, sondern an irgendeiner Stelle stecken bleiben, entstehen Probleme, weil die nachfolgende Gefühle nicht mehr durchfließen können, sich nacheinander stapeln und so zu Druck und schließlich körperlichem Schmerz und anderen Störungen der Befindlichkeit führen können.

Die Anwendung von EmoTrance löst die Blockade über deren Manifestation als Gefühlsstau auf, sodass die Energie wieder frei fließen kann. Hilfe hierbei bieten das körperliche Empfinden und die bewusste Absicht, die Schmerz verursachende Blockade zu beseitigen. Das Ziel des Verfahrens ist nicht die Veränderung des körperlichen Zustands. Physische Symptome können sich durch die Anwendung von EmoTrance zwar in positiver Hinsicht verändern, jedoch sollte dies auf keinen Fall die vorrangige Absicht sein, sondern ausschließlich die energetische Durchlässigkeit.

Kontakt mit anderen Menschen läuft in Form von Energieaustausch ab. Die energetische Interaktion kann zu einer negativen, schmerzvollen Emotion werden, wenn sie in irgendeiner Form unterbrochen wird. Die Energie kann in diesem Fall nicht in den Körper eintreten, verarbeitet werden und positiv wirken sowie anschließend wieder abfließen, sondern wird an einer bestimmten Stelle blockiert. Aufgrund der Tatsache, dass Energie durch entsprechende Absicht beeinflusst werden kann, ist es möglich, Ereignisse im Bereich des energetischen Geschehens einerseits überhaupt zu formieren, aber auch, wenn sie schon gegeben sind, zu verändern und damit zu steuern.

Der Stau im Energiefeld der Körpers, der als negativ und schmerzhaft empfunden wird, kann als eine Form von Verletzung dieses Feldes angesehen werden, das es über die Auflösung der Blockade zu heilen gilt. Hinweise zum hierfür erforderlichen Vorgehen geben – außerhalb sämtlicher Verzerrungen durch das Bewusstsein – ausschließlich reale körperliche Wahrnehmungen von Schmerz, keineswegs jedoch Fantasien und Imaginationen oder gar Emotionen bzw. Erinnerungen an alte negative Emotionen. Diese werden erst in der Folge mit eingebracht, um die Aufmerksamkeit in Richtung der Heilung – in diesem Fall auf Bewegung von Energie – zu lenken.

Es geht also ausschließlich um Energie und deren Beeinflussung über Gedanken und Absicht. Die Emotionen sind hierbei ausschließlich Instrumente der Rückmeldung, um über sie Informationen zum gegenwärtigen Zustand des Energiekörpers zu erhalten. Die Art und Weise des Zustandekommens von Emotionen ist in diesem Fall nicht von Bedeutung, es spielt also keine

Rolle, ob sie eigenständig erzeugt, durch das Umfeld hervorgerufen werden oder eine Mischung aus beidem darstellen.

Die Anwendung der Methode baut zur Widerherstellung des Energieflusses im Körper selbst sehr ausdrucksstark auf bewusst durchgeführten Bewegungen auf und hilft damit stark dissoziierten Menschen, einen besseren Zugang zu ihrem Körper zu bekommen. Die unterschiedlichen Ebenen von Energie, Emotion und feststofflichem Bereich werden über intuitives Fühlen, mechanisches Aktivieren und willentliche Beeinflussung wieder in Einklang gebracht.

Grundlegend geht es bei EmoTrance nur um zwei Aspekte:

- Einerseits soll die reale körperliche Empfindung aus dem negativ wahrgenommenen Bereich von Schmerz und Leiden in die positive Sphäre von innerer Ausgeglichenheit, Leichtigkeit und Freude transferiert werden,
- andererseits soll die energetische Realität, die beide Zustände von körperlichem Empfinden auslöst, mit dem Ziel der Wiederbelebung des Energieflusses entsprechend gelenkt werden.

Das eigentlich Schwierige an der Methode ist nicht die erfolgreiche Durchführung selbst, sondern die dazu erforderliche grundlegend neue Sichtweise von Problemen und die Änderung der gängigen Einstellung zur Beseitigung derselben. Außerdem ist es notwendig, im Prozessablauf mit der Aufmerksamkeit ausschließlich beim Energiesystem zu bleiben und nicht in negative alte Emotionen abzugleiten, was in Anbetracht menschlicher Denkstrukturen und der Art und Weise eines Empfindens von Emotionen sehr schwierig ist.

Eine erfolgreiche Ausführung von EmoTrance erfordert einerseits eine Abkehr vom Glauben an die Allmacht des analytischen Verstandes und andererseits ein Anerkennen und Nutzen der Kraft bewusst steuerbarer Energie. Über das Erspüren, Visualisieren und Lenken dieser Energie kann dann allerdings extrem schnell spürbare Heilung der körperlichen Missstände und damit emotionale Verbesserung des Befindens bewirkt werden.

Die Arbeit mit EmoTrance beschränkt sich ausschließlich auf den energetischen Bereich. Zuerst gilt es den Ort der Blockade ausfindig zu machen, was über die Emotion – im konkreten Fall das Empfinden des jeweiligen Schmerzes – zu eruieren ist. Energie, die an dieser bestimmten Stelle blockiert ist, muss dann aufgeweicht und wieder in den Fluss durch ihre natürlichen Kanäle gebracht werden, was mit bewusster, gedanklicher Absicht gelenkt und mittels Imagination und Visualisation sowie Berührung der betroffenen Körperregion mit der Hand unterstützt wird. Abschließend ist der Energie auf dieselbe Weise der Austritt aus dem Körper über die dafür richtigen Punkte und damit der Abfluss zu ermöglichen.

- Identifiziere ein Problem und überprüfe dessen negative Emotionen, unangenehme Gefühle oder einschränkende Denkmuster. Filtere das Hauptmuster heraus und formuliere es als Satz, durch den die negative Emotion ausgelöst wird, die du als so extrem schmerzhaft empfindest.
  Bitte nun dein Gegenüber, diesen Satz an dich gerichtet auszusprechen. Wenn kein Partner verfügbar ist, schreibe den Satz in der 2. Person auf ein Blatt Papier, drehe es zuerst als Unterbrechung kurz um und lege es dann gut lesbar vor dir auf, sodass die Energie frontal auf dich wirken kann.
- Nimm nun Kontakt zu dieser hereinkommenden Energie auf und identifiziere den Ort ihres Eintritts. Dies kann an einer bestimmten Körperstelle oder auch außerhalb deines feststofflichen Körpers, im Energiefeld deiner Aura, sein.
- Fokussiere auf den Ort der Blockade und lege, wenn möglich, deine Hände auf die entsprechende Stelle. Massiere eventuell diesen Bereich und suche nach natürlichen Abflusskanälen bzw. einer entsprechenden Art der Umleitung der Energie. Frage dich also innerlich: „Wohin würde diese Energie gerne fließen?", und unterstütze dabei den Prozess der Änderung des Energieflusses mit deiner eigenen Absicht, also ganz bewusst willentlich.
  Wie du die Umleitung von Energie durchführst, liegt ganz bei dir und den jeweiligen Gegebenheiten, es ist also eine Mischung aus den Vorgaben der Empfindungen deines Körpers und der ganz bewusst und absichtlich gelenkten Kraft deiner Imagination.
  Du kannst die Energie beispielsweise wie einen Eisblock schmelzen oder verdampfen lassen oder in sonst irgendeiner deinem inneren Empfinden entsprechenden Art transformieren, aufweichen oder verflüssigen. Ziel hierbei ist die Umwandlung der Energie zu einer Form, die von dem jeweiligen Kanal aufgenommen werden kann, damit sie dann in ihrer transformierten Gestalt leicht und flüssig in deinen Körper einfließen und anschließend wieder aus ihm ausgeleitet werden kann.
  Es geht darum, die gestaute Energie wieder in Fluss und damit in Bewegung zu bekommen. Was immer nach deinem Empfinden dafür notwendig ist, solltest du sofort ausführen. Wenn dein Körper dazu nach Bewegung, Tanz, Mimik, Gestik oder irgendeiner Form von stimmlicher Äußerung verlangt, so folge dieser Empfindung sofort. Du kannst die Methode auch gut zu Musik von außen durchführen, wenn dir das entspricht und dabei hilft.
  Wenn du die Technik allein anwendest, ist es hilfreich, den gesamten Denkvorgang und die jeweiligen Empfindungen laut auszusprechen, weil

dadurch deine Aufmerksamkeit durch verschiedene Abläufe im Gehirn noch intensiver auf den Prozess gelenkt wird und du dich dann nicht so leicht von spontan auftretenden Gedanken aus der Konzentration bringen lässt.

- Lass nun dein Gegenüber die Aussage wiederholen oder stelle das Blatt Papier erneut frontal auf. Die Energie wird nun bereits leichter in den neuen Kanal eintreten und abfließen können. Wiederhole dieses Vorgehen so lange, bis du die Aussage in mündlicher oder schriftlicher Form frei von negativen Emotionen annehmen kannst, weil die Energie dann frei und ungehindert ein- und abfließen kann, ohne belastend auf dich zu wirken.
- Abschließend wiederhole dasselbe Vorgehen, lass aber diesmal die Energie schneller fließen, sodass sie eine energetisierende Wirkung hat. Du wirst das merken, weil es sich meist über ein Kribbeln, Leichtigkeit oder Freude in Form von Lachen äußert.
- Überdenke nun die neue Situation, vor allem die Auswirkungen der Tatsache, dass du jetzt keine Angst vor dieser Energieform mehr hast. Überlege dir, wie sich diese neuen Gegebenheiten auf dein künftiges Verhalten und die jeweiligen Gedanken auswirken werden.

Schutzschilde:

Wenn du das Eintreffen der Energie nicht spüren kannst, weil

- du dich als weit vom Problem entfernt oder gänzlich davon losgelöst empfindest,
- du ein ständiges Gefühl von Leere oder Hunger fühlst,
- sich dein Körper fast taub und unempfindsam anfühlt oder
- du eine Blockade oder Barriere zwischen dir und der hereinkommenden Energie spürst,

hast du einen Schutzschild zur Abwehr von Energie aufgebaut.

In diesem Fall versuche ein Loch in diesen Schild zu bohren, sodass eine gewisse Menge der Energie doch herangelassen wird, damit du deren Wirkung spüren kannst. Die Größe des Loches solltest du selbst bestimmen, je nachdem, welche Menge an Energie dir gerade erträglich erscheint. In den weiteren Durchgängen kannst du das Loch dann entsprechend vergrößern oder den Schutzschild gänzlich beseitigen, um den Weg der Energie optimal nachverfolgen und lenken zu können.

Wichtig ist in diesem Zusammenhang, dass Schutzschilde auf Bereiche hinweisen, die du aus gutem Grund vor den als schädlich und furchterregend empfundenen Energien schützt und die daher unbedingt zu behandeln sind, bevor du zum Ausgangsthema zurückkehrst.

Da auch Schutzschilde energetische Phänomene sind, lassen sie sich über die hier beschriebene Mischung aus Aktivierung von Energie, bewusste, absichtsvolle Lenkung sowie zusätzliche langsame Verringerung der Schutzfunktion sehr gut auflösen.

Die Auflösung kannst du so durchführen, wie sie deinen inneren Bildern entspricht. Ein vielfach verwendetes inneres Bild ist ein kleines Loch, das erst winzige und dann immer größere Mengen der gefürchteten Energie durchlässt, in Form eines feinen Siebes, das immer durchlässiger wird. Du kannst deinen Schutzschild aber auch auf irgendeine andere Art auflösen, die dir passend erscheint.

Wichtig ist, dass du dich nicht zwingst, über die jeweiligen Grenzen deiner Möglichkeiten hinauszugehen, sondern die Auflösung des Schutzschildes so durchführst, wie sie deinem Empfinden zum gegebenen Zeitpunkt entspricht.

Repariere die Bereiche, die von der Energie betroffen werden, die du jeweils durch den offenen Bereich des Schutzschildes einfließen lässt, in genau dem Ausmaß, wie du es eben vermagst, und lass erst dann wieder eine größere Menge Energie nachfließen, wenn du sicher bist, dass alle betroffenen Bereiche und Kanäle geheilt und durchlässig gemacht sind. Verringere also die Wirkung des Schildes ganz langsam und in dem dir entsprechenden Ausmaß.

EmoTrance – Kurzablauf

- Ein Problem identifizieren und dessen negative Emotionen, unangenehme Gefühle oder einschränkende Denkmuster überprüfen. Das Hauptmuster als Satz formulieren und sich diesen von einer anderen Person sagen lassen oder die in der zweiten Person aufgeschriebene Fassung frontal auf sich wirken lassen.
- Kontakt zur hereinkommenden Energie aufnehmen und deren Eintrittsort identifizieren.
- Auf den Ort der Blockade fokussieren und dort die Hände auflegen bzw. die entsprechende Stelle massieren. Nach natürlichen Abflusskanälen bzw. einer entsprechenden Art von Umleitung der Energie suchen. Bei der Umwandlung und „Verflüssigung" der Energie den Empfindungen des Körpers folgen und die jeweils notwendige Imagination ganz bewusst lenken. Jeder dazu notwendigen Bewegung, Mimik, Gestik oder stimmlichen Äußerung sofort Folge leisten. Im Ablauf des Prozesses den gesamten Denkvorgang und die jeweiligen Empfindungen laut aussprechen, um die Aufmerksamkeit intensiv auf den Prozess zu lenken.

Wenn das Eintreffen der Energie nicht gespürt werden kann, ist zuerst der aufgebaute Schutzschild zur Abwehr von Energie aufzuweichen, um den Weg der Energie optimal verfolgen und lenken zu können. Auch Schutzschilde sind energetische Phänomene und lassen sich über die beschriebene Mischung aus Aktivierung von Energie, bewusste Lenkung sowie zusätzliche langsame Verringerung der Schutzfunktion auflösen.

- Den Vorgang so lange wiederholen, bis die Aussage in mündlicher oder schriftlicher Form frei von negativen Emotionen angenommen werden kann, weil die Energie dann frei und ungehindert ein- und abfließen kann, ohne belastend zu wirken.
- Abschließend dasselbe Vorgehen wiederholen und diesmal die Energie schneller fließen lassen, sodass sie eine energetisierende Wirkung hat. Dies kann sich äußern in Form von Kribbeln, Leichtigkeit oder Freude als herzlichem Lachen.
- Die neue Situation von Schmerzfreiheit überdenken bezüglich der Änderung von Verhalten und Denkweisen in der Zukunft.

Dir ist jetzt sicher klar geworden, dass du deinen physischen Körper mit einer Menge von Methoden gut „reparieren“ kannst – da hab ich dir ja jetzt schon ausreichend viele gezeigt, damit du dir diejenigen aussuchen kannst, die du besonders gerne magst und die dann bei dir entsprechend gut wirken.

Mit deinem Energiekörper ist das aber wieder eine ganz andere Sache, der ist dadurch noch nicht unbedingt „mitgeheilt“ – vielleicht doch, aber eventuell sind die Verletzungen auch so stark, dass sie noch einer Sonderbehandlung bedürfen, und die kannst du dann über EmoTrance bekommen.

Es kann noch unsichtbare Narben im Energiekörper geben, die genauso schmerzhaft sind wie die sichtbaren Narben deines realen Körpers. Auch wenn du sie nicht sehen kannst – du bist sehr wohl in der Lage, den Schmerz zu fühlen, wenn du an etwas Bestimmtes denkst, und genau da musst du dann ansetzen, deine Hände auflegen und den Prozess von EmoTrance beginnen.

Jetzt verstehst du sicher, was du da für eine tolle Kombinationsmöglichkeit hast; wenn du nämlich deinen physischen Körper und die alten Verlet-

zungen der Vergangenheit in deinem Energiekörper heilst, dann bist du wirklich und im wahrsten Sinne des Wortes wiederhergestellt. Mir ist schon klar, dass Arbeit mit Energie vielleicht nicht wirklich deine Sache ist, manche Menschen haben mit dieser Vorstellung ganz einfach Probleme oder spüren die Energie nicht. In so einem Fall bleib bei dem, was du bisher gelernt hast. Wenn du aber mit der Vorstellung vom menschlichen Energiekörper etwas anfangen kannst, dann ist diese Methode für dich eine optimale Ergänzung.

Jetzt habe ich noch eine wunderbare Methode für dich, die mit dem Energiefluss in direktem Zusammenhang steht. Hierbei geht es darum, deine eigene Energie durch die Energie des Universums zu verstärken, daher auch der schöne Name „Gnadenregen" (du kannst das natürlich auch als die Energie Gottes oder irgendeines für dich passenden höheren Wesens ansehen).

Gnadenregen

Schließe in Stehen die Augen und atme als Vorbereitung einige Zeit lang ganz tief ein und aus, hebe dich dabei beim Einatmen leicht auf die Zehenspitzen und rolle beim Ausatmen zurück auf die gesamte Fußfläche.

- *Wenn du dich dafür bereit fühlst, dann rufe den Gnadenregen herbei und spüre, wie er als eine Art Nebelschleier oder sprühender, feiner Nieselregen auf dich niederfällt und deinen Energiekörper durchdringt.*
- *Gib dir selbst die Erlaubnis, dich diesem Energieregen gänzlich zu öffnen und seine Kraft durch alle deine Kanäle dringen zu lassen.*
- *Stell dir in inneren Bildern vor, wie dieser Energieschleier alle alten Lasten, allen Unrat und alle schädigenden Gedanken mit sich fortträgt und so deinen energetischen Körper grundlegend klärt.*
- *Wenn du den Reinigungsprozess als ausreichend empfindest, öffne die Augen wieder, danke dem Gnadenregen und genieße deinen klaren, energetischen Zustand.*

So, nach diesem angenehmen Gnadenregen habe ich, sozusagen als krönenden Abschluss und gut dazu passend, noch eine andere Methode, die schnell geht und eine enorme Wirkung entfalten kann. Dieses 7-Punkte-Programm hat sich wieder einmal Fred Gallo ausgedacht, der ja schon einige gute Dinge für euch Menschen herausgefunden hat, und hiermit ist ihm wirklich ein Meisterwerk gelungen, was die Kombination von Einfachheit, schneller Durchführung und Effektivität angeht.

Also, es gilt wie immer ausprobieren und wirken lassen!

7-Punkte-Programm nach Dr. Fred P. Gallo

Du kannst die Methode anwenden bei generellen Problemen oder einem spezifischen Anlass. Behalte während der Übung das Empfinden des Problems gedanklich oder erspürt im Kopf, sozusagen als Hintergrund.

1. ***Butterfly:*** Arme über der Brust kreuzen und abwechselnd mit den Fingern rechts links in die Gruben unter dem äußeren Ende des Schlüsselbeins klopfen, also in den Bereich zwischen Brust und Oberarmknochen, oberhalb der Achsel (hier befinden sich die ersten zwei Punkte des Lungen-Meridians). Dabei tief ein- und ausatmen.
2. ***Herzstreicheln:*** Das Brustbein ca. 20 Sekunden lang mit dem vorderen Teil der Handflächen von oben nach unten abfahren.
3. ***Herzkonzentration:*** Beide Hände übereinander auf die Brust legen, an etwas Schönes denken und dabei tief ein- und ausatmen.
4. ***Energie verbinden:*** Eine Hand auf die Stirn und die andere auf das Herz legen und damit eine Verbindung herstellen zwischen der gerade im Herz geschaffenen positiven Energie und dem Denken im Gehirn. Dabei simultan auf beide Hände konzentrieren.
5. ***Stirn-Hinterkopf-Halten:*** Eine Balance herstellen zwischen dem vorderen und dem hinteren Bereich des Gehirns und dabei möglichst den Puls in den Stirnhöckern erspüren.
6. ***Brustbein-Hinterkopf-Halten:*** Eine Verbindung herstellen zwischen dem Hinterkopf und dem Brustbein, die jeweiligen Gefühle erspüren und zusammenführen.
7. ***Wiederholungen:*** Nochmals Punkt Nr. 3 durchführen (Herzkonzentration) und anschließend nochmals Punkt Nr. 1 (Butterfly) mit Klopfen der Lungen-Punkte.

Abschließend die Arme weit öffnen und mit dieser Geste das Problem abgeben.

10. Somatotopie

Als vor über 50 Jahren der französische Arzt Paul Nogier im Bereich der Ohrmuschel holografieartige Repräsentationen der Körperorgane entdeckte, durch deren Stimulation Fernwirkung auf die jeweils entsprechenden Organe ausgeübt werden konnte, war dies eine wissenschaftliche Sensation. Nogier entschlüsselte mit der Zeit eine Punktkartografie auf der Ohrmuschel, die der Form eines auf dem Kopf stehenden Embryos entsprach. Es zeigte sich in der Folge, dass auch in anderen Körperarealen topografisch genau festgelegte Punkte mit spezifischen Organen bzw. deren Funktionen über Distanz in einer funktionell–regulativen Wechselwirkung stehen.

Mittlerweise konnte eine Vielzahl solcher Entsprechungszonen erforscht werden, in denen die Abbildung des Menschen auf einen kleinen Bereich des Körpers reduziert ist. Die bekanntesten dieser so genannten Somatotope oder Mikrosysteme befinden sich am Kopf im Bereich von Gehirn, Mund, Ohr, Gesicht und Zunge, am Rumpf sowie an den Extremitäten im Bereich von Armen und Beinen, Händen und Füßen, Fingern und Zehen. Die zahlreichen Mikrosysteme sind über den gesamten Körper verteilt. Bei Ausfall der Funktion eines oder mehrerer Systeme durch Trauma, Vernarbung oder Amputation kann daher ein Rückgriff auf andere Bereiche mit gleicher funktioneller Wechselbeziehung erfolgen.

Grundlage der bisher in diesem Buch vorgestellten mechanischen Methoden war das Modell des Qi-Flusses in den Meridianen. Bei der Erklärung der Wirkungsweise von Mikrosystemen reicht dieses Modell jedoch nicht völlig aus, da die Referenzpunkte der Somatotope nicht zwangsläufig auf den Meridianen liegen. Einige Mikrosysteme wie z. B. die Schädel- und Mundakupunktur repräsentieren zwar ein Gesamtsystem oder ein spezialisiertes Teilsystem der Meridiane bzw. Funktionskreise, ein Großteil der Somatotope bildet jedoch Körperregionen, Organe und Funktionen ab, ein direkter Bezug zum Meridiansystem der traditionellen chinesischen Medizin ist hierbei nicht mehr gegeben.

Auch in der Wirkungsweise ergeben sich wesentliche Unterschiede zur klassischen Akupunktur. Bei Stimulation von Punkten im Bereich von Somatotopen tritt die Wirkung meist wesentlich schneller ein, der Soforteffekt hält jedoch manchmal nicht lange an, und die Anwendung muss entsprechend wiederholt werden.

Zusätzlich scheint es daher notwendig zu sein, auf die Idee eines koordinierenden und regulierenden Nervensystems zurückzugreifen und die eindeutigen Fernwirkungen als neurologische Reflexe zu definieren; weitere Erklärungsversuche neuerer Art nutzen Erkenntnisse aus Systemtheorie, Kybernetik, Chaosforschung, Biologie und Physik.

Auch wenn die Art der Verbindungswege zwischen Repräsentationsfeldern und Körperorganen noch nicht völlig geklärt ist, so lassen sich diese höchst wirksamen Phänomene auch zur Selbstanwendung sehr gut von dir nutzen. Daher sehe ich auch recht gelassen über gewisse „Ungereimtheiten“ hinweg!

Denn, wie du ja gerade erfahren hast, ist hier die Rede von etwas, das eigentlich mit mir gar nichts zu tun hat. Hier geht es nicht mehr um das Qi und meine Bahnen, sondern um eine höchst dubiose Sache, die noch nicht einmal wissenschaftlich richtig erklärt wurde.

Meine Zustimmung, dieses Thema hier trotzdem zu behandeln, hat drei Gründe: Erst einmal ist der gesamte Bereich der Entsprechungszonen eine ganz tolle Sache, die Anwendungen werden dir sehr helfen und sind die optimale Ergänzung zum Stimulieren meiner Punkte mit den bisher vorgestellten Methoden.

Zweitens ergeben sämtliche Punkte eines Somatototops ein Funktionsbild des Organismus, das systemisch ja auch die Gesamtheit der Meridiane repräsentiert, ich kann mich also durch die Hintertür auch in dieses System als „wichtiger Faktor“ einschleichen, und die tatsächlichen Zusammenhänge sind ja bisher nicht so ganz eindeutig.

Und drittens – und das ist mir besonders wichtig – habe ich keineswegs vergessen, wo meine Wurzeln sind. Deshalb kann ich einfach nicht abschließen, ohne jemanden zu würdigen, der aus dem Land meiner Endecker stammt und dem ich mich dadurch ganz besonders verbunden fühle. Dieser „Landsmann“ von mir widmet sich einerseits sehr ausführlich den Möglichkeiten der Aktivierung meiner Punkte und damit deiner Lebensenergie, dem Qi, er hat aber auch andere gute Heilmethoden ausfindig gemacht und alles zusammen in optimaler Weise kombiniert.

Ich darf dir also Prof. Dr. Jes T. Lim vorstellen, vielleicht kennst du ihn schon durch seine Feng Shui Bücher, die für Fachleute absolute „Bibeln" geworden sind, aber er hat auch noch anderes zu bieten. Dr. Lim hat im Rahmen seiner 1990 gegründeten Qi-Mag East-West Medicina Alternative Academy, über die er weltweit Naturheilverfahren unterrichtet, unter anderem eine Schule geschaffen, die er SOCOM Acupuncture & Acupressure nennt.

Der Begriff SOCOM steht für embryonisch-identische Entsprechungen von bestimmten Körperteilen, also Bereichen von Soma, mit dem gesamten Körper. Grundannahme hierbei ist, dass kleine Teile eines Ganzen immer die Information des Ganzen enthalten, was in Biologie und Physik als bewiesen gilt und seine praktische Anwendung in der Akupunktur und Akupressur einzelner Körpersegmente findet. Eine Verletzung oder Störung eines Bereichs bleibt bis zu ihrer Behandlung und Beseitigung nicht nur im Ursprungsbereich, sondern in allen Körperzellen gespeichert. In den Entsprechungszonen dieser Bereiche und auch auf gewissen Meridianpunkten äußert sich dies leicht erkennbar über Druckschmerzen.

Die Behandlung nach Dr. Lim erfolgt daher, im Gegensatz zur klassischen Akupunktur, hauptsächlich im Umfeld solcher Schmerzbereiche, getreu dem Motto:

„Wo es schmerzt, da liegt man richtig!"

Durch diesen Zugang verringert sich die Anzahl der genutzten Akupunktur- oder Akupressurpunkte wesentlich, was die Anwendung der einzelnen Methoden enorm vereinfacht, die positive Wirkung aber keineswegs beeinträchtigt.

Natürlich habe ich dir das jetzt sehr vereinfacht dargestellt, und die Theorien zur Wirkung von Punkten im Bereich der Somatotope sind wesentlich komplizierter, aber um diese Wirkung für dich zu nutzen, musst du schließlich kein Mediziner und auch kein Meister der Akupunktur sein. Auch kann ich dir nicht das gesamte, extrem umfangreiche Programm von SOCOM vermitteln. Aber da ich dir Gutes nicht vorenthalten will, folgen jetzt zumindest einmal drei der vielen einfachen, schnell durchführbaren und effektiven Methoden, die Dr. Lim dankenswerter Weise in das SOCOM-Programm integriert hat.

ECIWO

nach Dr. Yingqing Zhang

Ein leicht zugängliches und daher gut nutzbares Mikrosystem findet sich an jedem Röhrenknochen des Menschen und kann noch wesentlich erfolgreicher genutzt werden als die klassische Körperakupunktur. Untersuchungen in China haben gezeigt, dass mit den entsprechenden Techniken durchschnittliche Erfolgsquoten von bis zu 94 % erreicht werden, im Vergleich zu 80 % der Traditionellen Chinesischen Medizin. Diese ECIWO-Methode (Abkürzung für „Embryo Contains Information of the Whole Organism“, „Der Embryo enthält die Information des gesamten Organismus“) ist eine 3000 Jahre alte Akupunkturform, die der Biologe und Agrarforscher der Shandong-Universität Professor Yingqing Zhang in den 70er Jahren wiederentdeckt und bekannt gemacht hat.

Während unter einem Embryo normalerweise ein neues Individuum in einem frühen Stadium der Orthogenese verstanden wird, verwendet Zhang eine Definition in einem wesentlich weiteren Sinne. Wichtig ist hierbei nicht die Entwicklungsstufe, also die Art der Spezifizierung an sich, sondern folgende Tatsache: Der Embryo ist auf jeder dieser Stufen aufgrund seiner Fähigkeit zu Entwicklung und Spezifizierung ein Bestandteil seiner Ursprungsart, er enthält also deren gesamte Information.

In jeder in sich geschlossenen Funktionseinheit ist also Information zu Funktionen und Aufbau des gesamten Organismus latent vorhanden, obwohl sie meist nur zu Prozessen von Regeneration und Reparatur genutzt wird. Jede Pflanze und jedes Individuum ist daher ein ECIWO, ein Teil des Ganzen auf einer bestimmten Ebene seiner Entwicklung, mit allen speziellen Zellinformationen der jeweiligen Gattungsart. Ebenso ist natürlich auch jeder Teil eines ECHIWOs wieder ein solches.

Auf Grundlage der ECIWO-Theorie werden die Teile eines Organismus nicht auf eine trennende, anatomische Weise verstanden, sondern in einer Art „anatomischer Kybernetik“ als miteinander verbunden betrachtet. Mit Hilfe von bisher noch nicht völlig geklärten Übertragungsmechanismen kann daher bei Stimulation eines Entsprechungsbereiches aufgrund der morphologischen Ähnlichkeit eine Veränderung in einem anderen Bereich des Gesamtorganismus bewirkt werden. Bei den Anwendungen der ECIWO -Methode wird ein umfangreiches System der größeren Röhrenknochen genutzt, hauptsächlich jedoch das Metakarpale II.

Erprobte Indikationen der ECIWO-Methode sind Schmerzzustände aller Art, funktionelle Störungen sowie verschiedene psychovegetative, neurologische, internistische, degenerative und chronische Erkrankungen. Die

Anwendung eignet sich auch gut als Begleittherapie und zur Beseitigung von Therapieblockaden.

Damit du jetzt gleich aktiv werden kannst, ohne allzu viel über das Knochensystems lernen zu müssen, beschränken wir uns auf einen besonders wirkungsvollen und leicht zugänglichen Bereich. Über den zweiten Mittelhandknochen, das so genannte Metakarpale II, kannst du auf einen Schlag den gesamten Körper flächendeckend stimulieren und dadurch Störungen beseitigen. Hier befinden sich, wie weiter unten dargestellt, wichtige Bereiche deines Organismus nebeneinander aufgereiht, vom Kopf mit seinen Organen im Bereich des Grundgelenkes bis zum Unterleib mit den unteren Extremitäten im handgelenksnahen Areal des Knochens:

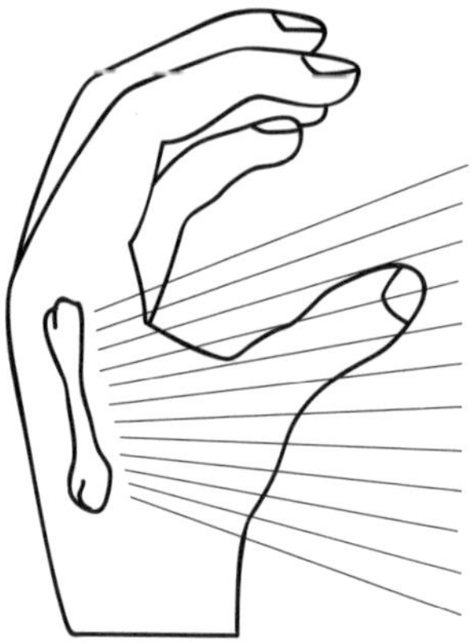

Nach dem ECIWO-Konzept entsprechen diesen Akupunktur- und Diagnosepunkten jeweils Beschwerden in den folgenden Bereichen:

Kopf:	Kopf, Gehirn, Augen, Nase, Ohren, Mund.
Hals:	Hals, Augen, Nase, Ohren, Mund, Schultern, Halswirbel.
Obere Extremitäten:	Schultern, Hals, Ellenbogen, Hände, Halswirbel.
Lunge/Herz:	Brustkorb, Lunge, Herz, Kreislauf.
Leber:	Leber, Gallenblase, Brustkorb, Augen, Verdauungssystem.

Magen:	Magen, Milz, Bauchspeicheldrüse, Verdauungssystem.
Zwölffingerdarm:	Zwölffingerdarm, Magen, Dickdarm, Dünndarm, Verdauungssystem.
Niere:	Niere, Lendenwirbel, Harnblase, Unterleib.
Taille:	Lenden, Ischias, Hüfte, untere Extremitäten.
Unterleib:	Dünndarm, Blase, Gebärmutter, Mastdarm, unterer Rücken.
Bein:	Oberschenkel, Knie, Fußknöchel, unterer Rücken.
Fuß:	Füße, Fußknöchel, Beine, unterer Rücken, Steißbein.

Um jetzt die entsprechenden Bereiche zu stimulieren, musst du wie folgt verfahren:

- Stütze einen Ellenbogen auf einer festen Unterlage ab und lasse die Hand möglichst locker, als wolltest du ein Ei zwischen Daumen und Zeigefinger halten, etwa mit einem Abstand von 3 cm zwischen den Spitzen dieser Finger.
- Nun drückst du mit dem Daumenballen deiner anderen Hand wirklich tief im Gewebe den Knochen entlang. Am besten hältst du dabei mit den Fingern deiner Arbeitshand die gedrückte Hand hinten fest und bohrst gegen den Widerstand ordentlich mit dem Daumennagel nach. Sollte sich über festen Druck noch keine Reaktion zeigen, kannst du auch spitzere Gegenstände nutzen wie Akupressurstab, Zündholz oder Kugelschreiber. Erhöhe die Dosis der Reize jedoch langsam, damit die Reaktion nicht gleich überall massiv wird, dann kannst du den richtigen Punkt nämlich nicht mehr herausfiltern.
- Der richtige Punkt zeigt sich dadurch, dass du plötzlich so richtig zusammenzuckst, weil im wahrsten Sinne des Wortes ein Nerv getroffen wurde. Nach dem so genannten Bereichsreaktionsprinzip findet sich in deinem Körper dann in dem Bereich eine Störung, der diesem Punkt zugeordnet ist.

Um wirklich den richtigen Punkt zu finden, habe ich noch einen guten Rat für dich. Ganz in der Nähe befindet sich ein Punkt des Dickdarmmeridians, der sehr schmerzempfindlich ist. Dieser Dickdarm Nr. 4 liegt nicht direkt am Knochen, wo du gerade massierst, sondern in der Mitte der weichen Grube in Richtung Daumen, in Zentrum des kleinen Polsters nach der Schwimmhaut zwischen Daumen und Zeigefinger.

Um am Metakarpale II den richtigen Behandlungspunkt zu finden, orientiere dich einfach daran, dass er bei Druck deutlich mehr schmerzen muss als Di 4. Nebenbei bemerkt handelt es sich bei Di 4 um einen guten Helfer bei Schwindel, Kopfschmerzen oder sonstigen Schmerzen aller Art, er ist dann einfach zu drücken oder zu massieren.

Nun aber zurück zu ECIWO: Optimal drückst du als Frau vorrangig deine rechte und als Mann deine linke Hand, aber du kannst natürlich zur Kontrolle des Ergebnisses auch noch die andere Seite prüfen. Wenn ein Punkt nur auf einer Hand empfindlich ist, weist die schmerzhafte Seite oft auch auf die Körperseite hin, in der eine Störung vorliegt.

Nach der traditionellen chinesischen Medizin gibt es nun zu diesen grob umrissenen Bereichen natürlich noch eine Vielzahl von Zuordnungen, die eine genauere Diagnose möglich machen, sie sind aber für dich als Laien jetzt gar nicht wichtig. Vielmehr geht es darum, dass du die schmerzhaften Bereiche jetzt kräftig massierst, auch wenn das vermutlich nicht sehr lustig für dich ist.

Nicht dass ich etwa sadistisch wäre, aber genau in die Schmerzbereiche musst du dich jetzt leider vertiefen, und das im wahrsten Sinne des Wortes. Dazu kannst du weiterhin deinen Daumen benützen oder einen stumpfen Massagestab, wichtig ist nur, dass du am Schmerz dranbleibst und kräftig, möglichst rhythmisch ca. 2–3 Minuten lang massierst. Möglicherweise lässt der Schmerz mit der Zeit nach oder du fühlst im Bereich des Punktes ein Gefühl von Wärme – dann beende die Massage. Das kann ich dir aber leider nicht versprechen, möglich ist auch, dass die Empfindlichkeit zunimmt und der nächste Versuch dann noch unerfreulicher wird. Aber es hilft nichts, da musst du dich durchkämpfen – schließlich geht es darum, den Ursprungsbereich der Störung zu aktivieren und dadurch die Heilung anzuregen.

Mach es dir einfach zur Gewohnheit, entweder jeden Morgen oder auch, wann immer du daran denkst, den Knochenverlauf abzudrücken und einige Minuten lang dort zu massieren, wo es am meisten weh tut – die jeweils gestörten oder kranken Bereiche deines Körpers werden es dir danken.

Falls du diese Anwendung nicht einfach nur zur allgemeinen Stimulation durchführst, sondern weil du ein körperliches Problem hast, welches Schmerzen verursacht, dann kann ich dir noch einen guten Hinweis geben. Wie so oft gibt es auch im Bereich der Akupressur unterschiedliche Meinungen, was nur natürlich ist, denn nicht alle Menschen reagieren gleich. Es gibt im Fall von Schmerztherapie eine alternative Variante, die absolut ihre Vorzüge hat.

Hierbei gilt:

- Sobald du den schmerzhaften Bereich gefunden hast, gib deinem Körper erst einmal eine Ruhepause von 10 Sekunden, damit der Punkt wieder reaktionsfähig wird.
- Anschließend stimuliere den Punkt durch einen kurzen, gezielten Druck mit einem spitzen Gegenstand, etwa mit einer Spitze von 1 mm Durchmesser. Für die Dosierung des Druckreizes gilt Folgendes: Je mehr dir der Punkt vorher wehgetan hat, desto geringer solltest du ihn nun drücken,

weil nach dieser Denkrichtung ein geringerer Reiz intensiver ist als ein grober.

- Nach der Behandlung durch Drücken musst du deinem Körper nochmals eine Ruhephase von 3–5 Minuten geben, damit er die gerade erhaltene Information verarbeiten kann. Erst dann kann geprüft werden, ob als Ergebnis der Behandlung der Schmerz im betroffenen Körperteil nachgelassen hat.

In meiner Heimat in Asien sind wir ja nicht sehr zimperlich, wir stechen recht gerne Nadeln in die Bereiche, die ohnehin schon schmerzen. Ihr sensiblen westlichen Menschen habt euch da diese neue Sache mit der kurzen und minimalen Stimulation ausgedacht, und ich muss neidlos zugeben, die Methode spricht für sich. Vor allem, wenn man ohnehin aufgrund von Schmerzen schon genug geplagt ist, klingt es für mich recht einleuchtend, dass weitere massive Reizung nicht zwangsläufig zur Besserung führt.

Allerdings hat auch diese Methode ihre Tücken, und da zeigen sich wieder einmal die Abgründe deiner sonderbaren Psyche. Wenn nämlich etwas so einfach ist, falls du also nach langer Qual Linderung oder gar Heilung erfährst, einfach dadurch, dass du nur kurz und relativ zart einen Punkt stimuliert hast, dann schafft es dein Gehirn nicht, diese für dich unglaubliche Tatsache zu akzeptieren. Anscheinend liebst du es schwierig, aufwendig, langwierig, schmerzvoll und möglichst noch höchst technisch, wenn es um Heilung geht.

Ich bitte dich also: Solltest du einmal das Glück haben und so eine „wundersame Heilung“ erleben – dann nimm sie bitte an!

Und damit du nicht den Überblick verlierst, fasse ich dir jetzt alles noch einmal zusammen:

Ablauf einer ECIWO-Behandlung

1. Suche durch festes Massieren mit dem Daumen oder einem stumpfen Gegenstand am Metaparpale II einen oder mehrere starke Schmerzpunkte; zum Vergleich nutze den Punkt Di 4, der deutlich weniger schmerzen sollte.
2 Massiere nun den lokalisierten Punkt mit dem Daumen oder einem stumpfen Gegenstand kräftig in rhythmischen, kreisenden Bewegungen so lange, bis der Schmerz nachlässt, du Wärme im Bereich des Punktes empfindest, sonst 2–3 Minuten lang.
3. Wenn du noch weitere schmerzhafte Punkte gefunden hattest, behandle sie in der Reihenfolge abnehmender Schmerzintensität auf dieselbe Art.

4. Führe diesen Ablauf jeden Morgen durch, optimal sind noch weitere Durchgänge im Laufe des Tages. Chronische Beschwerden solltest du mehrfach am Tag über einen längeren Zeitraum hinweg behandeln.
5. Als Alternative zur Massage des Punktes – vor allem bei Beschwerden, die mit Schmerzen verbunden sind – kannst du ihn auch wie zuvor beschrieben kurz massiv reizen.

Su Jok nach Dr. Jae Woo Park

Eine weitere Methode, die auf Repräsentationen holografischer Systeme des menschlichen Organismus basiert, in diesem Fall auf Händen und Füßen, ist das koreanische Su Jok (koreanisch: Su = Hand, Jok = Fuß). Diese Therapieform ist ein Bestandteil der Onnuri Medizin. Hierbei handelt es sich um eine universale, metaphysische Theorie zum Verständnis und der Beseitigung pathologischer Prozesse im menschlichen Organismus, die von dem südkoreanischen Professor Jae Woo Park zu Beginn der 70er Jahre entwickelt wurde. Das Onnuri-Konzept vereinigt die Ansätze von Somatotopen, der Meridiane und der Chakras zu einer einheitlichen Theorie; über Su Jok ist es daher möglich, die Energien verschiedener Ebenen zu nutzen, um damit eine höhere Effektivität zu erreichen.

Nach der Basisannahme von Su Jok sind alle Strukturen des Organismus sowie alle 14 Meridiane, sämtliche Akupunkturpunkte und das indische System der Chakras an den Händen und Füßen in drei Systemen projiziert. Aufgrund der Ähnlichkeit der hervortretenden Teile des menschlichen Körpers mit der Form der Hand ist dies die erste Entsprechung. In der zweiten Übereinstimmung, dem Insek-System, wird jeweils nur ein Finger als ganze Einheit betrachtet, und im dritten, dem so genannten Minisystem, spiegeln die Endglieder jedes Fingers Miniaturprojektion des gesamten Organismus wieder.

Su Yok ist eine weitere gute Möglichkeit, wie du, ohne medizinisches Wissen und ohne unbedingt gleich mit langen Nadeln in dir herumbohren zu müssen, effektiv an deinem Wohnbefinden arbeiten kannst.

Da ich dich ja mittlerweile kenne, weiß ich, dass du dazu neigst, etwas nachlässig – um nicht zu sagen faul – zu sein, und ich vermute daher, du wirst deine Aktivitäten auf deine Hände beschränken, denn die sind für dich schneller zu erreichen und nicht in Schuhe verpackt. Du solltest aber wissen, dass alle Möglichkeiten, die ich dir jetzt gleich zeigen werde, natürlich auch an deinen Füßen gegeben sind, und wann immer es dir möglich ist, solltest du auch dort aktiv werden. Nach dem Motto „besser **das** *als gar nichts" ist es auf jeden Fall gut, wenn du dich möglichst oft der Stimulation deiner Hände widmest, aber vergiss nicht: Das Konzept der Traditionellen Chinesischen Medizin basiert auf dem Gleichgewicht von Yin und Yang als Voraussetzung für den freien Fluss der Lebensenergie, und die Harmonie zwischen dem Yang der Hand und dem Yin der Füße ist erst dann optimal hergestellt, wenn beide Bereiche gleichermaßen stimuliert werden.*

Grundannahme bei Su Jok ist, dass Hände und Füße auf drei Systemebenen die gesamte Anatomie deines Körpers enthalten. Um es nicht zu kompliziert zu machen, beschränke ich mich mit meinen Erklärungen auf die oberste und damit flächengrößte Ebene von Händen und Füßen. Gehen wir jetzt vom Allgemeinen zum Konkreten – die groben Zuordnungen von Rumpf und Extremitäten sind leicht zu merken, denn an deinem Körper liegt der Kopf geografisch betrachtet oben, die Arme weiter außen und die Beine weiter innen. Das verhält sich im übertragenen Sinne an Hand und Fuß ebenso, wobei der Kopf auf die Seite wandert und zum Daumen/zur großen Zehe wird. Die Arme entsprechen daher Zeigefinger und kleinem Finger sowie den jeweils äußere Zehen. Die Beine sind in Mittelfinger und Ringfinger sowie den jeweils inneren Zehen enthalten.

Die Bereiche in der Hand- und Fußfläche entsprechen dem Gesicht und der Körperfront, die Bereiche auf dem Hand- und Fußrücken dem Hinterkopf und der Rückseite des Körpers. Die Zuordnung der Extremitäten an den Händen verhält sich wie folgt:

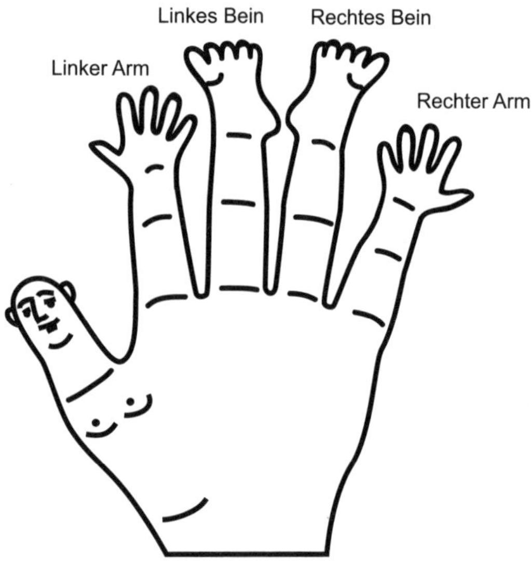

Linke Hand

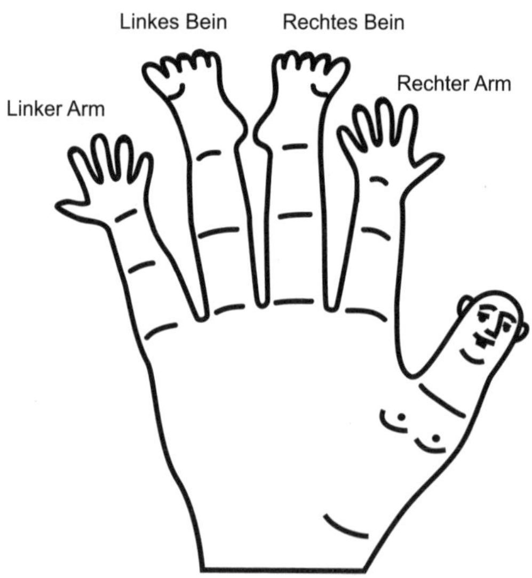

Rechte Hand

Die Aufteilung der Extremitäten in Oberarm – Unterarm – Hand bzw. Oberschenkel – Unterschenkel – Fuß entspricht wiederum jeweils den Gelenken der Finger. Die Bereiche von Kopf – Hals – oberer und unterer Rumpf spiegeln sich in den Gelenken des Daumens und der großen Zehe bzw. in der Innenfläche von Hand und Fuß wider.

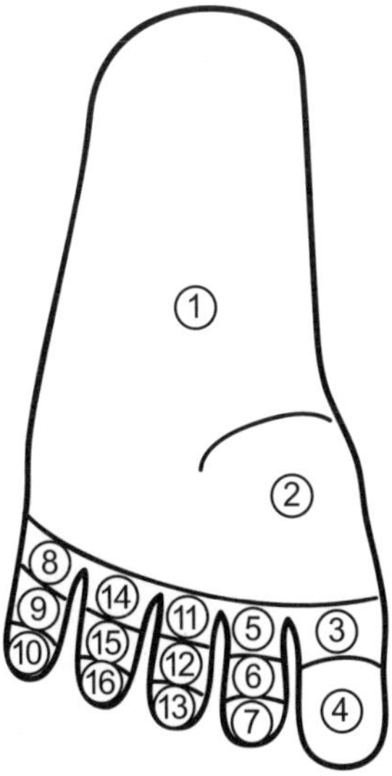

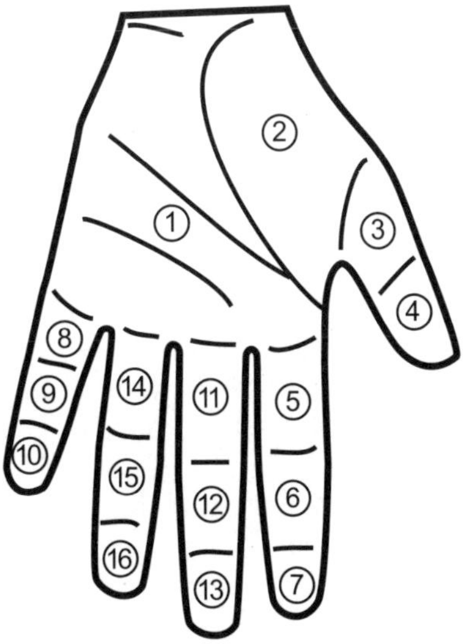

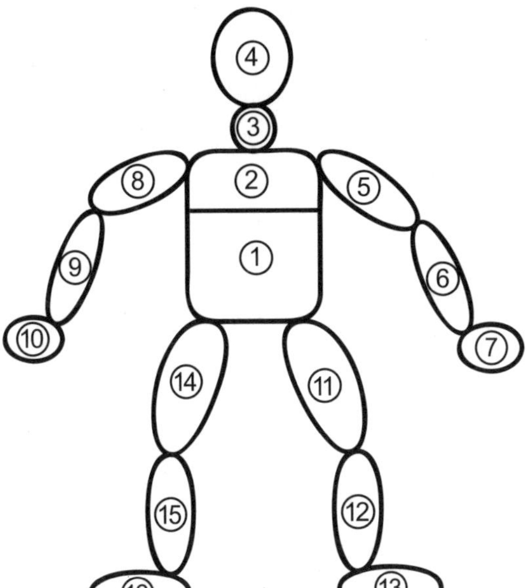

Zuordnungen

Einige der wichtigsten Zuordnungen von Organen, Gelenken und sonstigen Bezugspunkten auf dem Handrücken sind, wie in der nächsten Abbildung dargestellt, die folgenden:

1. Halswirbelsäule
2. 7. Halswirbel
3. Oberer und mittlerer Bereich der Brustwirbelsäule
4. Mittelpunkt zwischen den unteren Enden der Schulterblätter
5. 1. Lendenwirbel
6. 5. Lendenwirbel
7. Anus
8. Schulterbereich halsseitig links
9. Schulterblatt links
10. Schultergelenk links
11. Oberseite Schultergelenk
12. Hüfte links
13. Niere (A links B rechts)
14. Hinterkopf
15. Höchster Punkt des Kopfes
16. Darmbein links
17. Sitzbein rechts
18. Oberer Beckenrand rechts
19. Ellenbogen links
20. Handgelenk außen links
21. Kniescheibe links
22. Knie links (Hinterseite)
23. Sprunggelenk außen links
24. Ferse links
25. Kniescheibe rechts

Bei den Beinen verschiebt sich die Zuordnung um 90°, sie entsprechen also nicht wie die Arme den Innenseiten und Rücken der Finger, sondern den Seitenflächen. Die Zuordnung zwischen linkem und rechtem Bein ist jeweils spiegelgleich angeordnet.

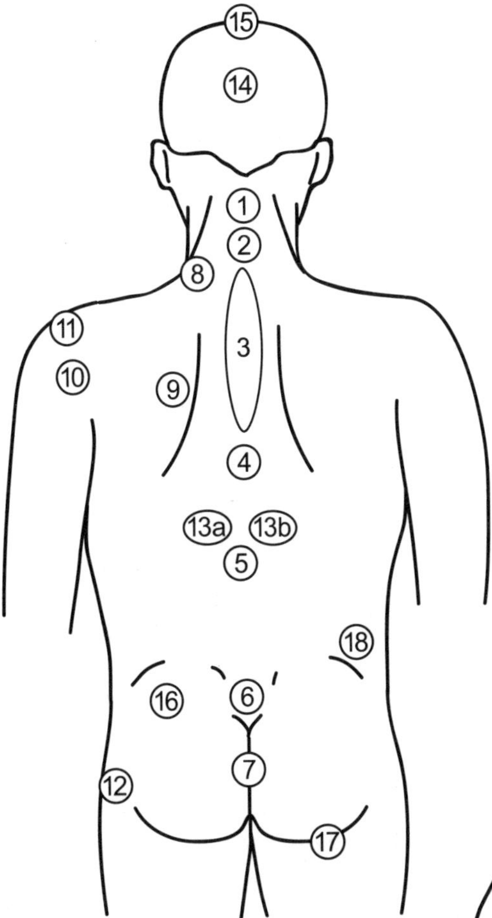
15
14
1
2
8
11
3
10
9
4
13a
13b
5
18
16
6
7
12
17

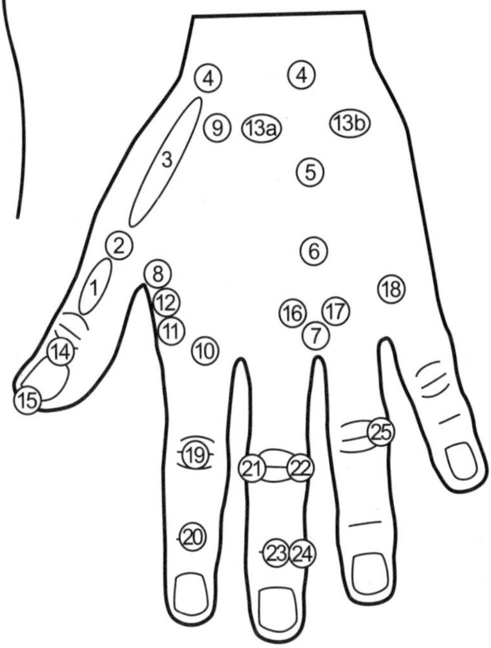
4
4
9
13a
13b
3
5
2
8
6
1
12
18
16
17
11
7
14
10
15
25
19
21
22
20
23
24

Der Innenseite der Hand sind hauptsächlich die folgenden Organe zugeordnet:

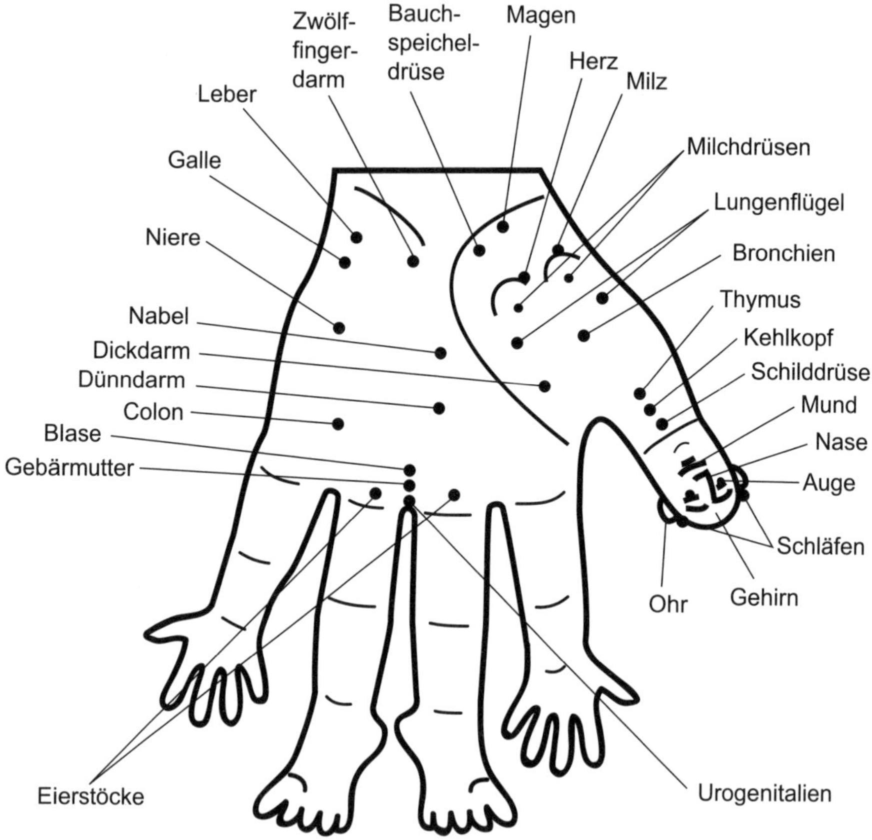

Manche der angeführten Organe sind eher großflächig über den Bereich der inneren Handfläche verteilt, bei den markierten Punkten handelt es sich daher um besondere Signalpunkte. Die Bezugspunkte der Extremitäten an den Fingern entsprechen proportional denen auf dem Handrücken, bei den Armen der Innenseite, bei den Füßen wiederum einer um 90° gedrehten Seitenansicht.

Jetzt bist du vermutlich erst einmal recht verwirrt, suchst an deinen Händen herum und verzweifelst an den Zuordnungen von rechts und links, innen und außen und der noch zusätzlich komplizierenden Drehung der Beine. Vielleicht tröstet es dich, wenn ich dir sage, dass dies nur die Spitze des Eisberges ist, wenn man nämlich mit allen drei Systemen arbeitet, ist zu Anfang das Chaos wirklich komplett, deshalb habe ich dir auch erst einmal nur einen Bereich zugemutet. Nebenbei erwähnt: Du weiß ja – wenn du mit dem Um-die-Ecke-Denken und den spiegelverkehrten Zuordnungen Probleme hast, sind deine Gehirnhälften nicht richtig im Lot. Erinnere dich dann bitte an die Übungen zur Lateralitätsintegration in Kapitel 6 – und belasse es nicht beim Erinnern, sondern werde aktiv!

Trotz eventueller Verwirrung – ich kann dich beruhigen, du musst es dir mit Su Jok nicht so schwer machen. Die Selbstanwendung dieser Methode kann man auch ganz unkompliziert durchführen, mit einfachem Massieren bestimmter Punkte an Hand und Fuß.

Grundsätzlich ist Su Jok besonders wirksam bei Erkrankungen, die auf einen eher kleinen Bereich des Gesamtorganismus beschränkt sind, denn dann kommt das System von Übereinstimmungen optimal zum Tragen.

Für die Anwendung selbst gibt es zwei Zugänge, ebenso wie für die Nutzung der Zuordnungen: Entweder du kennst dein Problem und den davon betroffenen Bereich deines Körpers schon, dann kannst du mit Hilfe der Entsprechungszonen den schmerzhaften Behandlungspunkt schneller finden, oder du bist bei vorsorglicher Massage auf einen Schmerzpunkt gestoßen und willst diesen genauer zuordnen können.

Wichtig ist in jedem Fall zuerst einmal, den richtigen Behandlungspunkt zu lokalisieren. Dazu massiere sanft die gesamte Hand oder ein schon eingegrenztes Areal durch, in dem du Probleme vermutest, und achte darauf, wo du Verhärtungen oder Schmerzen spürst. Beginne eher sanft, bohre also nicht gleich mit deinem Nagel oder einem spitzen Gegenstand allzu tief, denn dann reagieren zu viele Punkte und du kannst den wichtigsten vielleicht nicht mehr finden. Der richtige Punkt zeigt sich meist durch eine unwillkürliche Bewegung als Reaktion auf einen heftigen Schmerz – dann bist du am Ziel! Ein wichtiges Prinzip bei Su Jok und anderen Methoden auf der Basis von Somatotopen ist nämlich:

Der Heilpunkt ist immer sehr schmerzhaft!

An einer derart empfindlichen Stelle hast du dann eine Problemzone deines Körpers entdeckt, die dir vielleicht noch gar nicht bekannt war. Hier gilt nämlich wieder einmal das Prinzip, dass sich Krankheiten erst in der letzten Entwicklungsstufe real manifestieren, im Körperbewusstsein aber schon viel früher gespeichert sind. Dein Körper weiß über eine entstehende Krankheit Bescheid, lange bevor sie offensichtlich wird, und teilt dies über Schmerz in der Entsprechungszone deutlich mit.

Im nächsten Schritt ist nun die richtige Stimulation von großer Bedeutung. Erst einmal drücke mit deinem Fingernagel oder einem spitzen Gegenstand (Diagnosestäbchen, Zündholz, Kugelschreiber) nochmals fest auf den lokalisierten Punkt. Sobald der Schmerz nachgelassen hat, kannst du mit der eigentlichen Massage beginnen. Benutze dazu deinen Daumen oder einen stumpfen Gegenstand für kräftigen Druck in einer Drehbewegung.

Die Behandlung ist dann beendet, wenn die restlichen Schmerzen nachlassen oder du im Punkt ein Gefühl von Wärme spürst. Hattest du vorher mehrere Schmerzpunkte gefunden, dann behandle sie nacheinander in der Reihenfolge der Heftigkeit ihrer Reaktion.

Damit kann dein Problem jetzt gelöst sein, bei chronischen Erkrankungen ist es mit einem Mal jedoch noch nicht getan. Dann gilt es, die lokalisierten Punkte etwa alle 3–4 Stunden jeweils 3–5 Minuten lang zu massieren, bis du eine wesentliche Verbesserung merkst

Wie ich es dir zuvor bei der ECIWO-Methode erklärt habe, kannst du dich natürlich auch hier neben der Originalversion der dauerhaften Massage für die Alternative einer kurzen Druckbehandlung entscheiden, das liegt wieder ganz bei dir. Wenn du ein Problem hast, das vorrangig mit Schmerzen verbunden ist, kann das die Methode der Wahl sein, bei chronischen Erkrankungen ist wohl eher die dauerhafte Massage angebracht.

Damit du es leichter hast, fasse ich noch einmal alles kurz zusammen:

Ablauf einer Su Jok-Behandlung

1. Suche einen Schmerzpunkt, bei bekannten Beschwerden über die Zuordnungspunkte/-bereiche, ansonsten über Such-Massage. Beginne sanft und steigere den Druck nur langsam, damit du den massivsten Schmerzpunkt nicht übersiehst.
2. Reize nun kurz, aber fest den lokalisierten Punkt mit deinem Fingernagel oder einem spitzen Gegenstand von ca. 1 mm Durchmesser.
3. Warte, bis sich der Schmerz aufgelöst hat.
4. Massiere den Schmerzpunkt mit deinem Daumen oder einem stumpfen Gegenstand mit kräftigem Druck in kreisrunden Bewegungen.
5. Beende die Behandlung, sobald der Schmerz spürbar nachlässt oder du im Bereich des Punktes Wärme spürst.
6. Behandle alle Schmerzpunkte nacheinander auf dieselbe Art.
7. Führe die Behandlung bei chronischen Erkrankungen alle 3–4 Stunden für jeweils 3–5 Minuten durch.
8. Behandle alternativ – vor allem bei Schmerzzuständen – nach dem Prinzip der ausschließlichen kurzen, massiven Reizung.

Akupressur im Nagelbereich

Es gibt noch eine weitere Möglichkeit, deinen Organismus zu stimulieren und damit deinen Gesamtzustand zu verbessern. Die ist so extrem einfach, dass sie eigentlich keine richtige Herausforderung mehr für dich ist. Aber trotzdem – unterschätze die Wirkung nicht; und nach den wirklich schwierigen Zuordnungen mit Armen und Beinen und Fingern und Zehen und Gelenken und Punkten und und und … bist du jetzt vielleicht erst einmal total genervt und überfordert. Da tut Einfachheit doch wirklich gut!

Alles, was du brauchst, sind deine Fingernägel oder ein Streichholz. Halte dich genau an die folgende Abbildung und stimuliere bei jedem Fuß- und Fingernagel jeweils die drei Punkte links und rechts des Nagelfalzwinkels und in der Mitte unterhalb des Nagelendes.

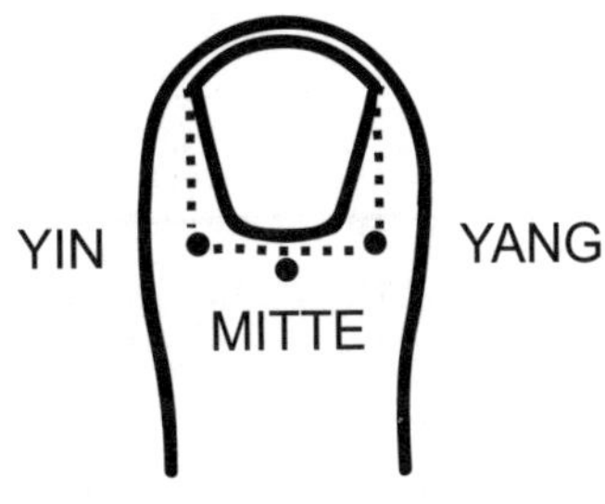

Die Dauer der Stimulation sollte pro Punkt etwa 15 Sekunden betragen. Berücksichtige hierbei folgende Reihenfolgen:

- Beginne mit dem Drücken am mittleren Punkt, dann kannst du dich für den Yin- oder Yang-Punkt entscheiden. Du solltest die einmal gewählte Reihenfolge dann jedoch innerhalb eines Durchganges bei allen Zehen und Fingern beibehalten.
- Beginne bei den Zehen am linken großen Zeh und bearbeite dann die anderen Zehen des linken Fußes der Reihe nach bis zum kleinen Zeh.
- Anschließend gehe beim rechten Fuß in gleicher Weise vor. Beginne beim rechten großen Zeh und bearbeite der Reihe nach alle Zehen bis zum kleinen Zeh.

- Nun wechsle zuerst zum linken Daumen und mache es wie zuvor bei den Füßen.
- Wenn du nur an den Fingern arbeiten kannst, dann beginnst du ebenfalls mit der linken Seite.

Jetzt gilt wieder dasselbe wie zuvor: Wenn es irgendwo schmerzt oder zumindest unerfreulich ist, dann weist das auf einen gestörten Bereich hin, der sich noch nicht unbedingt körperlich manifestiert haben muss. Da solltest du dann in gewohnt masochistischer Weise einige Zeit lang kräftig massieren – wie schon bei den anderen Methoden beschrieben. Da es sich hier um einen sehr kleinen Bereich handelt, kannst du natürlich wie gewohnt deinen Daumen oder einen anderen Finger verwenden, besser ist jedoch ein Gegenstand mit einer abgerundeten Spitze von ca. 1 mm. Solltest du Gefallen an diesen Methoden finden, dann besorge dir ein Massagestäbchen zur Lokalisation von Punkten. Das eignet sich optimal zur Massage dieser kleinen Bereiche und ist auch hilfreich beim Auffinden der Punkte von So Jok.

Du wartest jetzt sicher darauf, dass ich dir hier auch sage, was da eigentlich weh tut und wie die genauen Verbindungen zu deinen Organen und Körperbereichen sind, aber gewisse Geheimnisse muss ich einfach für mich behalten. Nicht etwa, weil ich grundsätzlich gemein bin oder mein Wissen nicht weitergeben will. Es ist vielmehr so, dass ich dich dadurch anleiten will, auch einmal intuitiv deinem Empfinden zu trauen und es deinem Körper zu überlassen, sich selbst ins Gleichgewicht zu bringen, ohne dass dein Verstand ganz genau wissen muss, was vor sich geht.

Und eines kann ich dir versichern: Kein einziger von euch Menschen besitzt ein absolutes Wissen über diese Vorgänge, auch wenn er noch so viele Kenntnisse über die unzähligen Organ- und Bereichszuordnungen hat. Es gibt allein an Händen und Füßen so viele Systeme von Meridianpunkten, Reflexzonen, Somatotopen, Alarm- und sonstigen Signalpunkten, dass du eigentlich keinen Bereich findest, der nicht eine wesentliche Bedeutung hat, auf etwas hinweist oder etwas stimuliert, beruhigt oder sonst irgendwie anregt.

Auch wenn du mittlerweile ein Profi für Selbstanwendung geworden bist – die Hintergründe der Chinesischen Medizin und der Lehre von den 5 Elementen kann ich dir so auf die Schnelle nicht vermitteln. Wie ich schon angedeutet habe, gibt es da nämlich sehr komplizierte Zuordnungen und Verbindungen. Eine Schwäche in einem Meridian bedeutet beispielsweise noch lange nicht, dass etwa das Organ gestört wäre, das diesem Meridian zugeordnet ist, und eine Empfindlichkeit an einem Punkt, der eindeutig einem bestimmten Organ zugeordnet ist, kann auf eine Erkrankung in einem ganz anderen Organ hinweisen.

Du siehst also, so einfach ist das alles nicht, und ich habe dir daher auch nur gewisse Hinweise gegeben, damit du eine ungefähre Orientierung hast. Darüber hinaus bitte ich dich einfach: ***Massiere intuitiv Hände und Füße – suche Schmerzpunkte und bearbeite sie!***

11. Nachwort

Mir ist es sehr recht, dass ich das letzte Wort habe, weil ich schließlich der „tragende" Faktor in diesem Buch bin, und außerdem habe ich dir wirklich noch so einiges zu sagen, nämlich dass die „mechanische" Bearbeitung meiner Punkte und Bahnen und alle anderen rein technischen Stimulationsmethoden trotz aller Wichtigkeit und Effektivität doch nicht das Wesentliche (und daher nicht der Weisheit letzter Schluss) sind.

Das mag dir jetzt wohl recht sonderbar vorkommen, deshalb hole ich ein wenig aus, um es dir genau zu erklären. Und dabei stütze ich mich auf die Erkenntnisse meines Freundes Fred Gallo, der zwar viel dafür getan hat, dass ihr Menschen mir endlich in der Psychotherapie einen gebührenden Platz einräumt und mich auf die richtige Art und an der richtigen Stelle berührt, der aber auch noch einen Schritt weitergedacht und daher verstanden hat, dass reine Technik letztlich wieder nur eine Form von Abhängigkeit von Äußerlichkeiten bedeutet und daher nicht das letzte Ziel sein kann.

Ich fange ganz von vorne an, um es dir klar zu machen. Es gibt da gewisse Faktoren, die für das Funktionieren deiner menschlichen Psyche wichtig sind, nämlich

- *Energie*
- *Geist*
- *Bewusstsein*
- *Gedanken*

Dass hierbei Energie mit im Spiel ist, dürfte dir wohl klar sein; man kann auch sagen, dass letztlich alles nur Energie ist, und im Kapitel über Emo-Trance wird das recht schön deutlich. Es gibt Methoden, die ganz auf dieser Stufe der reinen Energie ansetzen, und damit erübrigen sich alle vorher genutzten Vehikel, den Körper dazu zu bringen, die Energie nutzbringend zu verteilen oder fließen zu lassen. Da Menschen auch energetische Wesen sind, kann der Energiefluss sehr wohl über das Bewusstsein beeinflusst werden – das ist so weit wohl leicht nachvollziehbar.

Mit dem Geist ist das schon etwas schwieriger. Den Geist kannst du dir am besten vorstellen als den Raum oder Kontext, in dem deine Gedanken auftauchen. Er ist so eine Art von formloser Energie mit dem Potenzial eines Wechsels in die Form, wobei es sich bei der geformten Energie dann um Gedanken handelt. Über dein Bewusstsein hast du schließlich die Fähigkeit, diese Gedanken in irgendeiner Form wahrzunehmen.

Der Geist könnte eventuell noch bei allen Menschen gleich sein, dein spezielles Bewusstsein stellt den Unterschied dar. Sobald dir nämlich bewusst wird, dass sich da irgendwo in deinem Geist ein Gedanke formt, fängst du an zu unterscheiden – und zwar den Gedanken und damit auch dich selbst von allen anderen Menschen und allem anderen. In dieser Hinsicht bedeutet die Dualität, dass du etwas Eigenes und damit etwas anderes machst.

Dein Bewusstsein verschafft dir also die Fähigkeit, deine Gedanken als real zu erleben. Damit ist dein Bewusstsein dem am nächsten, was du als Mensch als dein „Ich“ empfindest. Mit der Beobachtung eines Gedankens wird dir dieser bewusst, das Erschaffen von Gedanken führt zur Dualität, also zur Unterscheidung deiner eigenen Person von anderen Menschen (aufgrund deines eigenen Formens und Empfindens von Gedanken).

Soweit zur Theorie

Diese ganze Geschichte hat nun Auswirkungen, die zwar einerseits ganz selbstverständlich dem Ablauf und deinem menschlichen Denken entsprechen und daher logischerweise eben so sind, wie sie sind, die aber nicht gerade gut für dich sind. Es ist nämlich leider so, dass du Gedanken aufgrund ihrer emotionalen Ladung wie Realität erlebst. Das ist logisch, denn alle Formen von Erfahrungen und Problemen werden als Gedanken und in Gedanken erschaffen. Natürlich gibt es die körperliche Manifestation in Form von gewissen Abläufen im Gehirn, aber der bewusste Anteil spielt sich bei dir gedanklich ab, alle Information über positiv und negativ eingestufte Erfahrungen ist also in Gedanken gespeichert.

Das wirklich Gemeine dabei – und darauf will ich dich ja mit diesen Erklärungen hinweisen – ist jetzt aber, dass du da etwas verwechselst, nämlich den Gedanken – und seine Auswirkungen in der Realität!

Du kannst den Gedanken plötzlich nicht mehr in der Form wahrnehmen, wie er in Wirklichkeit ist, nämlich getrennt von dir, sondern du nimmst ihn wahr, als würde zwischen euch eine Verbindung bestehen. Dir ist jetzt sicher klar, wie diese Verbindung das Erleben intensiviert – und zwar keineswegs zu deinem Vorteil!

Emotion wird von dir viel zu oft statt als Erinnerung und Gedanke als gegenwärtige Erfahrung oder sogar als tatsächliches Ereignis wahrgenommen. Die dann wahrgenommenen Emotionen werden jedoch keineswegs durch das Ereignis selbst verursacht. Erleben ist vielmehr nur die Auswirkung deines Denkens im Bewusstsein. Mit einem Gedanken gibst du einem Sachverhalt eine Bedeutung, und gemeinerweise muss es sich hierbei noch nicht einmal um einen bewussten Gedanken handeln. In den meisten Fällen bist du dir der Tatsache des Formens von Gedanken keineswegs bewusst und denkst daher noch viel intensiver, dass es sich bei dem selbst fabrizierten Gedanken um Realität handelt.

Vermutlich sagst du jetzt, dass du das schon alles weißt, weil das ja wirklich Jahrtausende alte Wahrheiten und Weisheiten sind, aber vielleicht hast du das alles auch noch nicht auf diese Art betrachtet.

Wie auch immer! Wissen bedeutet noch lange nicht, auch wirklich diesem Wissen entsprechend zu handeln, und wenn dem so wäre, hättest du dich nicht in diesem Buch bis zur letzten Seite durchgearbeitet.

Und wenn das für dich neu ist, dann solltest du dir so oft wie möglich klar machen, dass es sich bei deinen Gedanken um deine eigenen Konstruktionen handelt.

Und da habe ich jetzt gute Neuigkeiten für dich: Je mehr du dir deiner „Konstruktionsleistungen" bewusst wirst, desto mehr erschließen sich dir Wahlmöglichkeiten und desto gesünder und positiver werden deine Gedanken. Wichtig ist daher Gedankenkontrolle und Klarheit darüber, wie Geist, Bewusstsein und Gedanken jeweils eingesetzt werden. Es geht darum, immer öfter und immer mehr zu erkennen, dass es sich um Gedanken handelt und nicht um Realität.

Mir ist schon klar, wie schwierig das für dich ist, weil es nicht dem normalen Denkablauf in deinem Menschen–Bewusstsein entspricht, und ständiges spirituelles „Über-den-Gedanken-Stehen" ist natürlich unmöglich.

Die Identifikation mit Gedanken ist normales menschliches Verhalten und daher typisch und sicher auch notwendig für dich. Ihr Menschen baut euch immer irgendwelche Weltbilder auf, so funktioniert ihr nun mal geistig und bewusstseinstechnisch. Allerdings – und da gibt es jetzt keine genetische Ausrede mehr – habt ihr als vernunftbegabte und nicht rein reflexgesteuerte Wesen sehr wohl die Wahl, euch für die nützlicheren Gedanken zu entscheiden, und da kann ich dir zumindest die Richtung weisen, in der eine solche Haltung zu finden ist.

Die Wahrnehmung von Realität ist eine Mischung aus deinem Bild von etwas mit deiner eigenen lebenslangen Erfahrung. Daher macht jeder von euch Menschen unterschiedliche Erfahrungen, und ihr erlebt getrennte Realitäten. Aber unabhängig von diesen subjektiven Unterschieden, die dir das Leben einerseits schwer, andererseits aber auch interessant machen, hast du drei Möglichkeiten, mit deinen selbst erschaffenen Gedankenformen umzugehen:

Du kannst dich aktiv und mit jeder Faser deines Denkens und Fühlens mit bestimmten Gedanken beschäftigen. Wenn es sich hierbei um emotional negativ geladene Gedanken handelt, wirkt das natürlich belastend. Nur um das noch einmal in dein Gedächtnis zu rufen: Du selbst bist verantwortlich für deine Gedanken und Gefühle und nicht etwa andere oder die Umstände, auch wenn dir das oft so praktisch erscheint. Natürlich liegen die Auslöser für deine Gedanken sehr wohl in vielen Fällen außerhalb deines Einflussbereichs, aber wir sprechen ja jetzt von Gedanken an sich und den dazu gehörenden Gefühlen, und die sind, wie du ja jetzt weißt, „hausgemacht".

Ich kann mir gut vorstellen, welche Einwände dir jetzt auf der Zunge liegen. Natürlich gibt es eine Unzahl von negativen Gedanken und Gefühlen, die absolut durch Realität begründet sind. Nur ist es leider so: Egal, wie – objektiv betrachtet – ungerecht, verletzend, schäbig oder falsch du auch behandelt wurdest, mit der fortdauernden Beschäftigung mit dem Unrecht, der Wut, Scham, Verzweiflung oder Angst schadest du letztlich nur dir selbst. Dem Verantwortlichen am Problem oder den misslichen Umständen sind deine selbstzerstörerischen Gedanken völlig egal. Da es also in dieser Welt so abzulaufen scheint, dass dauerhaftes gedankliches Verbeißen in Leiden weder Schuldgefühle beim Verursacher hervorruft und als Folge die Ursache behebt, noch das Leid verringert, sondern dir vielmehr psychisch und körperlich schadet, ist dies wohl nicht wirklich der Königsweg zum Ziel.

Auch das Gegenteil, nämlich diese negativen Gedanken ganz einfach abzublocken, wird nicht wirklich erfolgreich sein. Diese Taktik bewirkt nur, dass sie ständig zurückkehren. Negative Gedanken haben nämlich extrem widerliche Eigenschaften. Auf irgendeine Art gelingt es ihnen immer wieder, sich in heimtückischer Art durch irgendwelche Hintertüren in dein Bewusstsein zu schleichen – je mehr du sie bekämpfst und ihnen damit „Zuwendung" angedeihen lässt, desto mehr danken sie es dir durch liebevolle Anhänglichkeit. Gezielte Vermeidung scheint im Umgang mit extremen Gedanken also auch nicht zum wahren Glück zu führen.

Gott sei Dank gibt es da auch noch eine dritte Möglichkeit, nämlich die Bereitschaft, die Existenz von Gedanken anzuerkennen und gleichzeitig zu bemerken, dass es sich ausschließlich um selbst erschaffene Gebilde handelt und sie dann aus dieser Geisteshaltung heraus einfach loszulassen. Das ist eine Art Beobachten ohne Zurückweisung und ohne direktes Daran-Festhalten. Je mehr du wieder fähig wirst wahrzunehmen, dass du selbst der Steuermann deiner Gedanken bist, desto mehr erlebst du dich nicht mehr mit deinen Gedanken verbunden und ihnen damit ausgeliefert, sondern der Realität entsprechend getrennt von den Gedanken. Das Ziel ist letztlich, ein geändertes Bewusstsein im Umgang mit den Gedanken zu bekommen.

Gedanken kommen immer wieder in dein Bewusstsein, aber du kannst dich von ihnen lösen und sie vorbeiziehen lassen, wenn sie dich negativ beeinflussen, du verstrickt bist oder sie dir Stress verursachen. Mit zunehmender Übung darin wird es dir auch gelingen, sie grundsätzlich schon mit einer weniger negativen Ladung zu erschaffen.

Es handelt sich hier um ein Denkkonzept, welches dir ganz einfach den Umgang mit den emotionalen Ladungen von Gedanken erleichtert und dadurch nützlich für dich sein kann.

Um jetzt wieder zu mir zurückzukehren und zu dem, was ich eingangs gesagt habe, da verhält es sich nun folgendermaßen:

Nehmen wir einmal an, es ist etwas Schlimmes passiert und du versuchst daraufhin mit meiner Hilfe über eine der Techniken deine missliche Lage zu verbessern. Zuerst einmal musst du dir klar machen: In deinem Geist wird Gedankenstruktur erschaffen, es erfolgt dann die Formgebung und bewusste Gedanken entstehen. Als Nächstes führst du bei vielen Methoden eine Skalierung durch, du beurteilst also, wie sehr dein Bewusstsein gerade von diesem Gedanken beeinflusst ist. Jetzt folgt die eigentliche „Behandlung" in den meisten Fällen über das Klopfen, wodurch gewisse, negativ definierte Ladungen aus den Gedanken entfernt werden.

Und jetzt verrate ich dir ein großes Geheimnis, aber bitte erzähl es nicht gleich weiter. Das Klopfen ist nicht zwangsläufig der entscheidende Faktor der Verbesserung!

Auch ohne Klopfen wäre Veränderung möglich, wenn Einsicht darüber bestünde, dass das Bewusstsein nur durch die Gedanken negativ beeinflusst wurde. Auch dein Bewusstsein allein könnte ohne Klopfen die Energie ausbalancieren.

Jaja, das hast du jetzt wohl nicht erwartet – da bemühe ich mich ein ganzes Buch lang, dir viele Möglichkeiten zu zeigen, wie du einfach und direkt mechanisch Einfluss nehmen kannst – und dann das!

Aber bitte versteh mich nicht falsch – ich sage dir jetzt keineswegs, dass Klopfen oder sonstige Techniken der direkten Einflussnahme etwa nicht gut wären; mir ist vielmehr wichtig, dir klarzumachen, dass da auch noch etwas anderes existiert.

Es geht mir einfach darum, dass du deine Fähigkeit zur bewussten Wahrnehmung der wirklichen Gründe für deine schlechten Stimmungen aktivierst und lernst, dich von den als negativ empfundenen Gedanken zu distanzieren. Das erhöht nämlich die Chance darauf, dass du beim nächsten Mal achtsamer mit deinen Gedanken umgehen wirst.

Natürlich sollst du weiterhin alle diese tollen Techniken anwenden, denn dazu habe ich sie dir ja gezeigt, aber du solltest irgendwo in einer Ecke deines Kopfes doch das Ziel haben, irgendwann an den Punkt zu kommen, es mit weniger methodischer Hilfe zu schaffen.

Vergiss einfach nicht, dass du selbst der Denker deiner Gedanken bist und dass du daher die Wahl hast, den Gedanken mehr oder weniger Macht und damit auch weniger negative Ladung zu geben. Letztlich bestimmst du selbst die Art der Ladung, und wenn du dein Bewusstsein auf diese Tatsache lenkst, kann es dir eher und mit der Zeit immer öfter gelingen, nicht so viel negative Ladung zu erschaffen, die du nachher wieder über Techniken abarbeiten musst.

Ich weiß, das ist ein langer und schwieriger Weg, und schließlich hat Buddha bis zur Erleuchtung auch einige Zeit gebraucht – es geht einfach mal um den ersten Schritt, und der liegt schlicht und einfach darin, dir gewisse Tatsachen über die Abläufe in deinem Denken erst einmal klar zu machen und ab dann, so gut es geht, achtsam zu sein.

Je mehr du dich nämlich mit solchen Themen beschäftigst und gleichzeitig die nun mal vorhandenen negativen Themen mechanisch, also über Techniken, bearbeitest, desto eher wird das entsprechende Denken für dich zur Selbstverständlichkeit, und es kann sich eine neue Sichtweise einstellen, dass es nicht irgendeine Therapie ist, die Veränderung bringt, sondern dein eigenes Handeln.

Ich möchte ganz einfach vermeiden, dass du in Abhängigkeit von Klopfen oder anderen Techniken gerätst, weil das sonst zu einer Krücke wird (wie Dauertherapie oder irgendwelche Verpflichtungen). Und du musst zugeben, die Tatsache, dass sich ein von dir wahrgenommenes Problem nur durch etwas Äußerliches – egal, ob Pille oder Therapie – ändern wird, ist schon ziemlich frustrierend. Natürlich sind die vielen Methoden, die ich dir vorge-

stellt habe, noch um Klassen besser als vieles, was der Medizin- und Psychomarkt momentan zu bieten hat, aber es gehört halt doch noch eine andere Komponente dazu.

Vergiss einfach Folgendes nicht: Das eigentliche Ziel ist Kontrolle über den Umgang mit dir selbst – die Macht der Gestaltung muss bei dir selbst liegen, und das tut sie größtenteils auch. Das Klopfen oder eine andere der vorausgegangenen Methoden ist sehr wichtig und natürlich extrem effektiv, aber ein spezielles Verständnis der gedanklichen Prozesse ist die optimale Ergänzung.

Sei dir immer der Tatsache bewusst, dass jedem Fühlen ein Denken vorausgeht, auch wenn dir das nicht unbedingt bewusst sein muss. Meistens denkst du an etwas und fühlst daraufhin etwas. Wenn du also etwas fühlst, könntest du davor vielleicht an etwas gedacht haben, ohne es bemerkt zu haben. Und vielleicht ist es dir möglich, dieses Denken langsam und vorsichtig, aber doch bewusst immer mehr so zu gestalten, dass hinterher das Fühlen nicht so unerfreulich wird.

Und wenn es sich nicht vermeiden lässt, was leider oft genug der Fall ist, dann geht es darum, die Koexistenz mit einem unerfreulichen Gefühl möglichst friedlich zu gestalten, also möglichst gut mit ihm auszukommen, weil Kampf oder Verdrängung ja aus schon erklärten Gründen nicht viel bringen.

Alles, was in diesem Buch beschrieben wurde, ist letztlich „Methodik zur Lenkung von Energie" in eine für dich hilfreichere Richtung. In all ihren unterschiedlichen Ausformungen ist Energiepsychologie aber nicht nur reine Technik, sondern eine Therapieform im Umgang mit dir selbst, deinen Gedanken und deinem Bewusstsein.

Und um es auf die Spitze zu treiben, möchte ich jetzt noch einige völlig andere Gedanken mit dir teilen: Die menschliche Vorstellungswelt ist durch Quantenmechanik, Chaostheorie und kybernetische Modelle mittlerweile doch einigermaßen darin geschult, gedanklich nicht fassbare Vorgänge in der naturheilkundlichen Therapie zu akzeptieren, solange das Ergebnis hilfreich ist. Dass in deiner materialistisch orientierten Welt mit entsprechendem Sinnverlustes der Hang zum Irrationalismus immer größer wird, ist auch keine besondere Neuigkeit. In so einer Verfassung ist man natürlich gerne bereit, prähistorische Erklärungsmodelle der Welt wenig hinterfragt zu übernehmen und mit neuzeitlichen Techniken dann irgendwie zu beweisen, damit sie wissenschaftlich hoffähig werden.

Auch wenn es meine Existenz fast schon in Frage stellt, so bitte ich dich zu bedenken, dass eine Therapie noch nicht gut oder richtig sein muss, nur weil sie von einer interessant und exotisch erscheinenden Philosophie begleitet wird.

Nicht nur, dass die Theorie existiert, die Akupunktur sei eigentlich von Europa nach China gekommen, es wird auch grundsätzlich schon diskutiert, ob es mich und das Qi tatsächlich in der Art gibt, wie bisher angenommen wurde.

Ich gehe davon aus, dass du mich mittlerweile doch recht sympathisch findest, und traue mich daher, auch solche Gedanken mit dir zu teilen, ohne Angst haben zu müssen, dass du mich dann gleich völlig vergisst und die hier vorgestellten wirksamen Methoden nicht mehr durchführst.

Also bitte ich dich auch zu bedenken, dass es vielen Erklärungsmodellen der Akupunktur widerspricht, dass einfaches Klopfen oder Drücken meiner Punkte gleiche oder sogar mehr Wirkung zeigt als das klassische Stechen mit einer Nadel. In dieser Hinsicht seid ihr westlichen Menschen gedanklich schon wesentlich weiter, denn eine wichtige Prämisse eurer Naturheilverfahren lautet: „Je geringer der Reiz, desto größer die Wirkung", und auch euer Paracelsus hat gewusst, dass die Dosis das Gift macht und dies mit seinem Spruch „Sola dosis facit venenum" kundgetan.

Wie ich dir ja schon im letzten Kapitel gesagt habe, kann oft eine einmalige, minimale Stimulation eines Punktes mehr bringen als ein grober Reiz wie längeres Massieren oder gar das extreme Reizen mit einer Nadel.

Ich will dir damit klar machen, dass es absolute und letzte Weisheit leider auch bei mir und meinem Qi nicht gibt. Auch bietet der Hintergrund meiner Wirksamkeit kein ganzheitliches Heilsystem, das du so gerne hättest. Die Traditionelle Chinesische Medizin beinhaltet keine Chirurgie, berücksichtigt deine Anatomie nur wenig, hat mit Psychologie nicht viel im Sinn und bezieht dein persönliches oder gesellschaftliches Umfeld schon gar nicht in die Therapie mit ein. In deiner Versessenheit auf alternative, exotische Möglichkeiten übersiehst du diese Kleinigkeit leider gerne.

Die Wirkung gewisser Anwendungen und sogar einiger der hier beschriebenen lässt sich eben nicht mehr ausschließlich durch mich und das Qi erklären, sondern ist eher über die Vorstellung von Information zu begreifen. Ich traue auch der Autorin nicht wirklich über den Weg – vielleicht lässt sie mich nach unserer doch so guten Zusammenarbeit jetzt einfach fallen und tut sich in Zukunft mit meinem Kollegen, dem „Informatikus" zusammen. Ich könnte es ihr nicht einmal verdenken, denn es gibt noch viele andere Möglichkeiten, die für dich ebenfalls wirksam und hilfreich sind.

Damit aber eines klar ist: Der Kraft meiner Person und des Qi in Hinblick auf dein Wohlbefinden und der Effektivität der hier beschriebenen Methoden tut dies keinen Abbruch. Ich wollte nur dein Bewusstsein für weitere gedankliche Optionen öffnen, damit du nicht vergisst, dass die Grundfragen des Lebens philosophischer Natur sind und die verschiedenen energetischen

Verfahren nur eine effektive Unterstützung deiner Bewusstseinsentwicklung und seelisch-geistigen Selbstentfaltung sein sollen. Grundsätzlich bleibt das Leben in Anbetracht seiner zeitlichen Begrenztheit und des ständig wiederkehrenden Erlebens von Angst, Leid, Ungerechtigkeit, Verlust und Veränderung vordergründig relativ sinnlos und die Suche nach Sinn und Bedeutung muss in tiefere Bereiche des Daseins führen.

Um neben dieser transzendentalen Komponente Gleichgewicht in deine Beziehung zwischen Körper-Ego-Höherem Selbst zu bringen, gibt es die sehr effektiven, hier geschilderten zusätzlichen Hilfen in Form von Methoden zur Verringerung von emotionalem Stress und Strategien zum langfristig erfolgreichen Umgang mit wiederkehrenden, ähnlichen Problematiken.

Der große Physiker Hans Peter Dürr sagt so schön: „Wir erleben mehr, als wir begreifen", und auch du bist mehr, als du verstehen kannst. Also kümmere dich mit Hilfe all der Anregungen dieses Buches um das, was offensichtlich ist, und indem du den Problemen des Alltags dann gelassener begegnen kannst, sei wachsam gegenüber Erkenntnissen zu deinem innersten Selbst und seiner Beziehung zum größeren Ganzen.

Mach's gut!

Dein Meridianus

12. Literatur

Atmanspacher, Harald & Primas Hans: *Der Pauli-Jung Dialog und seine Bedeutung für die moderne Wissenschaft.* Springer, Berlin 2001.

Becker, Robert: *Der Funke des Lebens – Elektrizität und Lebensenergie.* Scherz, München 1991.

Bohne, Michael & Eschenröder, Christof & Wilhelm-Gößling Claudia (Hg.): *Energetische Psychotherapie – integrativ. Hintergründe, Praxis, Wirkhypothesen.* dgvt-Verlag, Tübingen 2006.

Callahan, Roger & Joanne: *Den Spuk beenden – Klopfakupressur bei posttraumatischem Stress.* VAK, Kirchzarten 2001.

Callahan, Roger: *Der unwiderstehliche Drang – Süchte – und was Sie dagegen tun können.* VAK, Kirchzarten 1995.

Ders.: *Leben ohne Phobie – Wie Sie in einigen Minuten angstfrei werden.* VAK, Kirchzarten 1996.

Carrington, Patricia: *The Power of Letting Go – A Practical Approach to Releasing the Pressures in Your Life.* Vega, London 2001.

Changeaux, Jean-Pierre & Connes, Alain: *Gedanken – Materie,* Springer, Berlin 1992.

Childre, Doc: *Die Herzintelligenz entdecken – Das Sofortprogramm in fünf Schritten.* VAK, Kirchzarten 2003.

Childre, Doc & Howard, Martin: *Die Herzintelligenz Methode – Grundlagen, Anwendungen, Perspektiven.* VAK, Kirchzarten 2000.

Chopra, Deepak: *Die heilende Kraft – Das ayurvedische Wissen vom Leben und die moderne Naturwissenschaft.* Droemer-Knaur, München 1995.

Ders., *Die unendliche Kraft in uns – Heilung und Energie von jenseits der Grenzen unseres Verstandes.* Droemer-Knaur, München 1992.

Craig, Gary: *The Manual.* Fifth Edition 2004, download www.emofree.com

Ders.: Filmmaterial erhältlich auf Video und DVD, zu bestellen über www.emofree.com/products.htm

Dennison, Paul: *Befreite Bahnen.* VAK, Freiburg 1996.

Dennison, Paul & Gail: *Brain-Gym – Lehrerhandbuch.* VAK, Kirchzarten 2002.

Diamond, John: *Der Lörper lügt nicht.* VAK, Kirchzarten 1995.

Ders.: *Die heilende Kraft der Emotionen.* VAK, Kirchzarten 1995.

Ehrmann, Wilfried: *Handbuch der Atem Therapie.* Param, Ahlerstedt 2004.

Ellis, Albert: *Grundlagen und Methoden der Rational–Emotiven Verhaltenstherapie,* Pfeiffer, München 1997.

Ders. & Hoellen, Burkhard: *Die Rational-Emotive Verhaltenstherapie – Reflexionen und Neubestimmungen.* Pfeiffer, München 1997.

Fleming, Tapas: *You can heal now ?The Tapas Acupressure Technique (TAT).* Published by TAT International, Redono Beach, California 1998.

Franke, Rainer & Schlieske, Ingrid: *Klopfen Sie sich frei – Meridian-Energie-Techniken.* Ritter, Tutzing 2003.

Feinstein, David: *Einfach klopfen – Schnelle Hilfe bei emotionalen Belastungen.* VAK, Kirchzarten 2005.

Gallo, Fred: *Energetische Psychologie.* VAK, Kirchzarten 2000.

Ders.: *Handbuch der Energetischen Psychotherapie.* VAK, Kirchzarten 2002.

Gallo, Fred & Vincenzi, Harry: *Gelöst – entlastet – befreit – Klopfakupressur bei emotionalem Stress*. VAK, Kirchzarten 2002.

Gerber, Richard: *Vibrational Medicine – New Choices for Healing Ourselves.* Bear & Company, Santa Fe, New Mexico 1996.

Gleditsch, Jochen M.: *MAPS – MikroAkuPunktSysteme.* Hippokrates, Stuttgart 2002.

Ders.: *Reflexzonen und Somatotopien – Vom Mikrosystem zu einer Gesamtschau des Menschen.* Urban und Fischer, München 2005.

Hammes, Michael & Kuschick, Norbert & Christoph, Karl-Heinz: *Akupunktur kompakt.* KVM-Verlag, Sonderausgabe Lehmanns Fachbuchhandlung, Marburg 2003.

Hartmann, Silvia: *Emotionale Freiheit.* VAK, Kirchzarten 2004.

Dies.: *EmoTrance – Wie Sie belastende Emotionen in befreiende Energie umwandeln.* VAK, Kirchzarten 2003.

Dies.: *The Advanced Patterns of EFT.* Dragon Rising Publisher, Eastburne, East Sussex 2002.

Hawkins, David: *Die Ebenen des Bewusstseins – Von der Kraft, die wir ausstrahlen.* VAK, Kirchzarten 2004.

Iams, John: *Stress Relief Beyond Belief, – The Nearly Magical Manöver to Arrest Stress … in Seconds,* ©SuperSpine. Inc, Ponway, California 1998.

Jung, Carl, Pauli, Wolfgang: *Naturerklärung und Psyche.* Rascher, Zürich 1952.

Kaufmann, Rudolf: *Ängste, Phobien und andere unnötige Lasten.* Asanger, Heidelberg 2002.

Lambrou, Peter & Pratt, George: *Emotionales Selbstmanagement – Akupressur für die Gefühle.* Beust, München 2000.

Lim, Jes: *Feng Shui & Gesundheit – Vital leben in Haus und Wohnung.* Joy, Solzberg 1997.

Ders.: *Feng Shui für Büro & Business – Uraltes Erfolgswissen für die Berufswelt des 21. Jahrhunderts.* Integral, München 2000.

Moore-Hafter, Betty: *Entdecken Sie Ihre erstaunlichen Fähigkeiten mit EFT – Kreative Ideen und Lernhilfsmittel zur Anwendung der Emotional Freedom Techniques™ und Konzepten der Hypnotherapie.* Autorisierte Übersetzung von Robert Rother, Köln 2003.

Nims, Larry: *Be Set Free Fast – A Revolutionary Way to Eliminate Your Discomforts.* Sotkin Enterprises Inc, Santa Fee, New Mexico 2003.

Park, Jae Woo: *Su Jok Therapy.* Published by Su Jok Academy, Moskau 1994

Rosenberg, Marshall: *Gewaltfreie Kommunikation – Aufrichtig und einfühlsam miteinander sprechen – Neue Wege in der Mediation und im Umgang mit Konflikten.* Junfermann, Paderborn 2002.

Ruden, Ronald, A.: *Why Tapping works: Speculations from the Observable Brain.*

ders.: *Neurological Basis for the Observed Peripheral Sensory Modulation of Emotional Responses.* Beide Artikel zugänglich unter www.energypsych.org.

Rudolf-Siener–Stiftung e.V. (Hrsg.): *NPSO – Neue Punktuelle Schmerz– und Organtherapie, Schmerzen und funktionelle Beschwerden schnell und erfolgreich therapieren.* Foitzick, Augsburg 2006.

Shapiro, Francine: *EMDR in Aktion – Die Behandlung traumatisierter Menschen.* Jungfermann, Paderborn, 2001.

Schirner, Markus: *Atem-Techniken – Übungen für einen längeren Atem.* Schirner, Darmstadt 2000.

Selye, Hans: *Stress beherrscht unser Leben.* Econ, Düsseldorf 1957.

Smyth, J., Stone, A., Hurewitz, A., Kaell, A.: *Effects of Writing about stressful Experiences on Symtom Reduction in Patients with Asthma or Rheumatoid Arthritis – A Randomized Trial,* 1304, JAMA, April 14, 1999 – Vol. 281, Nr. 14.

Topping, Wayne, W.: *Stress Release.* VAK, Kirchzarten 1997.

Ders.: *Körperenergie in der Balance – Muskeltests für die 8 Extra Meridiane.* VAK, Kirchzarten 1997.

Unschuld, Paul: *Was ist Medizin? Westliche und östliche Wege der Heilkunst.* Beck, München 2003.

Walach, Harald: *Generalisierte Quantentheorie – Eine theoretische Basis zum Verständnis transpersonaler Phänomene.* In: Belschner, W., Hofmann, L. & Walach, H. (Hrsg.): *Auf dem Weg zu einer Psychologie des Bewusstseins.* Bibliotheks- und Informationssystem der Universität Universität, Oldenburg 2003.

Zhang, Yingqing: *ECHIWO Biology and its Applications to Medicine and Agronomy.* Shandong Science and Technology Press, Jinan 1991.

13. Informationen zu websites, Trainern, Coachs & Therapeuten, Ausbildungen

Zur Vertiefung einiger der behandelten Richtungen die Adressen der jeweiligen Gründer:
Roger Callahan: CT-TFT: www.tftrx.com oder www.selfhelpuniv.com
Fred Gallo – EDxTM™: www.energypsych.com
Gary Craig – EFT™: www.emofree.com
Lary Nims – BSFF™: www.bsff.org
Tapas Flemming – TAT: www.tat-intl.com
Silvia Hartmann – Emotrance: www.DragonRising.com
Patricia Carrington: www.eftupdate.com und www.eftsupport.com
Jess T. Lim – www.ourvitalworld.com
Yingquing Zhang – www.eciwo.sdu.edu.cn
Park Yae Woo – www.sujok.ru

Websites psychologisch-energetischer Organisationen:

- Association for Comprehensive Energy Psychology (USA): www.energypsych.org
- Association for Meridian Energy Therapies (England): www.theamt.com
- Meridian–Energie-Techniken nach Franke® (Deutschland): www.franke-met.com
- EFT – Netzwerk International: www.eft-netzwerk.de

Zertifizierte „Advanced EDxTM–Practitioner" für Seminare und Einzelsitzungen sind zu finden unter: www.energypsych.com >> practitioners >> by Location

EFT-Anwender, die nach amerikanischen Standards das „EFT-Certificate of Completion" oder das „Advanced Certificate of Completion" erhalten haben, sich also EFT-CC oder EFT-ADV nennen dürfen: www.emofree.com/Practitioners/referralMain.asp oder www.eftsupport.com/EFTPR/IntlCountryList.htm.

Allgemeine deutschsprachige EFT-website von Robert Rother: www.eft-info.com
Websites mit Adressen der EFT-Trainer im deutschsprachigen Raum (D,A,CH) sowie Informationen zu Seminaren: www.eft-dach.org

Seit neuestem gibt es auch einen deutschsprachigen Newsletter zum Thema Energy Psychology® bzw. energetische Psychologie, herausgegeben von Dipl.-Psych. Hartmut Gerber. dem deutschen Regional Coordinator der Association for Comprehensive Energy Psychology. Der Newsletter kann bestellt werden unter www.hartmut gerber.com (später auch unter www.energypsych.eu).

Durch Energieheilung zu neuem Leben

Atlas der Psychosomatischen Energetik

2. Auflage

Dr. med. Reimar Banis

Hardcover, 408 Seiten, Großformat, vierfarbig – ISBN 3-936486-15-8

Jeder Mensch, der mehr über sich, seinen unbewussten Charakter erfahren möchte, kann von diesem Buch nur profitieren. Der Leser findet Informationen aus allen Kultur-Epochen und spirituellen Disziplinen über die Lebensenergie, die Chakras und deren herausragende Bedeutung für Gesundheit, Lebensfreude und Sinnfindung im Leben. Der Autor verbindet das naturwissenschaftliche Weltbild mit Erkenntnissen der modernen Energiemedizin und uralter spiritueller Erkenntnisse. Ein neues Weltbild wird sichtbar, in dem die seelische Evolution des Einzelmenschen den eigentlichen Schlüssel darstellt. Dr. Banis schildert ein neues, einfaches System der Energiemedizin, das er entdeckt hat, um Energieblockaden in kürzester Zeit zu erkennen und zu heilen – die Psychosomatische Energetik.

Energie-Balance finden

Wege zu mehr Wohlbefinden und Gesundheit, zu Ausgeglichenheit und Leistungsfähigkeit

Dr. Franz Decker

Paperback, 264 Seiten, 85 Abbildungen – ISBN 3-936486-50-6

Wir leben heute in einem Zeitalter der Energiekrise. Immer mehr Menschen empfinden die Energieknappheit und die Fehlleitung von Energie als Krise, als Disbalance der Körperenergie, Geist- und Psyche-Energie, als Ausgebranntsein und Befindlichkeitsstörung. Energiebedarf und Energiepotenzial, Energieverbrauch und -regeneration sind aus dem Gleichgewicht gekommen. Das vorliegende Buch von Prof. Dr. Franz Decker stellt im ersten Teil die zeitbedingten Energieströmungen und das menschliche Energie-System dar. Der Hauptteil enthält eine Vielzahl von Strategien zur körperlichen, geistigen und seelischen Energie-Mobilisierung und -Balance und untersucht dabei auch die Bedeutung von Ernährung, von Licht, Farben und Musik zur Energieregulierung. Das Buch beruht auf wissenschaftlichen Erkenntnissen und auf eigenen Erfahrungen des Autors und verbindet diese mit einer Vielzahl von Energieübungen.

Heilung und Neugeburt

Aufbruch in eine neue Dimension des Lebens

Barbara Schenkbier / Karl W. ter Horst

Hardcover, 272 Seiten, 30 Fotos, 10 Grafiken – ISBN 3-936486-57-3

Immer mehr Menschen suchen Auswege aus Einsamkeit und Trauer, Isolation und Sinnkrise. Sie sehnen sich nach Wärme und Licht, einem Aufbruch ins Leben, dem erneute Enttäuschungen und Niederlagen erspart bleiben. Barbara Schenkbier und Karl W. ter Horst geben anregende Impulse für den Aufbruch in eine neue Dimension des Lebens, für die spirituelle Neugeburt des Menschen. Diese Impulse sind begleitet von wegweisenden Ratschlägen für die Heilung von Seele und Körper. Die Autoren schöpfen aus der spirituellen Erfahrung einer neuen Dimension der Heilung und der Geschichte ganzheitlicher Heilverfahren aus dem göttlichen Feld. Die spirituelle Heilung wird ausführlich dargestellt. Mit einer bisher unveröffentlichten evolutions-psychologischen Methode ermöglichen sie dem Leser überraschende Einblicke in die verschlungenen Verläufe seiner eigenen Entwicklung. Alles Mitmenschliche und Kraftspendende, das dabei ans Licht des Bewusstseins dringt, bewerten die Autoren als Quellen von Heilung und Glück.

Quantengeist und Heilung

Auf seine Körpersymptome hören und darauf antworten

Arnold Mindell

Paperback, 320 Seiten – ISBN 978-3-86616-036-1

Quantengeist und Heilung ist Arnold Mindells neues Modell der Medizin, das auf den atemberaubenden Erkenntnissen der Pioniere der Quantenphysik beruht, welche die Landschaft unseres Glaubenssystems beinahe täglich neu gestalten. Mindell, der dort weitermacht, wo C. G. Jung aufhörte, hat sich als führender Experte im Gebrauch von Konzepten aus der Quantenphysik zur Heilung von Geist und Psyche erwiesen. Das Buch geht weit über die Theorie hinaus und stellt einfache Techniken, Übungsanleitungen und präzise Erklärungen wesentlicher Konzepte zur Verfügung, die es jedem Einzelnen ermöglichen, die Wurzeln selbst von chronischen Symptomen und Krankheiten, emotionalen, krankmachenden Mustern freizulegen, zu verstehen und zu beseitigen. Arnold Mindell: „Quantenphysik, die auch Sie anwenden können. Allen Aktionen und Ereignissen im Universum liegt eine Kraft zugrunde. Jeder Mensch besitzt die Fähigkeit, diese anzuzapfen, mit ihr zu interagieren und sie zur Selbstheilung zu benutzen."

Karten der Erkenntnis auf dem Weg nach innen

Das Buch der Erkenntnis

9. Auflage

Chuck Spezzano

48 künstlerisch gestaltete Karten, Buch: 144 Seiten – ISBN 3-928632-32-9

Wollen Sie mehr Selbsterkenntnis gewinnen, persönliche Ziele und verborgene Wünsche erkennen, die Beziehungen im Privat- und Berufsleben verbessern, Ursachen für Probleme herausfinden und auflösen, Hindernisse auf dem Weg nach innen beseitigen? Dann sind die Karten der Erkenntnis und deren Erklärung eine große Hilfe. Sie sind einfach zu benutzen, hilfreich und inspirierend. Ganz gleich, ob Sie „sofortige Antworten" auf alltägliche Fragen oder langfristige Lösungen für die großen Herausforderungen des Lebens suchen, es wird Ihnen und Ihren Freunden helfen, positive Entscheidungen zu fällen und Veränderungen für eine bessere Zukunft herbeizuführen. Im beiliegenden Buch der Erkenntnis findet der Leser den Schlüssel zum Verständnis und zur Verwendung der Erkenntnis-Karten. Chuck Spezzano erläutert im Einzelnen die Bedeutung aller 48 Karten und erklärt eine Vielzahl von Möglichkeiten, mit ihnen zu arbeiten und sie zu deuten. Außerdem werden über zehn verschiedene Legesysteme beschrieben.

Erfolg kommt von innen

Chuck Spezzano

Hardcover, 232 Seiten – ISBN 3-86616-019-4

Das neue Buch des bekannten Lebenslehrers Chuck Spezzano ist von wegweisender Bedeutung für alle Menschen, die ihr Leben erfolgreich gestalten wollen. Anders als viele andere Bücher, die das Thema „Erfolg im Leben" aus einer äußeren Sichtweise behandeln, schlägt Dr. Spezzano seinen Lesern vor, mit der machtvollen Kraft ihres Geistes und ihres Herzens von innen heraus zu Erfolg und Fülle zu gelangen. Auf seine typische, unnachahmlich humorvolle Art legt er dar, welche Schwierigkeiten die Menschen daran hindern, wirklich erfolgreich zu sein, und welche Strategien dem Einzelnen zur Verfügung stehen, um diese Schwierigkeiten zu überwinden. In 100 in sich abgeschlossenen Lektionen erfährt der Leser nicht nur, wie er die Probleme, die seinen Erfolg behindern, erfolgreich heilen und transformieren kann. In die einzelnen Kapitel integrierte praktische Übungen ermöglichen es ihm außerdem, die gewonnenen Erkenntnisse mühelos in den Alltag zu transportieren.

Im Gleichgewicht der Wünsche

Gesundheit durch Bewusstheit

Jürg Theiler

Paperback, 336 Seiten – ISBN 978-3-86616-037-8

Krankheiten sind die Folge von Verletzungen, die Sie sich zufügen, ohne es zu wissen und zu merken. Weil Ihre Wünsche sich oft widersprechen und gegensätzlich sind, benachteiligen, verdrängen, unterdrücken, verletzen und zerstören Sie die einen umso mehr, je intensiver und erfolgreicher Sie die anderen verfolgen. Um gesund zu sein, um Ihr Lebenswerk zu vollbringen, müssen Sie bewusst erkennen, welche Wünsche Sie haben und wie Sie alle – nicht die einen auf Kosten der anderen – erfüllen können. Das erfordert, Ressourcen von Wünschen, denen Sie bisher viel Gewicht beigemessen haben, auf Wünsche umzuverteilen, denen Sie bislang wenig Beachtung schenkten. Es erfordert, die Wünsche, die Sie aktiv verfolgen – Ihre Wünsche nach Konsum, Besitz, Erfolg, Macht, Kontrolle – an jenen auszurichten, die sich Ihnen rezeptiv erschließen – Ihre Wünsche nach Liebe, Schönheit, Kreativität und die Fähigkeit zu leiden. Dieses Buch zeigt Ihnen, wie Sie vom Ungleichgewicht zum Gleichgewicht, von der Zerstörung eines Teils von Ihnen zu Ihrer „In-Dividualität", Ihrer Ganzheit finden.

Kraftquelle Yoga

Das Praxisbuch des Vini-Yoga

Gary Kraftsow

Paperback, 360 Seiten, Großformat DIN-A-4 – ISBN 3-86616-027-5

„Der Stern des Yoga geht auf." Mit diesen Worten beginnt ein Buch, dessen Lektüre für alle Yoga-Praktizierenden zu einer Sternstunde des Yoga werden kann. Im ersten Teil des Buches, das auf einzigartige Weise eine Vielzahl von Themen in großer Tiefe behandelt, erläutert der Autor die Grundlagen der Yoga-Praxis, zu denen körperliche Haltungen, der Atem und der richtige Aufbau einer Yoga-Stunde gehören, sowie die Biomechanik der Bewegung anhand einer Reihe praktischer, in sich abgeschlossener Übungsreihen. Der zweite Teil behandelt das enorm große Heilungs-potenzial, das der Yoga-Therapie innewohnt. Für eine Vielzahl körperlicher und seelischer Erkrankungen zeigt der Autor – stets wissenschaftlich fundiert – eine Fülle von Übungsreihen und Haltungen, die in hohem Maße zu ihrer Heilung beitragen können. Einzigartig sind auch die exzellenten, über 1000 fotographischen Darstellungen und detaillierten Anleitungen zu den einzelnen Asanas. Dieses Buch ist eine Goldgrube praktischen Wissens, das den Leser immer wieder zu neuen Erkenntnissen führen wird.

Die 7 Lebens-Fragen

Anleitung zur Führung des Unternehmens „Ich"

Gion Chresta

Paperback, 224 Seiten, 12 Grafiken – ISBN 3-936486-79-4

Mangel an positiver Führung kann man nicht nur in Wirtschaft und Politik sehen, sondern auch in der Schwierigkeit vieler Menschen, sich selbst zu führen. Sie tun sich schwer mit den widerstreitenden Kräften in der eigenen Persönlichkeit, denn sie haben ihr inneres Potenzial noch zu wenig entwickelt ihre Ausrichtung noch nicht wirklich erkannt, ihre Ganzheit noch nicht gefunden. Die 7 Lebens-Fragen, auf denen dieses Buch aufgebaut ist, bilden das grundlegende Werkzeug-Set zum Erlernen von Selbstführung. Sie fokussieren auf das Wesentliche im Leben jedes Menschen: Was will ich wirklich? Wozu bin ich hier? Was erfüllt mich zutiefst mit Freude? u.a.m. Ihre Handhabung wird klar und verständlich erläutert und mit vielen konkreten Übungsvorschlägen praktisch erfahrbar gemacht. Daraus kann jeder seine persönliche Lebens-Strategie formen. Sie verleiht dem eigenen Lebensweg Tiefe und Sinn und eröffnet ihm zugleich eine Fülle von neuen Handlungsmöglichkeiten im beruflichen und privaten Bereich.

Der Weg zum Christus-Bewusstsein

Eine Landkarte für spirituelles Wachstum in die Tiefe der Seele

Jim Marion

Hardcover, 296 Seiten – ISBN 3-936486-27-1

Gestützt auf das Werk des bekannten Bewusstseinsforschers Ken Wilber und auf das Modell der stufenweisen Bewusstseinsentwicklung, zeichnet der Verfasser unter Berücksichtigung der neuesten Erkenntnisse auf dem Gebiet der Psychologie, aber auch des Neuen Testaments und so bedeutender christlicher Mystiker wie Teresa von Avila und Johannes vom Kreuz eine Karte, die uns Schritt für Schritt zu dem Bewusstsein hinführt, das Jesus als das Reich Gottes bezeichnete – zur höchsten Stufe der spirituellen Entwicklung des Menschen. Das Buch will zeigen, dass Jesu Lehren und auch sein Tod und seine Auferstehung uns den Weg zu diesem inneren Reich weisen sollten, und dass wir, wenn wir Christus in diesem Reich Gottes begegnen wollen, dies tun müssen, solange wir als Menschen hier auf dieser Erde leben. Ken Wilber schreibt in seinem Vorwort: „Das Buch ist eine wahrhaft inspirierende Offenbarung und ein behutsamer Führer in die tiefsten Bereiche unserer eigenen Seele."

Das Paradies ist in dir

Der Weisheit des Körpers vertrauen – Lebensfreude durch Aktivierung der Körperintelligenz

Maruscha Magyarosy

Paperback, 280 Seiten, 60 Grafiken – ISBN 3-936486-77-8

Nie zuvor war uns der Körper so wichtig wie heute. Wir trimmen ihn, stylen ihn, probieren Diäten aus. ... Doch hören wir auch auf seine Stimme? Wie der Körper seine eigene Weisheit und Intelligenz aktivieren und entfalten kann, zeigt uns das leicht anwendbare und äußerst effektive Körper-, Atem- und Bewusstseinstraining der bekannten Autorin Maruscha Magyarosy.
Der Körper wird als Manifestation der höchsten Schöpferkraft zum weisen Ratgeber für ein gesundes, glückliches, erfolgreiches und erleuchtetes Leben, wenn wir auf seine Stimme hören und seiner Weisheit und Intelligenz lauschen.

Aus dem Inhalt: Hineinspüren in den Körper – die Energie wieder fließen lassen; den Atem als Puls des Lebens erfahren; durch Harmonisierung der Gehirnhälften die Vitalenergie steigern; die Kraft des Gedankens, die Macht des Wortes und die Magie der Vorstellung erleben; das verlorene Paradies im eigenen Herzen wiederfinden.

Glücklichsein in jeder Lebenssituation

So werden Sie Ihr eigener Glückscoach

Andreas Nemeth

Paperback, 176 Seiten – ISBN 3-86616-002-X

Mit diesem Buch ist es Andreas Nemeth gelungen, einen Weg zu zeigen, in jeder Lebenssituation glücklich zu leben. Statt sich weiter wie ein Hamster im Hamsterrad zu drehen, erfahren Sie in diesem Buch, wie ein ganz bestimmter Mechanismus uns davon abhält, das wahre Ziel aller Menschen zu erreichen. In nur vier Schritten und mit einem kleinen Trainingsprogramm erfährt der Leser, wie er sich den Traum von einem glücklichen und erfolgreichen Leben selbst erfüllen kann. Persönliche Probleme werden unter einem völlig neuen Aspekt beleuchtet, so dass sie letztlich ebenfalls zum persönlichen Glück beitragen. Wer dieses Buch gelesen hat, lernt einfach und sofort umsetzbar Mechanismen und Verhaltensmuster zu beseitigen, die das Glücklichsein behindern, so dass er mit großer Freude sein Leben glücklich und erfolgreich gestalten kann.